VERSAILLES

LES JARDINS

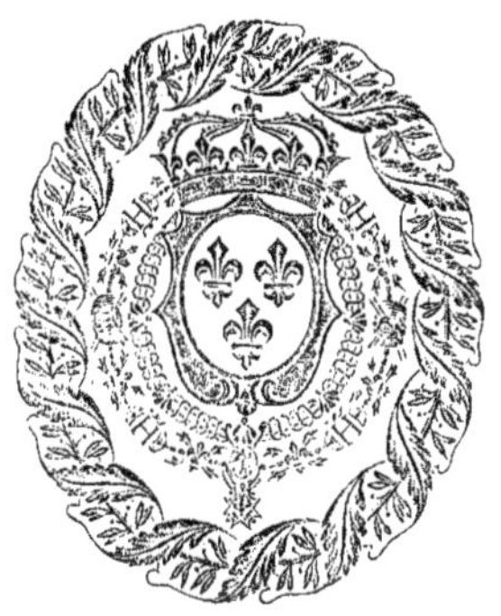

Par PIERRE DE NOLHAC

Édité par MANZI, JOYANT & Cie, 24, boulevard des Capucines, PARIS

LES

JARDINS DE VERSAILLES

LES JARDINS DE VERSAILLES

PAR

PIERRE DE NOLHAC

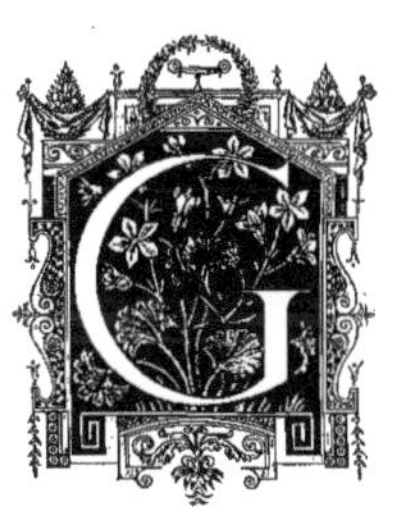

PARIS
GOUPIL & CIE
ÉDITEURS-IMPRIMEURS
MANZI, JOYANT & CIE, ÉDITEURS-IMPRIMEURS, SUCCESSEURS
24, BOULEVARD DES CAPUCINES, 24
1906

Published December 1st, nineteen hundred and five.

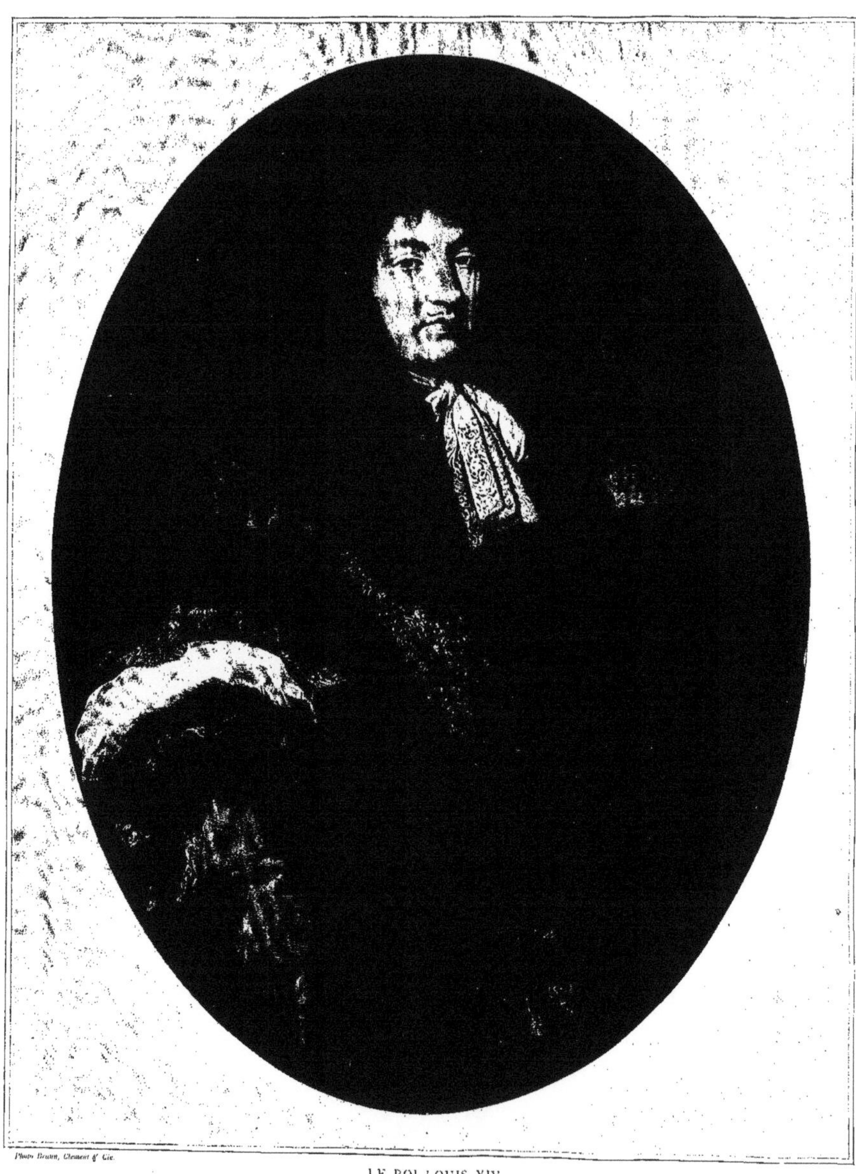

Photo Braun, Clément & Cie.

LE ROI LOUIS XIV

Peinture de Charles Le Brun (1619-1690)

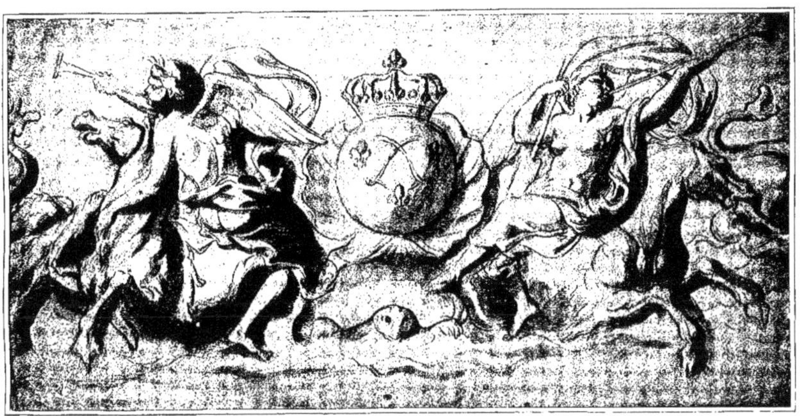

Charles Le Brun del.

Les JARDINS de VERSAILLES

INTRODUCTION

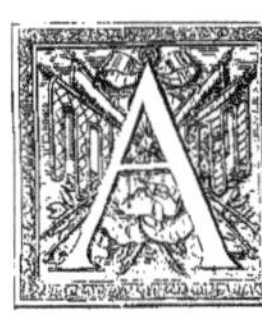

Avec ses souvenirs impérissables, son décor royal encore debout, avec son château, ses terrasses, ses marbres et ses fontaines, Versailles n'est qu'une harmonie. Tout s'y présente dans l'unité majestueuse d'une œuvre d'art accomplie ; la construction, l'ornementation, le détail le plus modeste et l'ensemble le plus grandiose, tout obéit à la même pensée, la réalise, l'exalte et l'impose.

L'enchantement d'un passé, que cette forte conception révèle, saisit l'imagination dès que les grilles des jardins sont franchies. Pour que l'impression soit complète et ineffaçable, on devrait choisir, pour cette visite, un jour de solitude, au moment du printemps, alors que les parterres de Le Nôtre se rajeunissent par la profusion des fleurs nouvelles, ou plutôt vers la fin de l'automne, quand, dans les allées désertes, les pas soulèvent avec les feuilles mortes une jonchée de souvenirs.

Au déclin de la saison, la maison de nos rois, alors abandonnée des foules, prend une force d'évocation plus souveraine, et les coulées d'or et de cuivre qui chamarrent les hauts feuillages s'accordent avec le rappel des splendeurs d'autrefois. L'âme la moins ornée, la pensée la moins vive est émue par la puissance d'un tel décor de tristesse et de beauté. Car ce n'est point en vain que ce parc de novembre, en sa somptuosité désolée, célèbre chaque année une commémoration magnifique de la royauté.

L'illusion devient maîtresse en ce lieu de fastueuse mélancolie ; on y sent revivre ceux qui l'animèrent, personnages de gloire, de noblesse, d'intrigue et d'amour; et c'est là surtout qu'on arrive à comprendre l'esprit de la monarchie française, dont ils furent l'orgueil, la parure ou le soutien.

Versailles donnera des sensations plus profondes et plus rares à qui cherchera à le mieux connaître, à qui consentira à y vivre quelque temps, pour en pénétrer peu à peu le lent secret. L'homme de loisir avisé, qui a pu réaliser ce rêve, nous dira comment le charme opère, comment il le subit tout d'abord, puis le goûte davantage à mesure qu'il le sent plus familier, et enfin comment il s'y livre avec un enthousiasme reconnaissant. Ce n'est pas qu'il y ait en cette ville une plus riche accumulation de souvenirs historiques qu'en tel autre lieu illustre; mais l'œuvre qui les concentre et les fait revivre dispose d'une force vraiment évocatrice, parce qu'elle ne disperse point l'émotion. Bien que l'art de Versailles soit un des plus vastes et des plus variés, toutes ses manifestations s'assemblent et se juxtaposent suivant les mêmes règles interprétées par des maîtres divers; elles obéissent aux lois d'équilibre et de noblesse qui sont les lois même de ce génie français, dont elles offrent une des parfaites images.

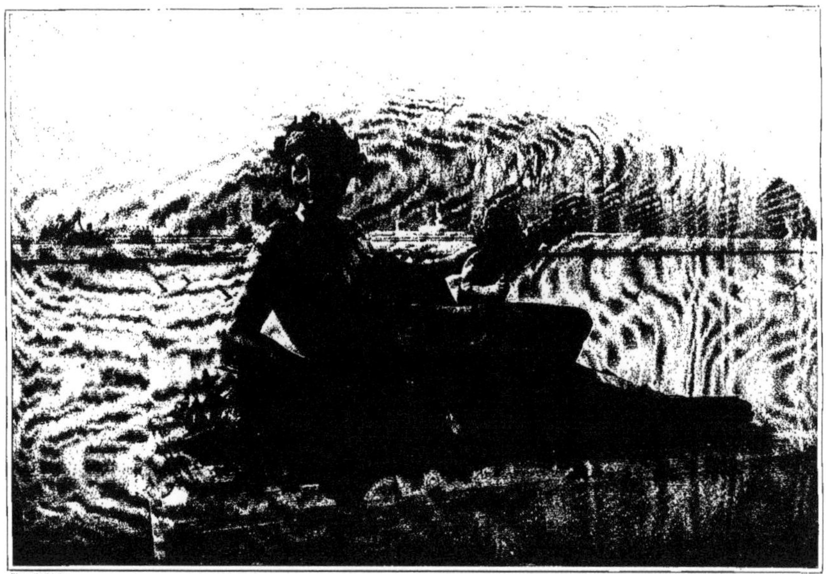

Photo P. d'Aujre.

NYMPHE ET AMOUR, PAR PHILIPPE MAGNIER

Groupe de bronze, au Parterre d'Eau, fondu par les frères Keller, en 1690

La création de Louis XIV, à peine retouchée et ornée par le XVIIIe siècle, et dont le siècle dernier n'a altéré que des détails, est sous nos yeux encore presque intacte et presque vivante.

Sous l'incantation de la pensée, aisément ressuscitent les scènes d'autrefois. L'escalier de Mansart nous conduit au seuil des appartements du Grand Roi; voici l'antichambre de l'Œil-de-Bœuf, qui semble pleine encore de la rumeur des

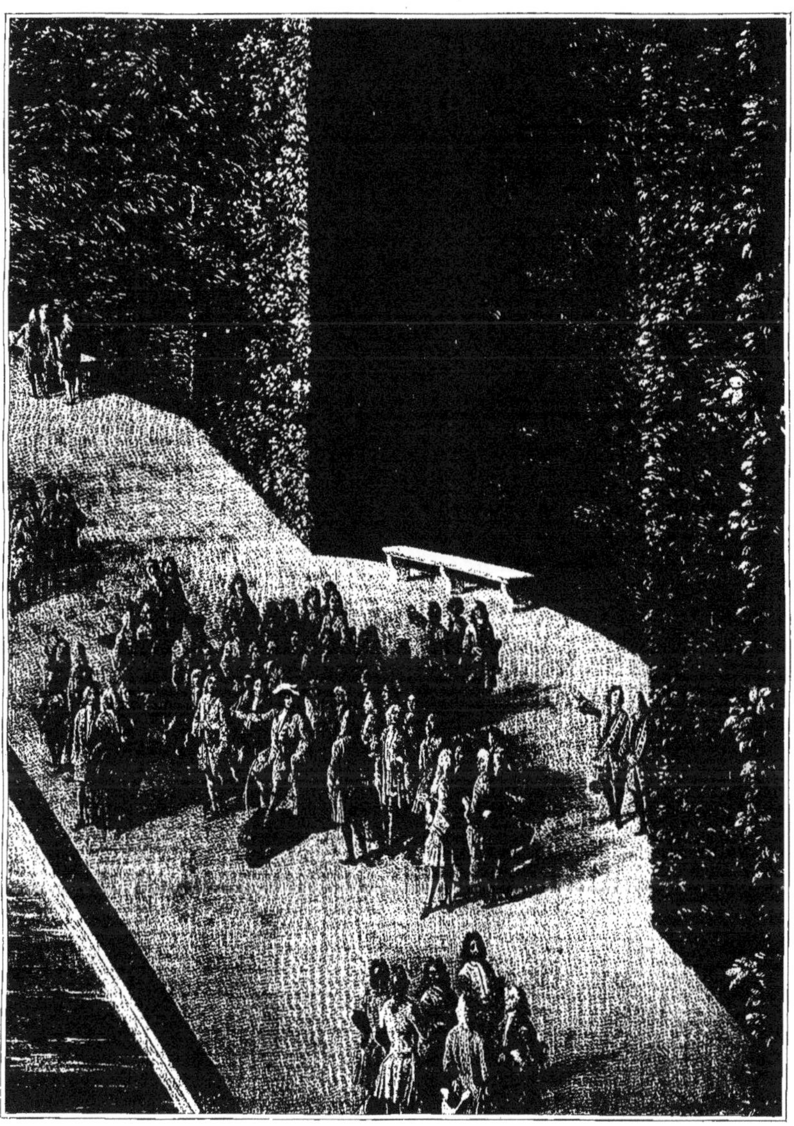

LOUIS XIV EN PROMENADE DANS LES JARDINS DE VERSAILLES

Détail d'un tableau de P.-D. Martin, représentant la fontaine de l'Obélisque

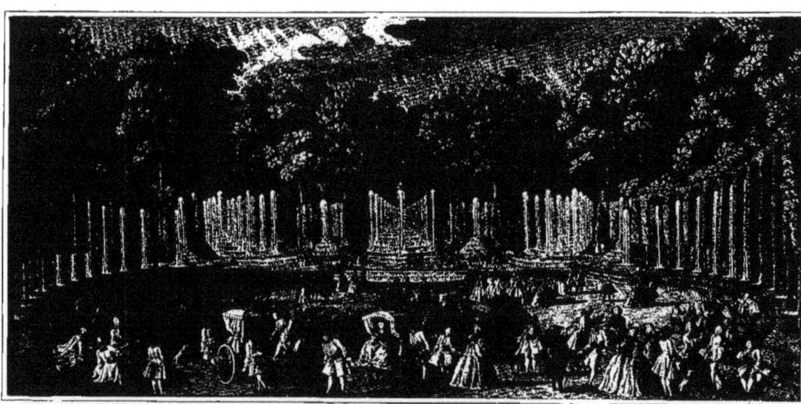

LE BOSQUET DU THÉATRE D'EAU, *aujourd'hui détruit*
Estampe de J. Rigaud

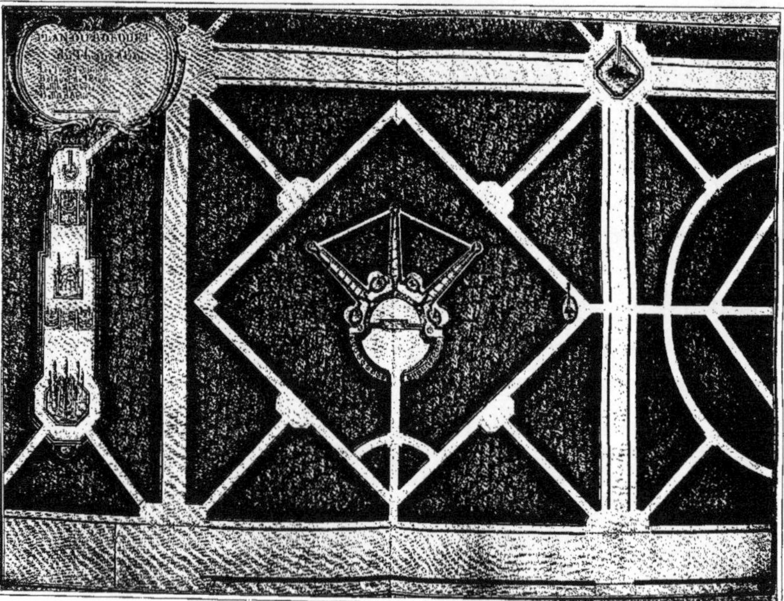

PLAN DU BOSQUET DU THÉATRE D'EAU
Tiré d'un album ayant appartenu au Roi Louis XV

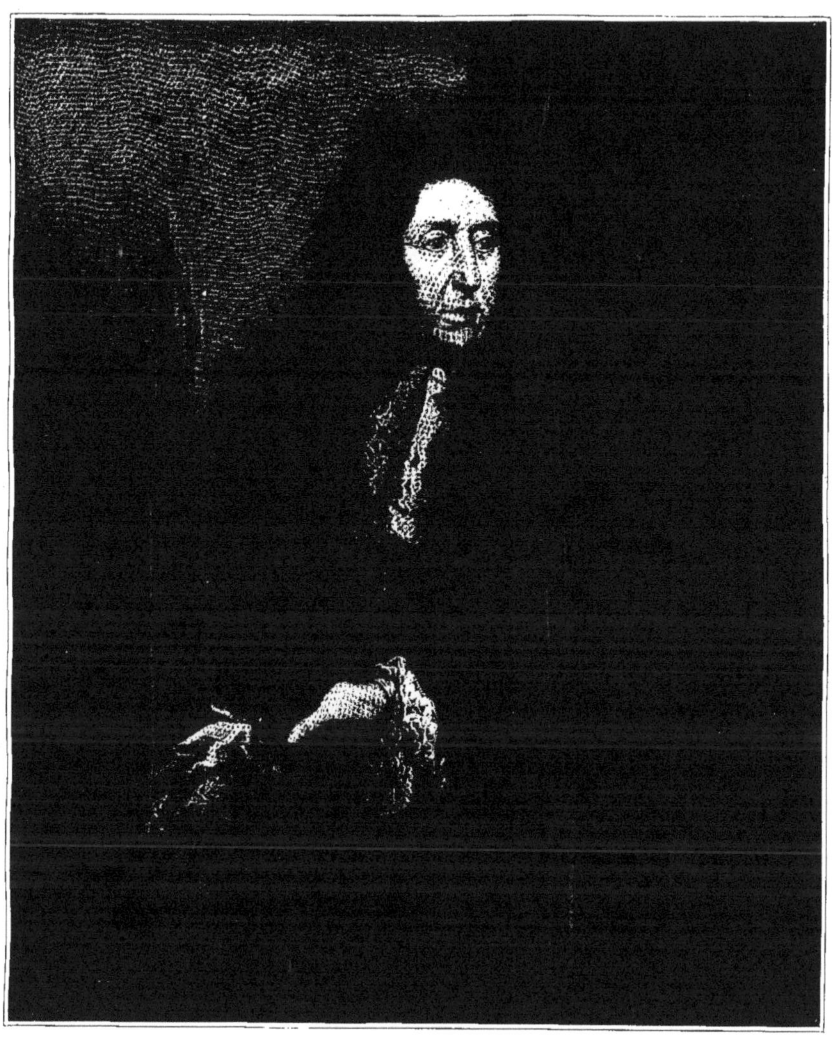

ANDRÉ LE NOTRE, ARCHITECTE DU ROI (1613-1700)

Peinture de Carlo Maratta

courtisans, du mouvement d'une cour impatiente de plaire au maître. Traversons la Chambre de parade, qui fut comme le centre de la monarchie et où mourut celui qui, par l'éclat unique de sa fortune, avait ébloui le monde. En suivant la Grande Galerie et les appartements de marbre et d'or, nous arrivons à la Chapelle où se célébrèrent les unions royales, les mariages princiers, les baptêmes des dauphins et aussi les pompeuses funérailles. De l'autre côté du Château, nous par-

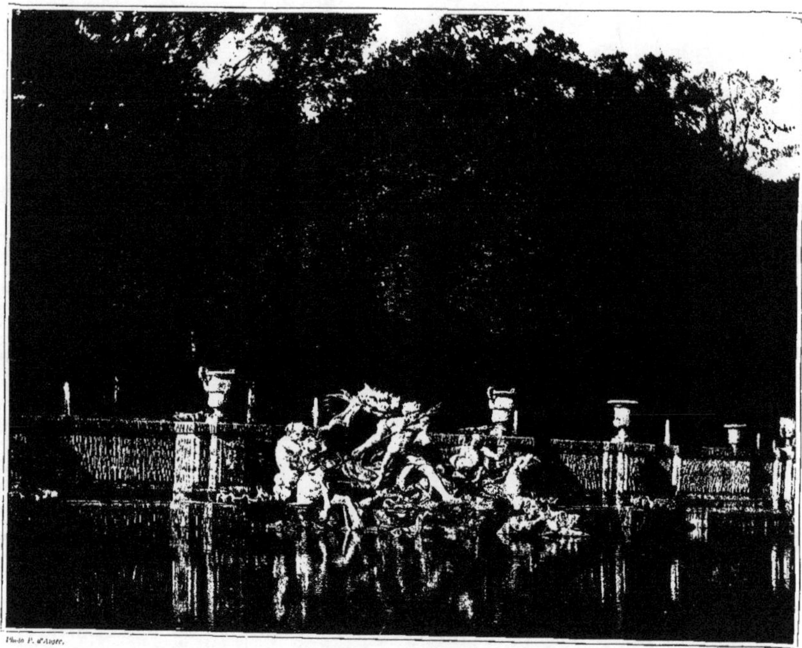

Photo P. d'Aigre.

NEPTUNE ET AMPHITRITE

Groupe de plomb du Bassin de Neptune, exécuté par Sigisbert Adam en 1740

courons les appartements de la Reine et la chambre somptueuse où, pendant trois règnes, naquirent les Enfants de France.

Et dans l'intimité des cours intérieures, inconnues du public d'aujourd'hui comme de celui de jadis, que de cabinets, de pièces secrètes, de passages et de réduits aux boiseries merveilleuses, où les reines devinrent de simples femmes, où Louis XV et Louis XVI se livrèrent à leurs divertissements, à leurs plaisirs si différents, où toutes les anecdotes de l'ancien régime prennent leur explication, pour qui sait patiemment identifier les emplacements et préciser les lieux.

Et maintenant que nous descendons dans les jardins, il faut peu d'effort pour reprendre les promenades royales, se figurer qu'on suit Louis XIV, Monseigneur, Madame la duchesse de Bourgogne, alors que la longue file des « roulettes » se déroule

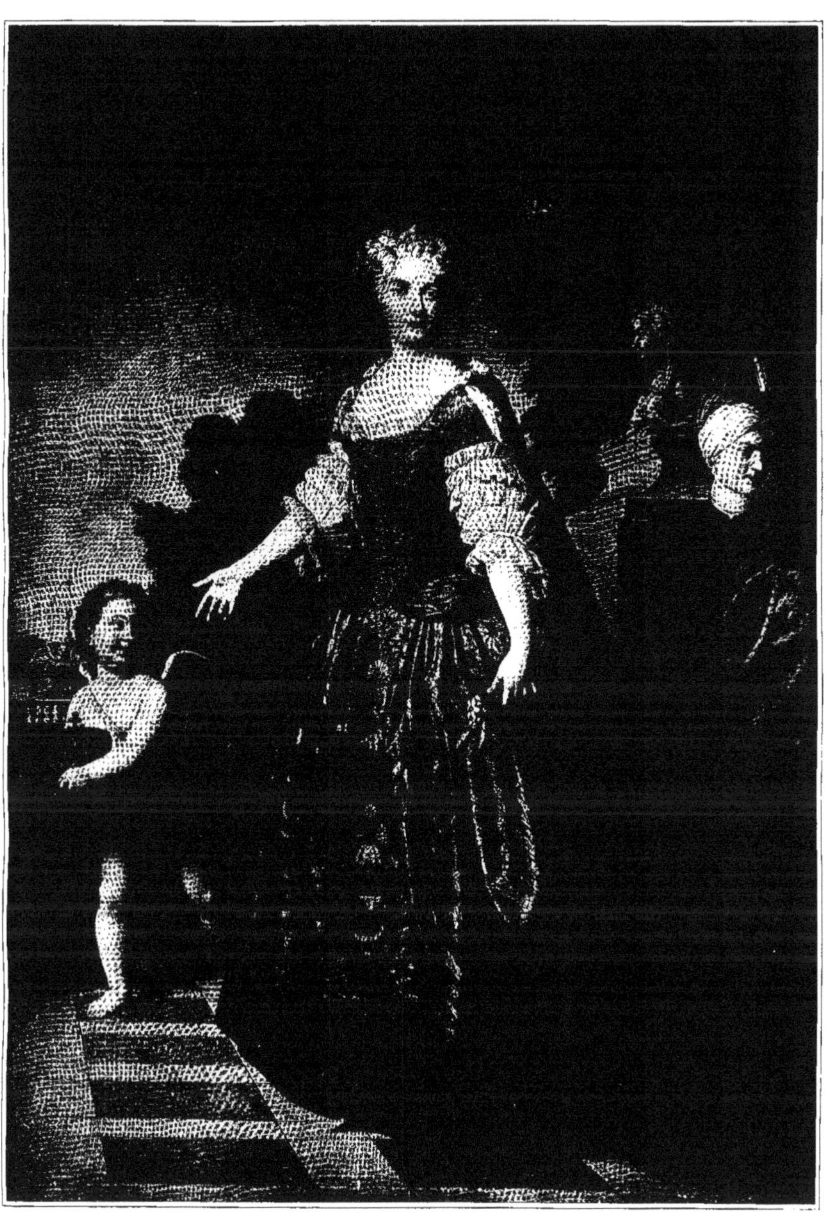

LA REINE MARIE LECZINSKA
Peinture de J.-B. Vanloo

sur les pentes de Latone et sur les allées du Tapis-Vert, pendant que les eaux glorieuses et délivrées jettent, sur les margelles de marbre, leur pluie jaillissante.

S'il est tel coin retiré du parc de Versailles où le goût du temps de Louis XVI a fait quelques transformations « à l'anglaise », si l'on y revoit surtout les dames de Marie-Antoinette, avec les chapeaux de bergères et les robes de linon, Versailles garde avant tout la marque de son créa-

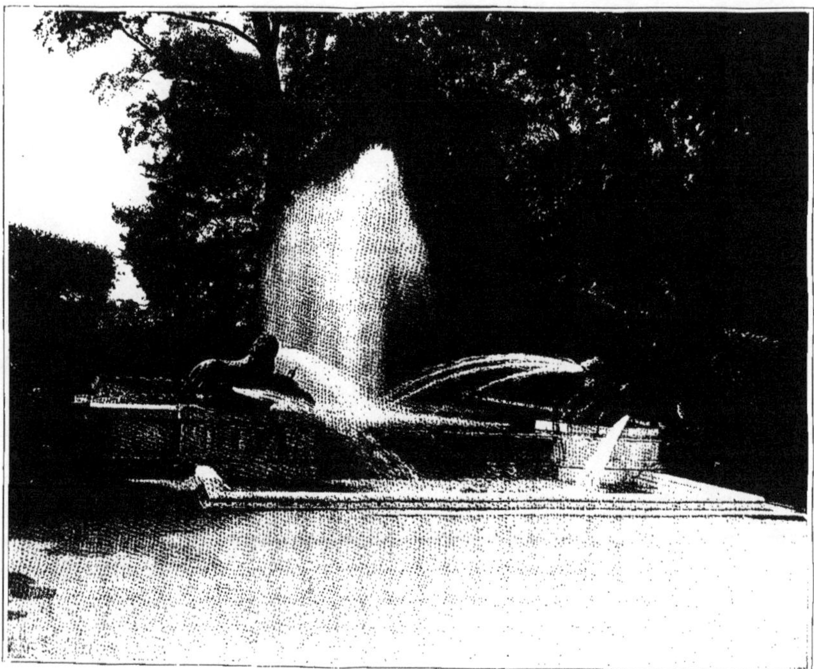

FONTAINE DE DIANE
Groupe d'animaux de bronze, par Van Clève

teur dans les lignes intactes du Grand Siècle.

Les marbres et les bronzes sont encore à la place que leur désigna Charles Le Brun, où les ont vus Racine et Boileau ; les eaux ont perdu peu de chose de ces effets singuliers dont s'enchanta Madame de Sévigné ; les blanches marches, où grandissent çà et là, d'année en année, les taches roses, sont encore celles que balayait la traîne de Madame de Montespan, conduisant la promenade de la Cour.

Ces degrés, ces pièces liquides, ces parterres, ces larges perspectives ouvertes sur la plaine lointaine ou sur les bois de la colline, ce décor de fleurs, d'eau et de pierre, cet enchantement du regard et de la pensée, c'est encore l'œuvre ancienne qui rappelle à la postérité, autour du

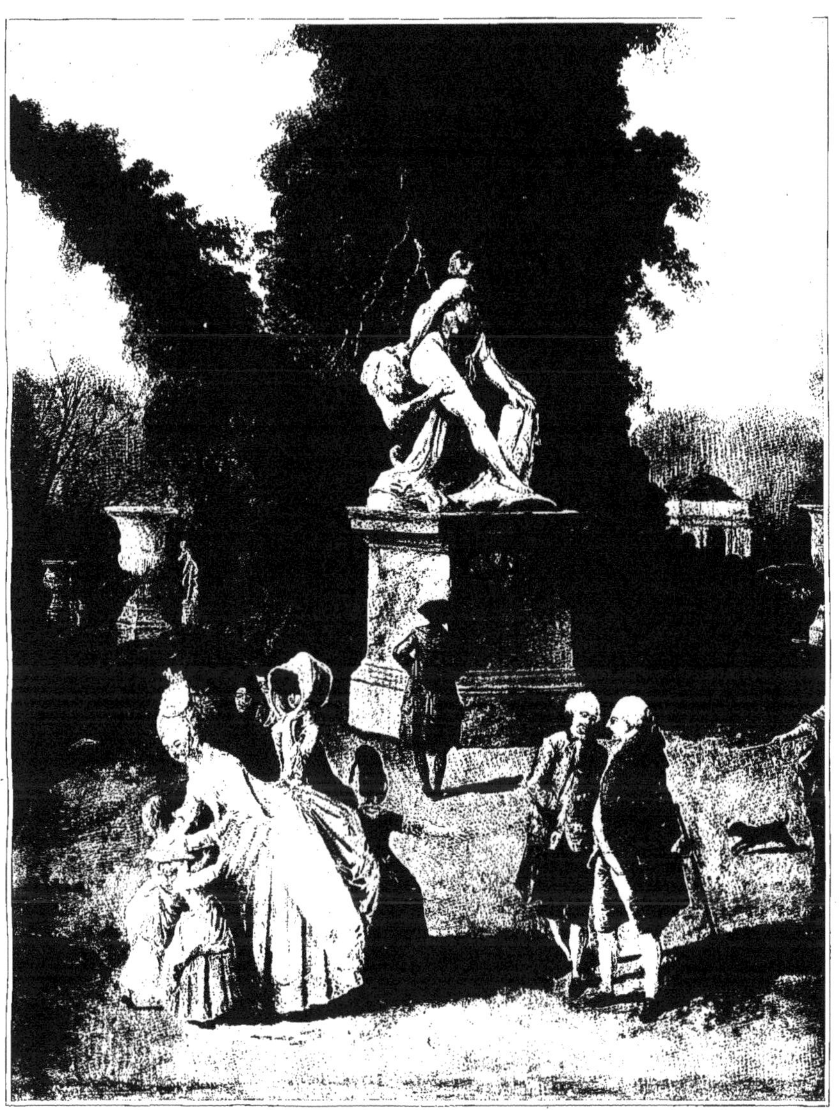

LA REINE MARIE-ANTOINETTE ET LOUIS XVI EN PROMENADE DANS LES JARDINS DE VERSAILLES
Détail d'une peinture de Hubert Robert

Versailles de Mansart, le nom de Le Nôtre.

Dédaigné comme une grandeur morte, oublié longtemps par ceux-là même qui eussent dû en tenir le respect éveillé, méprisé aussi par tant d'artistes français déracinés de leur tradition, Versailles a repris, depuis peu d'années, la place d'exception et de gloire qu'à d'autres titres les siècles monarchiques lui avaient conférée.

Des peintres et des sculpteurs modernes s'intéressent passionnément à ce qu'il peut donner d'inspiration, de motifs et de modèles; des poètes, émus par la grâce fanée du parc endormi, célèbrent le charme de ses quatre saisons; un public toujours renouvelé de visiteurs proclame à voix haute l'admiration de ses découvertes, tandis qu'une petite église de dévots plus discrets sait à quels jours et à quelles heures célébrer le mieux son culte paisible.

Nous mesurons aujourd'hui, après l'avoir trop méconnu, ce qui manquerait au patrimoine de la nation et au témoignage de son génie, si Versailles eût été détruit.

O Palais, horizon suprême des terrasses!
Un peu de vos beautés coule dans notre sang...

Ainsi parlent, avec Albert Samain, tous ceux des nôtres qui expriment ou dirigent la sensibilité contemporaine. L'impertinence des vers d'Alfred de Musset sur « l'ennuyeux parc de Versailles » nous choque moins que son inintelligence ne nous attriste; car il n'est pas de beauté plus émouvante que celle de ces architectures, où se composent avec tant d'harmonie les jeux de la lumière, de la verdure et des eaux. Nous y associons la sculpture qui les décore et qui représente, en sa maturité, cet art qui fut toujours un art de France. La convention pompeuse de la peinture de l'époque, l'esthétique impérieuse et tout italienne du grand ordonnateur Le Brun, n'ont eu presque nulle prise sur la robuste originalité de nos sculpteurs. Soumis aux nécessités d'un ensemble décoratif, ils ont su garder dans l'exécution les qualités de leur race et faire passer en leurs nobles figures souplesse et vérité. A ces vieux maîtres, prodigues de chefs-d'œuvre et pour lesquels nous avons été si ingrats, ce livre voudrait avant tout rendre hommage.

Telles sont les leçons faciles et fortes que donne Versailles.

A quelques pas de Paris, la ville la plus agitée et la plus bruyante, les grands ombrages ouvrent un refuge de silence et de recueillement. C'est un abri pour les amoureux du rêve et aussi un lieu d'élection pour les chercheurs de beauté. Celui qui a une fois pénétré Versailles ne se lasse donc pas d'y revenir. C'est un ensemble incomparable qu'offrent, sans jamais l'épuiser, à la joie de son esprit, au plaisir de ses yeux, ce château qui, par sa structure même, est l'image éloquente de la monarchie; ces jardins qu'une volonté singulièrement forte a fait surgir du terrain le plus ingrat; ce parc, aux lointaines percées, où semble sonner encore l'hallali des chasses royales, et ces larges surfaces d'eau vivante qui reflètent, depuis deux siècles et demi, le ciel changeant et léger de l'Ile-de-France.

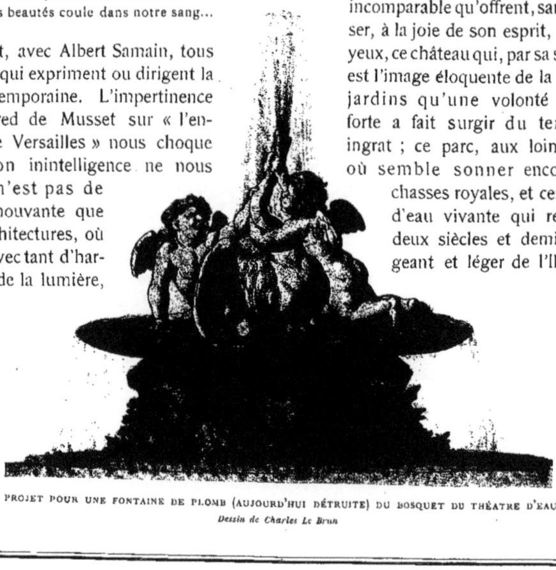

PROJET POUR UNE FONTAINE DE PLOMB (AUJOURD'HUI DÉTRUITE) DU BOSQUET DU THÉATRE D'EAU

Dessin de Charles Le Brun

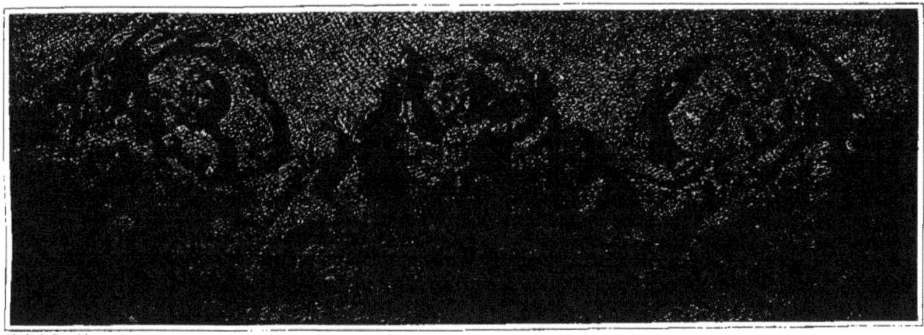

Charles Le Brun del.

LA PROMENADE DE VERSAILLES

AU XXᴱ SIÈCLE

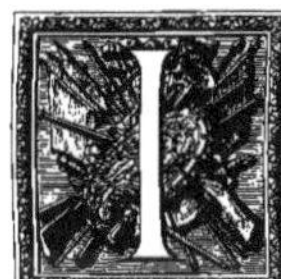

Il n'est pas, à Versailles, de plus noble spectacle que celui qui s'offre des balcons de la Grande Galerie, ouverts sur les bassins du Parterre d'Eau. C'est la vue royale par excellence, celle qui suffirait à donner en quelques minutes une idée claire de la somptueuse création de Louis XIV.

Le visiteur est fatigué de son parcours à travers les trois étages de l'immense château. Il a rempli ses yeux des décorations merveilleuses, des bois et des métaux finement travaillés, des mosaïques de marbre et des plafonds dorés. Il s'est ému dans les chambres royales aux souvenirs évoqués ; il s'est attardé dans les salles du Musée, vivantes des scènes et des portraits qui les animent. L'histoire et l'art des derniers siècles se sont révélés à lui dans ce qu'ils ont de plus français et de plus raffiné. Il est accablé de tant de grandeur et de magnificence, quand ses pas le ramènent en cette galerie fameuse, au centre de l'habitation, où viennent s'accumuler les plus rares ouvrages.

Les paysages qui s'encadrent en ces hautes fenêtres aux glaces étroites, que Venise envoyait au Grand Roi, apportent la surprise souhaitée, et l'artifice grandiose du palais y continue son enchantement.

Les fonds lointains, les horizons des collines boisées sont presque seuls purement naturels : les immenses pièces d'eau des Suisses et du Grand Canal peuvent sembler encore des lacs harmonieux, ramenés à la ligne symétrique par un travail à peine sensible ; mais, par degrés, en se rapprochant du Château, l'art se laisse voir, s'affirme et s'étale. Les gazons se découpent, les arbres se taillent, les eaux se concentrent en des margelles de marbre, les statues se multiplient. Autour de la maison royale, la nature est entièrement asservie ; tout y a été construit et manié de façon à ne plus laisser paraître que l'œuvre de l'homme.

La volonté d'un roi et le génie d'une époque ont fait d'un sol rebelle le plus riche jardin. Il faut un grand effort pour se rappeler qu'aucune partie des environs de Paris n'était plus sauvage et plus délaissée, quand Louis XIII y construisit un petit château et y établit un parc de chasse. Même après lui, ce n'était qu'un terrain boisé et marécageux, qui s'est transformé, sur le seul désir de Louis XIV, en ce brillant ensemble de plantations régulières, de bosquets, de pièces d'eau et de fontaines.

Les terrasses sont faites presque totalement de terres rapportées ; l'étroite butte primitive s'est élargie en proportions énormes pour asseoir le Château et ses abords. De chaque côté se découpent les parterres du Midi et du Nord, dessinant leurs arabesques, leurs rinceaux, leurs fleurs de lis.

Entre eux, devant la Galerie des Glaces, dorment deux larges nappes liquides, attendant que les gerbes rapides viennent, au signal voulu, en éveiller les vastes eaux. C'est ce qu'on appelle le Parterre d'Eau, désignation qui s'appliquait mieux à un état plus ancien de cette grande terrasse, où vraiment des courants d'eau, ingénieusement aménagés, formaient des dessins variés, semblables aux décors fleuris tracés par Le Nôtre; ils étaient entourés, d'ailleurs, de buis et de gazon.

Tout ce décor, riche en complications hydrauliques, s'est peu à peu simplifié en une conception plus belle. Le Roi n'a voulu, sous les fenêtres de sa maison, pour en refléter l'harmonie, qu'un double et pur miroir qui n'en brisât point l'image. Sur le marbre qui les entoure, bientôt après se dressèrent de magnifiques groupes de bronze, exécutés en de grandes porportions, afin qu'on pût en saisir la ligne des balcons de la Galerie.

Les deux nappes frissonnantes semblent répondre

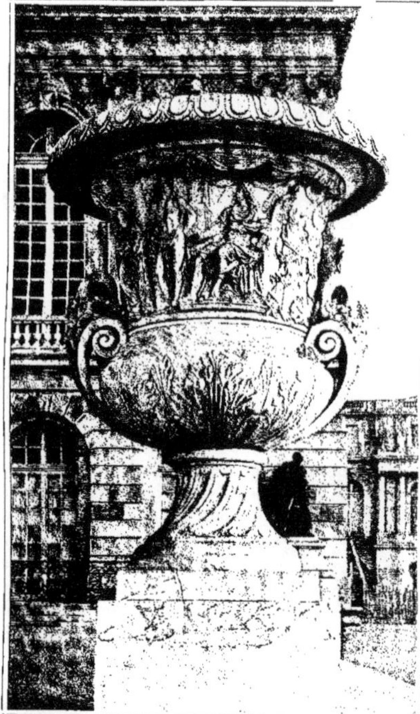

Photo P. d'Angee. LE VASE DE LA PAIX

Marbre de J.-B. Tubi, sculpté en 1684, pour la terrasse devant le Château

à celle du Canal, qui miroite dans le lointain. Autour d'elles, de tous côtés, à la descente des allées des parterres inférieurs, on aperçoit des vases chargés de fleurs et aussi de blanches statues qui semblent cheminer le long des charmilles.

Elles se détachent tantôt sur le ciel, tantôt sur les sombres verdures. On désire approcher et contempler de plus près ces formes harmonieuses, connaître le symbole qu'elles expriment et la pensée qu'elles réalisent. Et ne sont-elles pas comme les prêtresses du lieu, les gardiennes permanentes des jardins? Devant elles ont passé les générations disparues : elles ont vu la gloire des monarques, la grâce amoureuse des princesses; les paniers de brocart et les habits brodés ont frôlé le marbre qui les porte ; elles assistèrent à

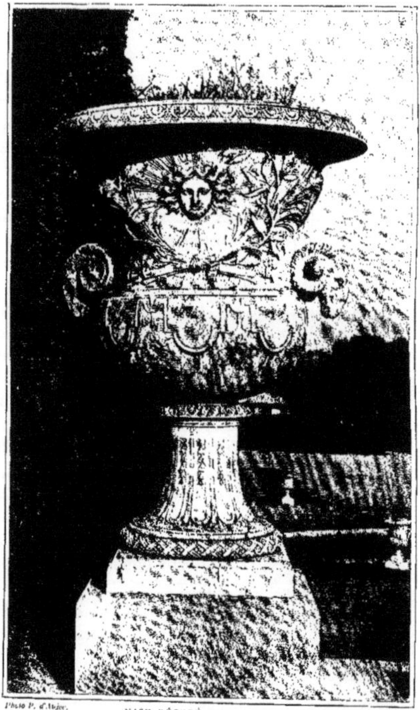

Photo P. d'Angee. VASE DÉCORÉ DE SOLEILS

Marbre de Drouilly, au Parterre d'Eau

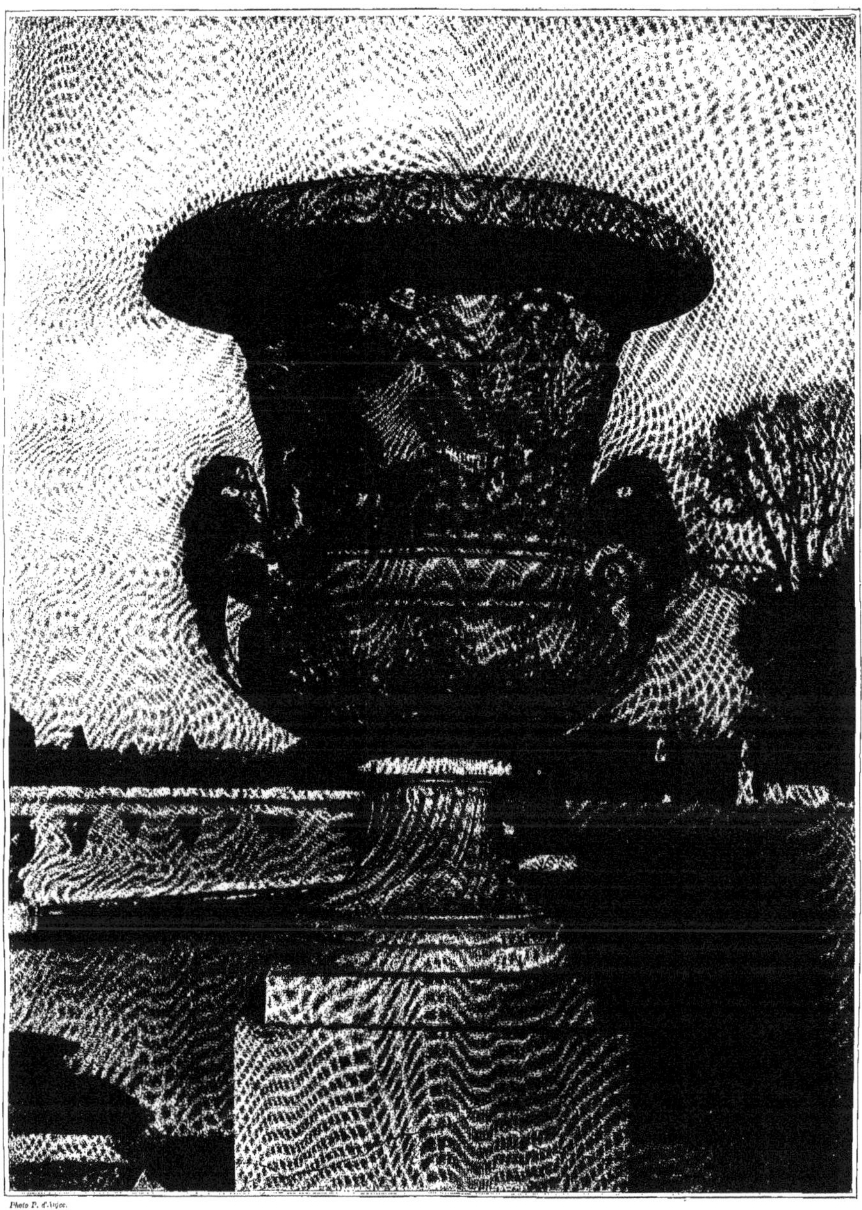

Photo P. d'Anjou.

LE VASE DE LA GUERRE

Marbre de Coyzevox, sculpté en 1684, pour la terrasse devant le Château

l'heure du déclin et des tristesses ; et c'est pourquoi, tout autour d'elles, l'atmosphère est comme chargée de souvenirs.

Elles sont pour nous encore bien autre chose que des témoins du passé. Les artistes de nos jours honorent les meilleures d'entre elles comme des chefs-d'œuvre ; ils les contemplent et les étudient volontiers, quand il leur plaît de se rendre attentifs aux rêves et à la tradition de leurs aînés. Pourrions-nous faire mieux que de suivre leur exemple ?

Si l'on songeait trop vite cependant que c'est un vaste Musée de la Sculpture française qui reste encore à parcourir en ces jardins, — une collection complète où tous les grands noms de deux siècles d'art incomparables sont représentés, — plus d'un promeneur sortant du Château hésiterait devant cette fatigue nouvelle. Mais l'enseignement qu'il en doit recueillir peut être pris dans le plaisir le plus reposant, dans la joie d'une belle journée, alors que les parfums montent des parterres fleuris et que l'air très pur vivifie l'attention et soutient la marche.

Après plusieurs heures passées dans les appartements, la promenade en ces jardins et ces bosquets, sans nous enlever du même milieu, est d'un charme apaisant et profond.

Nous pouvons descendre sur la terrasse et visiter l'une après l'autre les œuvres qui s'harmonisent si bien avec l'architecture du parc et révèlent l'âme ingénue et magnifique de nos pères ; nous goûterons, en même temps, la fraîcheur des grands ombrages, que les années ont faits plus beaux.

La longue masse du Château se détache de partout, imposante et nette, sans qu'aucune plantation d'arbres en vienne interrompre les lignes. Vers l'aile du nord seulement, de hauts feuillages les rejoignent et semblent les prolonger. Mais l'édifice est entouré d'un espace immense, où toute la décoration reste basse et comme

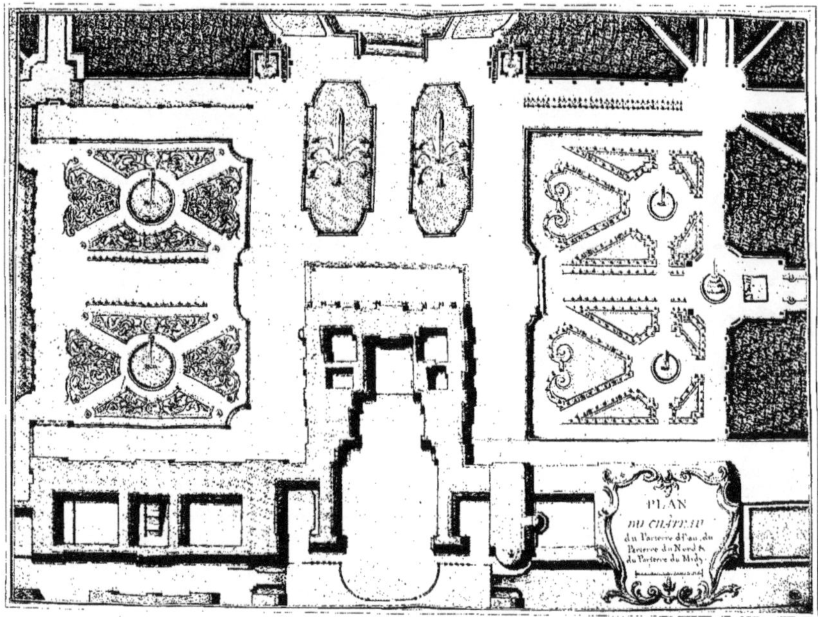

PLAN DES ABORDS DU CHATEAU

Tiré d'un album, daté de 1747, ayant appartenu au Roi Louis XV

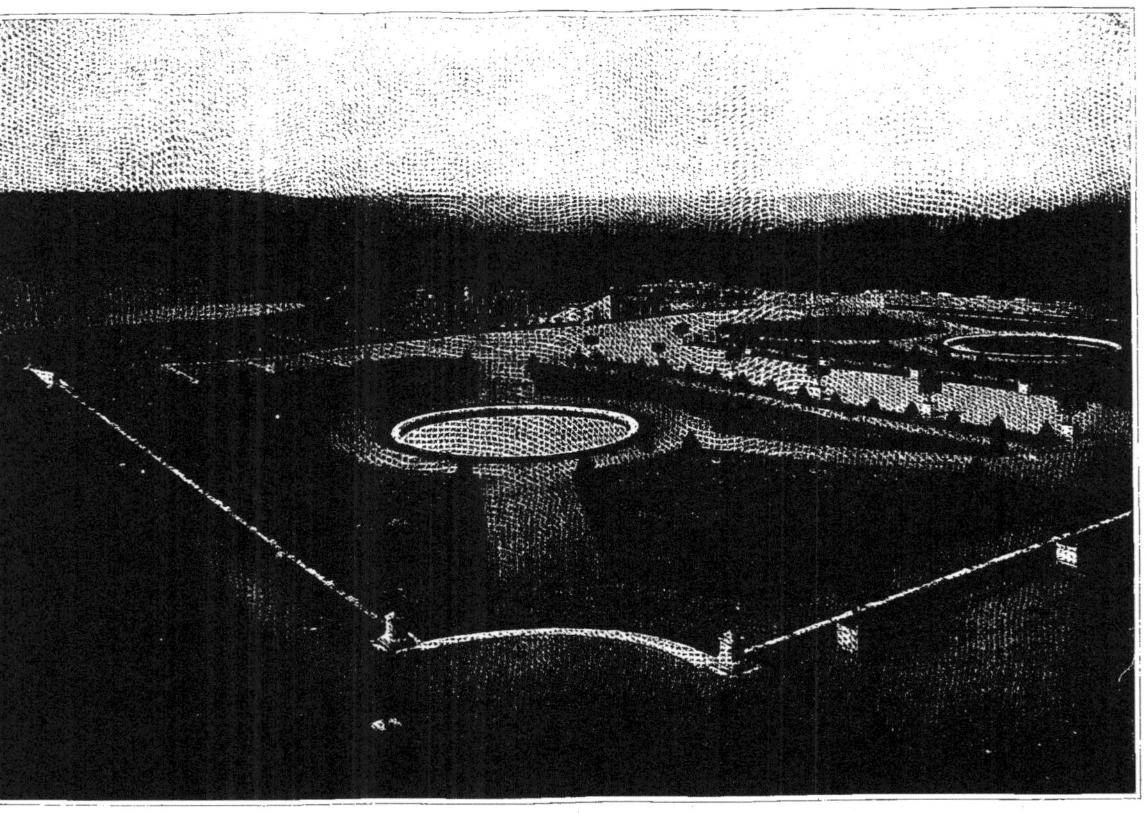

LE PARTERRE DU MIDI

Dessiné par Le Nôtre et réalisé en 1684 (État actuel)

(Dans le fond, l'Orangerie et la Pièce d'eau des Suisses)

écrasée, afin de mieux faire valoir la construction majestueuse qui le domine et permettre de n'en perdre aucun détail.

Cette décoration fut difficile à exécuter, et, bien que l'idée principale n'ait guère varié, elle nécessita des tâtonnements et des remaniements multiples, dont les estampes anciennes gardent les traces. Louis XIV en aimait la pensée, et, pour réaliser son rêve, les recherches, les essais, les destructions ne le fatiguaient point. Après avoir changé trois fois l'aspect du Parterre d'Eau, il finit par être satisfait de celui qu'achevèrent ses architectes en l'année 1684.

Mais les courtisans, ceux surtout dont l'humeur fut de médire et qui restèrent mécontents par profession, se plaignaient de la nudité de ce grand espace et de l'incommodité du soleil à tous les abords du Château.

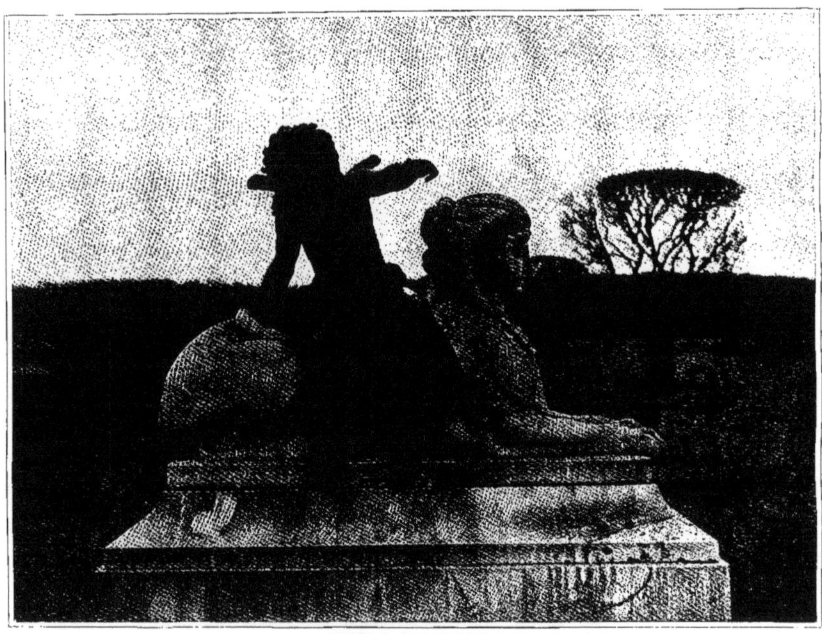

AMOUR SUR UN SPHINX
Groupe du Parterre du Midi
Bronze fondu par Duval en 1670, d'après un modèle de Jacques Sarrazin ; marbre de Lerambert

Entre toutes les critiques plus ou moins justifiées que provoquait Versailles, celle-ci passait pour la mieux fondée, et nous rappellerons Saint-Simon dénigrant les jardins, « dont la magnificence étonne, mais dont le plus léger usage rebute ». — « On n'y est conduit, ajoutait-il, dans la fraîcheur de l'ombre que par une vaste zone torride, au bout de laquelle il n'y a plus, où que ce soit, qu'à monter et à descendre. » Avec une humeur moins amère, nous souffrons aujourd'hui des mêmes inconvénients que les sujets du Grand Roi.

Et pourtant, ces chemins de sable, qui semblent trop larges à nos pas de flâneurs, étaient alors nécessaires pour le déploiement d'une cour somptueuse. De nos jours encore, on peut s'en rendre compte lorsqu'une fête officielle ou simplement le dimanche populaire des « Grandes Eaux » amène à Versailles une foule exceptionnelle de visiteurs. En dépit du léger ennui de nos premiers pas, n'hésitons point à nous engager dans l'espace aménagé devant le Château, entre les deux bassins, et allons contenter notre impatiente curiosité en face du couchant où fuit à l'horizon la perspective du Grand Canal.

A mesure que nous avançons, le Parterre de Latone se développe devant nous. En haut des marches qui y descendent, se dévoile brusquement l'élégante fontaine qui le nomme et que les yeux ne soupçonnaient pas, puisque, des balcons même de la Galerie des Glaces, elle ne se laissait point apercevoir.

Au centre du large parterre en fer à cheval, que bordent les ifs aux formes géométriques, est le charmant

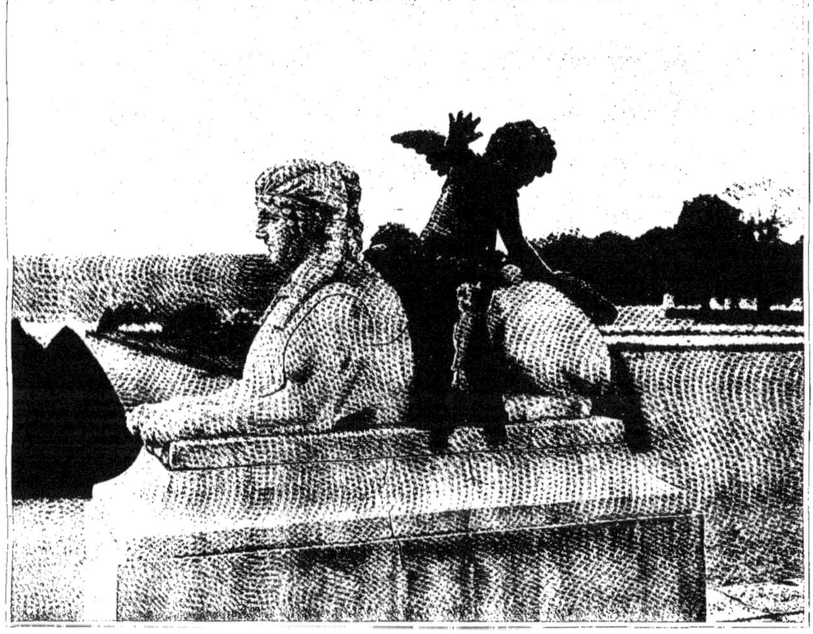

AMOUR SUR UN SPHINX
Groupe du Parterre du Midi
Bronze fondu par Duval en 1670, d'après un modèle de Jacques Sarrazin; marbre de Lerambert

bassin, peuplé de figures de bronze doré, au milieu duquel s'élève, sur un massif en pyramide, le groupe de Balthazar Marsy, Latone et ses enfants. La mère d'Apollon et de Diane, à genoux et serrant son jeune fils, implore la justice de Jupiter, et le dieu change en grenouilles d'or, autour d'elles, les paysans de Lycie, coupables de lui avoir refusé assistance. La métamorphose continue dans les deux autres bassins du Parterre.

La place centrale accordée à un tel sujet, dans la décoration de Versailles, s'explique par l'idée mythologique qu'on retrouve aux points principaux du parc. N'oublions pas que Latone est la mère d'Apollon, et que le dieu du Soleil est le symbole, la personnification céleste de Louis XIV. Tout au fond des jardins, au milieu de la perspective qu'on embrasse de ces degrés, c'est le motif du char d'Apollon qui répond à celui de Latone, et c'est à l'extrémité du Grand Canal qu'en certains jours de la belle saison le soleil se couche dans sa gloire.

A la cour du Grand Roi, chacun savait la signification de ces symboles ; les artistes s'en inspiraient pour leurs compositions ; les madrigaux et les odes y multipliaient les allusions adulatrices ; et La Fontaine nous conserve le sentiment des contemporains de Louis XIV, montrant le souverain, au lieu même où nous sommes placés, lorsqu'il vient contempler, à l'heure la plus belle, les admirables horizons de son domaine :

> Là, dans des chars dorés, le Prince avec sa cour
> Va goûter la fraîcheur sur le déclin du jour;
> *L'un et l'autre soleil*, unique en son espèce,
> Etale aux regardants sa pompe et sa richesse.
> Phébus brille à l'envi du monarque françois;
> On ne sait bien souvent à qui donner sa voix:
> Tous deux sont pleins d'éclat et rayonnants de gloire!...

Ces vers ne sont pas des meilleurs du poète, mais ils n'en demeurent pas moins fort instructifs et nous rappellent, dès le début de notre promenade, la pensée ordonnatrice de Versailles.

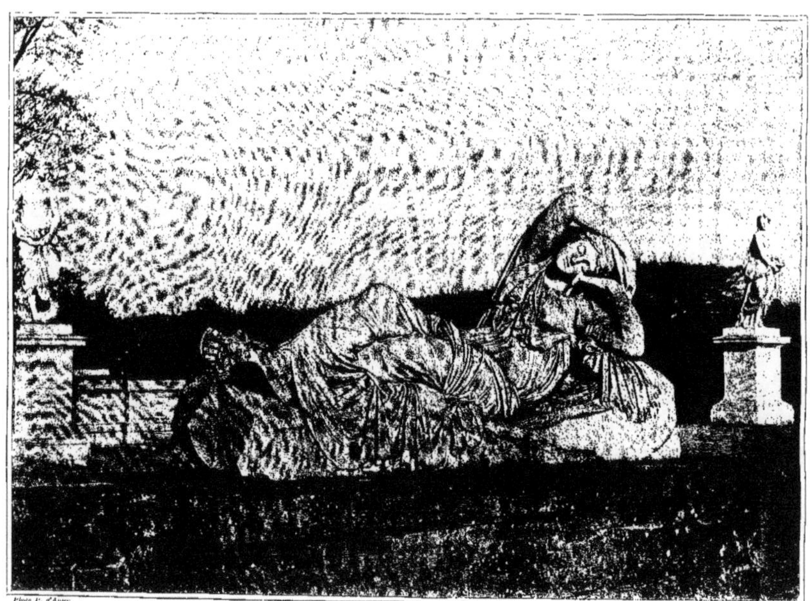

Photo F. d'Aupr.

L'ARIANE DU VATICAN
Parterre du Midi
Marbre copié par Corneille Van Clève

Réjouissons nos yeux quelques instants de l'étendue du spectacle, du dessin harmonieux et double du parterre, de la blancheur des vases de marbre qui meublent les terrasses et que garnit une profusion de fleurs. A nos côtés, aux extrémités du large degré, se dressent deux vases de forme colossale, dont la proportion s'accorde avec les grands espaces dominés ici par le regard. Avec leur pied de marbre qui s'élance d'un cube de pierre, avec les hardies têtes de bélier qui forment les anses, et les souples couronnes de feuillage ornant le vaisseau, on les jugerait partout des œuvres admirables ; mais, en ce lieu, leur présence est significative, car le motif central offre précisément le « Soleil »

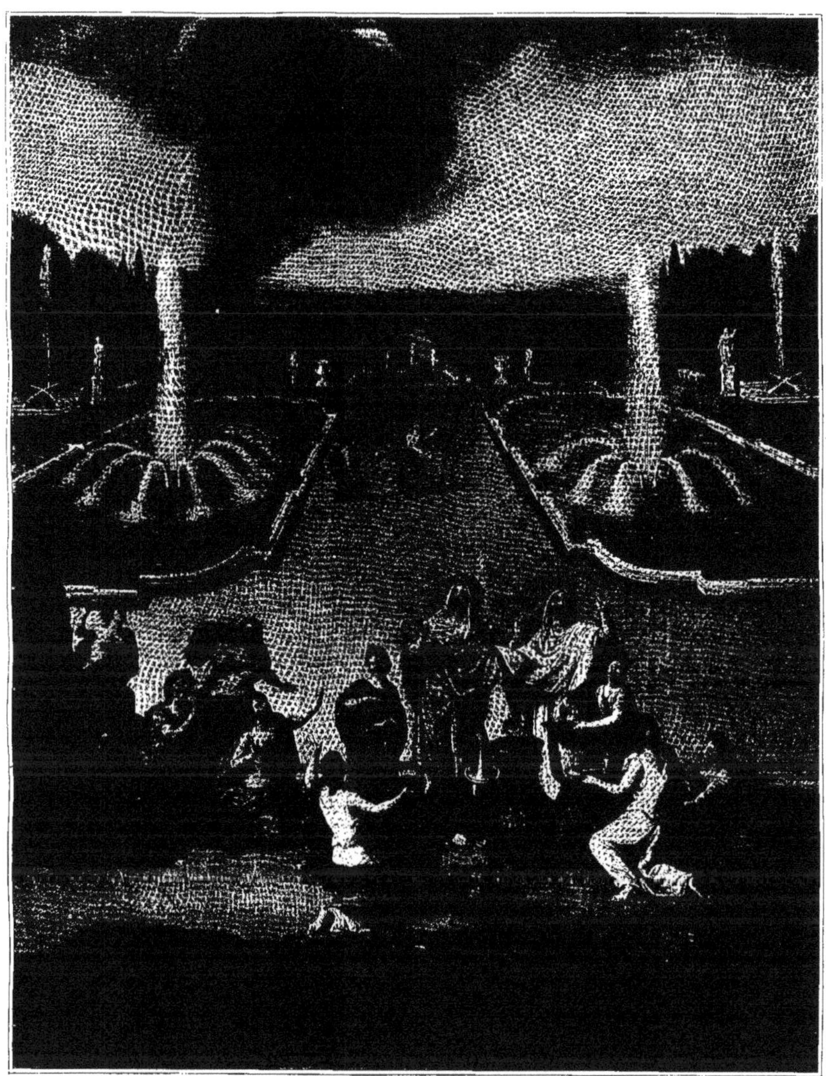

VUE DU PARTERRE D'EAU APRÈS 1690

Détail d'une peinture de Jean Cotelle

(Au premier plan, les suivantes de Vénus la regardent s'élever au ciel)

de Louis XIV, le symbole fameux interprété suivant son désir, et qui est une tête triomphale auréolée de rayons.

La grande façade développe ici sa longueur de quatre cent quinze mètres (qui atteint six cent soixante-dix mètres avec les façades en retour). La monotonie de cette immense bâtisse est rompue par les avant-corps, formés de colonnes que surmontent cent deux statues, par les sculptures en relief qui encadrent les fenêtres cintrées du premier étage, par les clefs des arcades du rez-de-chaussée, enfin par les trophées et les vases de pierre couronnant la balustrade de l'attique, qui avaient été détruits lors des restaurations du premier Empire et qui viennent d'être heureusement rétablis sur le corps central du Château.

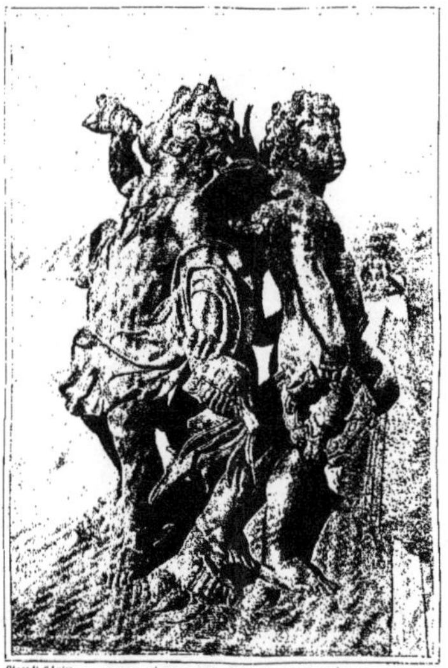

Photo P. d'Anjou.

JEUX D'ENFANTS, PAR C. VAN CLÈVE

Groupe de bronze, au Parterre d'Eau, fondu en 1690

Quatre bronzes d'après l'antique, posés contre le mur, sont d'assez belles fontes françaises, un peu noires, qui furent les premiers essais des frères Keller pour Versailles ; ces figures, Bacchus, Apollon, Antinoüs et Silène, annoncent les merveilles de bronze du Parterre d'Eau, tandis que les deux grands vases de marbre, placés aux angles de la même terrasse, semblent continuer, au seuil des jardins, la sculpture décorative répandue si abondamment sur les façades.

Le premier fut sculpté par Coyzevox. Le pied svelte et puissant soutient une coupe ouvragée de feuilles d'acanthe; les deux anses sont formées de têtes de faunes grimaçants, à la longue barbe tressée. Le

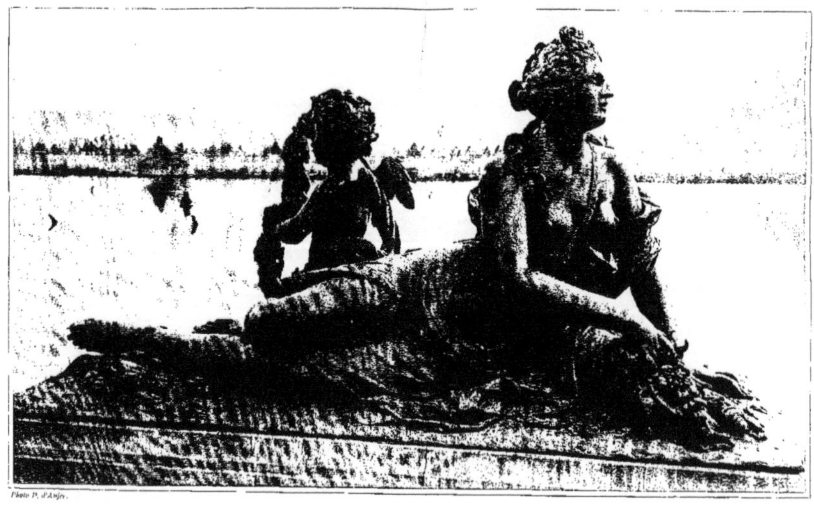

Photo P. d'Anjou.

NYMPHE ET AMOUR, PAR RAON

Groupe de bronze, au Parterre d'Eau, fondu par les frères Keller en 1668

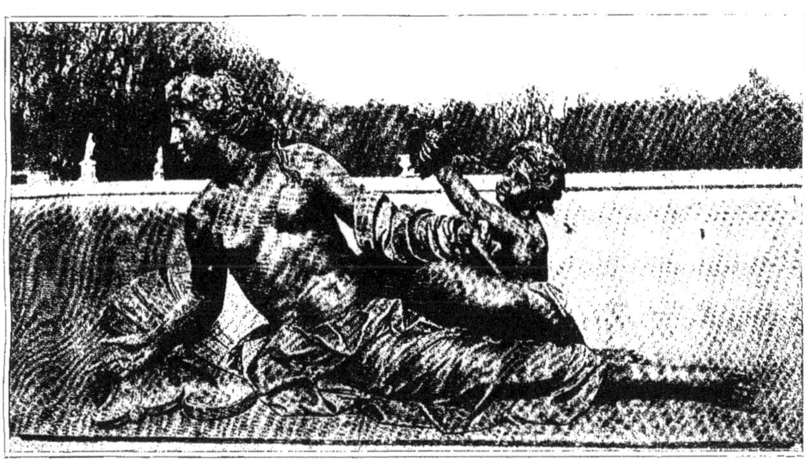

Photo P. d'Anjoc.

NYMPHE ET AMOUR, PAR LE GROS

Groupe de bronze, au Parterre d'Eau, fondu par les frères Keller en 1688

haut vaisseau porte un bas-relief imité d'une peinture de la Galerie des Glaces. Les scènes qu'il retrace furent d'une actualité glorieuse ; elles représentent la prééminence de la France reconnue par l'Espagne, après la défaite des Turcs par nos armes en Hongrie (1664). D'un côté, des guerriers enturbanés sont mis en déroute par Hercule et par la France, sous la fière apparence d'une femme casquée. De l'autre, se dresse la même figure, devant laquelle s'incline une autre femme, l'Espagne, avec le lion à ses pieds. Tel est le vase de la Guerre.

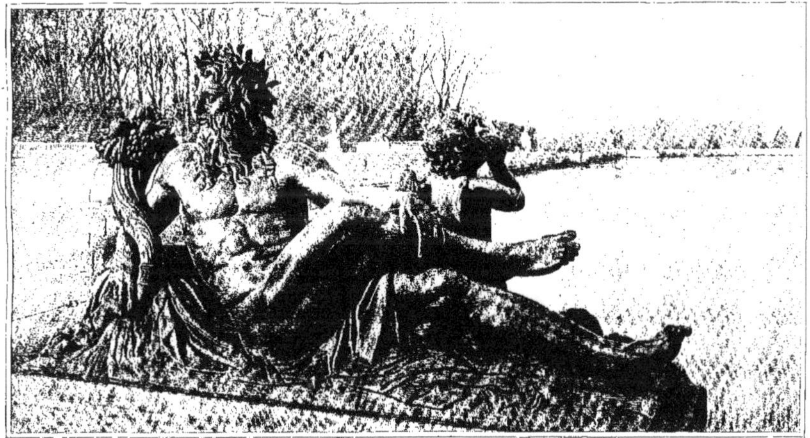

Photo P. d'Anjoc.

LE FLEUVE LA LOIRE, PAR REGNAUDIN

Groupe de bronze, au Parterre d'Eau, fondu par les frères Keller en 1689

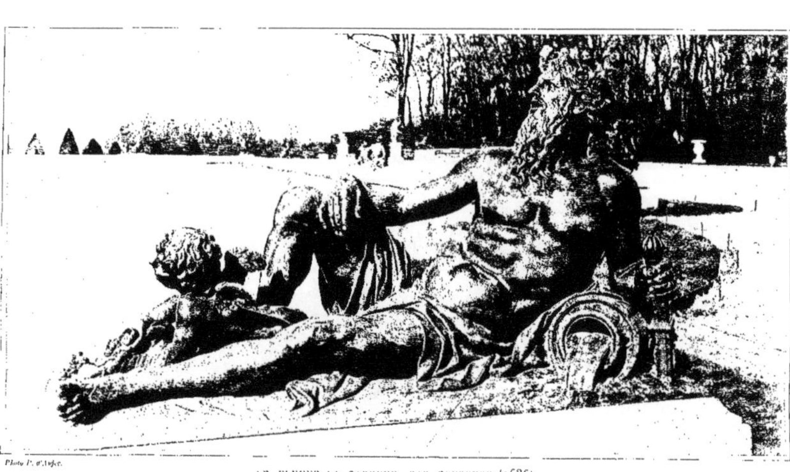

Photo P. d'Anjec.

LE FLEUVE LA GARONNE, PAR COYZEVOX (1686)

Groupe de bronze, au Parterre d'Eau, fondu par les frères Keller en 1688

Celui de la Paix est de même forme et de même élévation ; le bas-relief seulement diffère. C'est une allégorie des traités d'Aix-la-Chapelle (1668) et de Nimègue (1678-79). Le jeune Louis XIV, couronné d'olivier, est assis sur un trône ; près de lui, se tient debout Hercule, le demi-dieu qui fut une de ses images

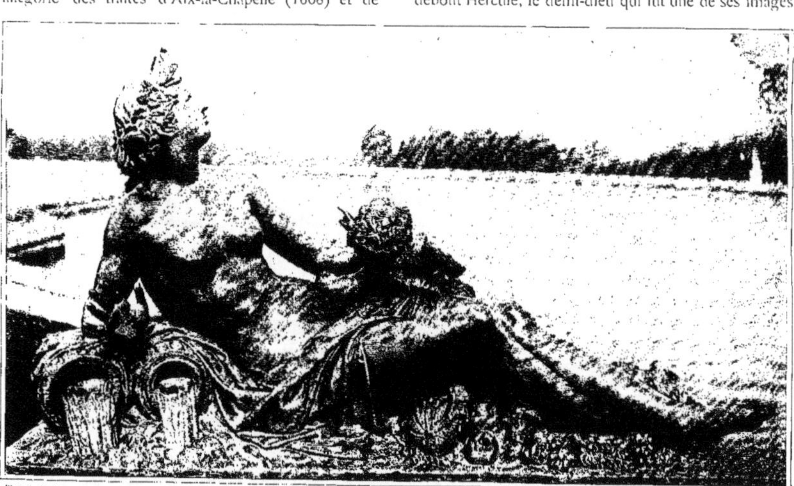

Photo P. d'Anjec.

LA RIVIÈRE LA DORDOGNE, PAR COYZEVOX

Groupe de bronze, au Parterre d'Eau, fondu par les frères Keller en 1688

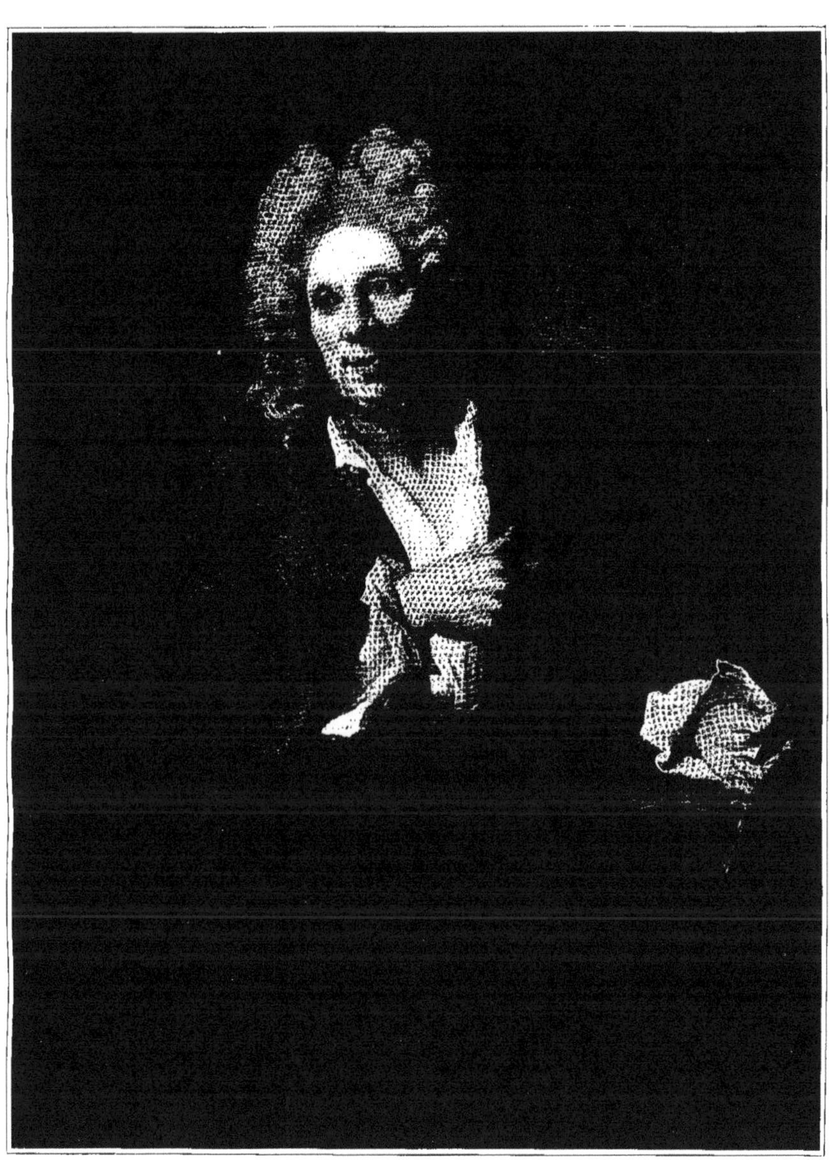

ANTOINE COYZEVOX, SCULPTEUR DU ROI (1640-1720)

Peinture de Gilles Allou

olympiennes ; une Victoire suspend des trophées à un palmier. Un autre groupe est formé de Renommées portant des branches d'olivier. Les femmes aux longs corps gracieux s'enlacent, enroulées dans les plis de leur vêtement à l'antique ; l'une d'elles tient un caducée et indique ces mots inscrits sur une tablette : *Pace in leges suas confecta Neomagi, 1679*. Ce vase est de Jean-Baptiste Tubi, sculpteur romain, devenu de bonne heure sujet du roi de France et l'un des meilleurs maîtres qu'il ait employés à son service.

Les bronzes maintenant déploient devant nous leur magnificence. Le long de la margelle des deux vastes bassins, la merveilleuse matière, patinée par le temps, étale ses œuvres de grâce et de majesté. Elles valent qu'on les examine à loisir, car elles forment, par leur réunion ingénieuse, le plus important ensemble de ce genre qui existe dans le monde.

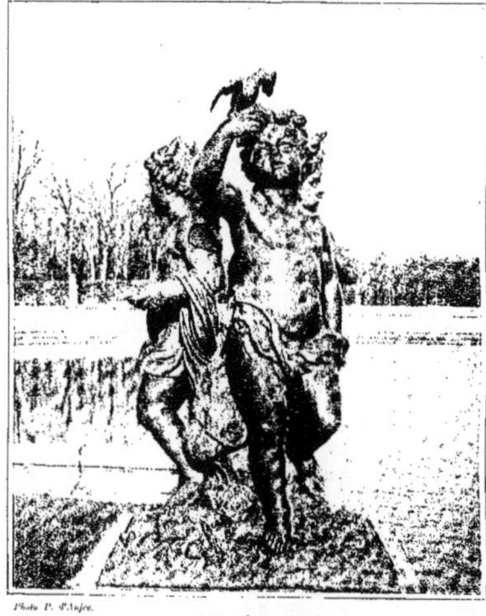

Photo P. d'Aujre.

JEUX D'ENFANTS

Groupe de bronze, au Parterre d'Eau, fondu en 1690

Ces deux bassins sont décorés chacun de quatre statues couchées, figures de fleuves et de rivières de France, de quatre groupes de nymphes et de quatre groupes d'enfants debout aux coins de la pièce d'eau. Sauf ces derniers, chacun porte le nom de l'artiste qui l'a modelé et aussi la signature des fondeurs du Roi, les frères Keller, et la

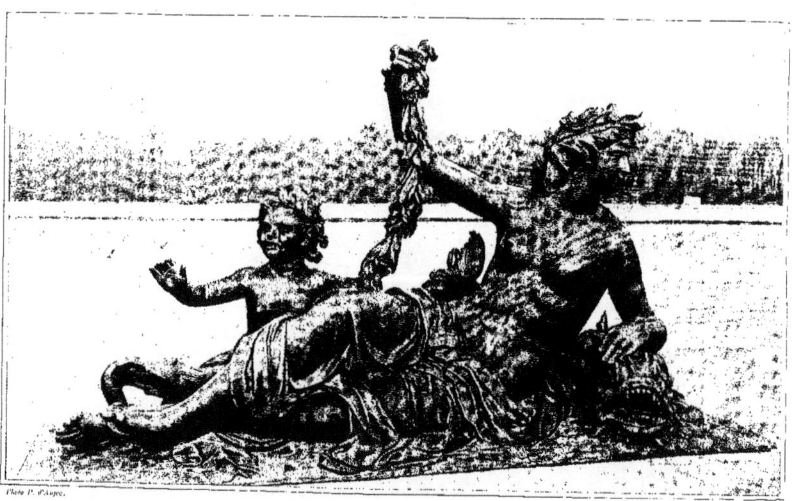

Photo P. d'Aujre.

NYMPHE ET AMOUR, PAR LE GROS

Groupe de bronze, au Parterre d'Eau, fondu par les frères Keller en 1688

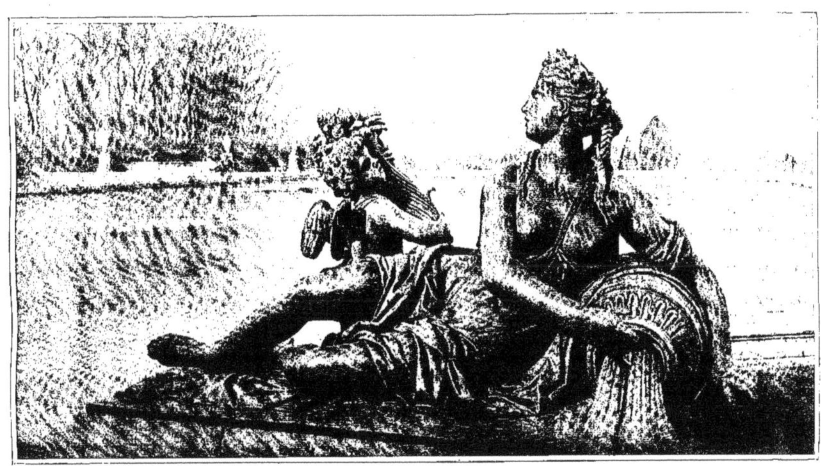

Photo P. d'Aujey.

LA RIVIÈRE LE LOIRET, PAR REGNAUDIN

Groupe de bronze, au Parterre d'Eau, fondu par les frères Keller en 1689

date de la fonte dans les ateliers de l'Arsenal de Paris. La plus ancienne date de 1687, la plus récente de 1690.

Par ces indications, l'étude de ce grand ouvrage est singulièrement simplifiée. Au reste, dès le premier regard, on se rend compte que les sculpteurs qui créèrent les modèles de cire subordonnèrent exactement leur travail à la conception de l'ensemble. Nous savons, en effet, que l'invention et la disposition des

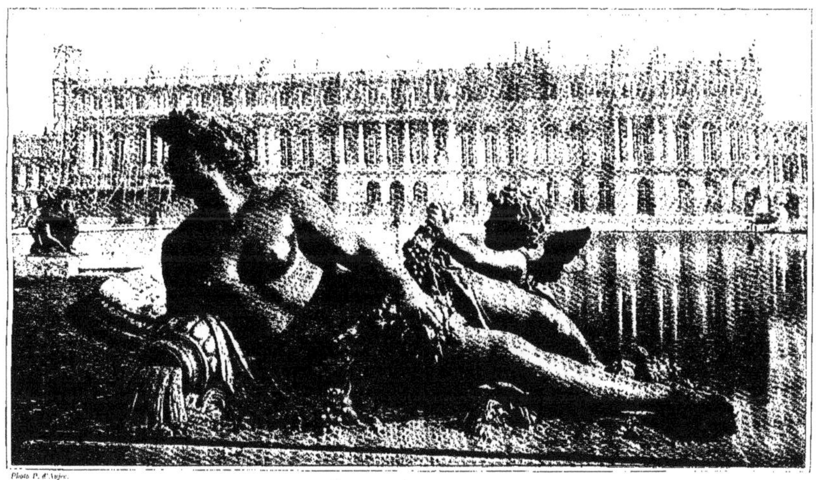

Photo P. d'Aujey.

LA RIVIÈRE LA SAÔNE, PAR J.-B. TUBI

Groupe de bronze, au Parterre d'Eau, fondu par les frères Keller (sans date)

figures du parc appartenaient de droit à un ordonnateur général, le Premier Peintre du Roi, Charles Le Brun. Les croquis destinés aux sculpteurs étaient de sa main ; il les soumettait au Roi, et les remettait, avec son approbation, aux artistes chargés d'exécuter, après une maquette préalable, le modèle définitif. On a conservé un certain nombre de ces dessins, au crayon et au lavis, et l'illustration de ce livre présente quelques-uns de ces intéressants documents.

Nous n'avons retrouvé aucun des croquis originaux qui servirent à composer la décoration du Parterre d'Eau ; mais il est certain que, sur ce point comme sur tous les autres, le Premier Peintre donna ses projets. Non seulement il désigna les sujets et imposa les attitudes des figures, mais encore il évita aux artistes toute hésitation dans le choix des accessoires et des symboles. De cette façon fut assurée l'unité d'exécution de la magnifique assemblée de bronze qu'on rêvait et qui devait être consacrée aux fleuves et rivières du royaume.

Ainsi guidé et comme maîtrisé, il semblerait que chaque sculpteur ne dût réaliser qu'une œuvre impersonnelle concourant simplement à l'harmonie générale; mais il n'en est rien. Tout en obéissant à une loi rigoureuse, chacun reste lui-même en ses manifestations d'artiste ; et tout d'abord Coyzevox dans sa puissance et Tubi dans sa souplesse sont hors de pair ; on sait distinguer en leurs œuvres l'élégant Magnier de l'expressif Le Gros, et c'est à peine si l'on est tenté de confondre entre elles celles des maîtres secondaires, tels que Le Hongre, Raon et Regnaudin.

C'est Thomas Regnaudin, le sculpteur de Moulins, que nous rencontrons d'abord, au pied du vase de la Paix, avec ses deux figures couchées de la Loire et du Loiret. Le fleuve de la Loire est représenté par un vieillard robuste et souriant, couronné de fleurs de roseaux et tenant une corne d'abondance, qui dit la richesse du pays arrosé. Une écrevisse et de beaux légumes de France, melon, concombre, asperges, sont épars sur le sol. La double source qui jaillit d'un rocher, symbolise apparemment les deux cours égaux de la Loire et de l'Allier. Le corps du Fleuve est nu et majestueux dans sa raideur; sa longue barbe bouclée caresse sa poitrine; ses jambes sont croisées; le regard semble chercher au loin, alors que, près de lui, un petit génie soufflant dans un coquillage montre ses ailes impatientes.

Sur le même plan, la rivière du Loiret a la même beauté puissante, un peu lourde, mais non sans noblesse. Cette femme, au profil si grave, a des fleurs dans ses cheveux tressés; la draperie qui l'enveloppe laisse à nu sa généreuse poitrine et ses jambes allongées ; elle s'appuie sur une urne renversée d'où l'eau s'écoule, pendant qu'un Amour lui présente une corne chargée de fruits. L'urne est énorme, pour rappeler les fameuses « Sources », dont la seconde, le « Bouillon », jaillit en 1672. Un serpent, une grenouille, des pommes de pin ont été modelés dans la cire avec le soin réaliste d'un Bernard Palissy.

Derrière les grands bronzes, et après la courbe de chaque angle du bassin, se dressent trois bambins enlacés, potelés et vivants, les mains pleines de fleurs, d'oiseaux, de coquillages ou de miroirs. Un coup

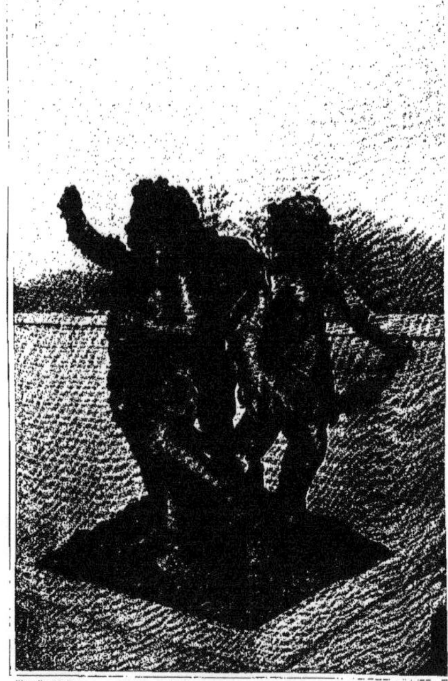

Photo P. d'Anjer

JEUX D'ENFANTS, PAR LESPINGOLA

Groupe de bronze, au Parterre d'Eau, fondu en 1690

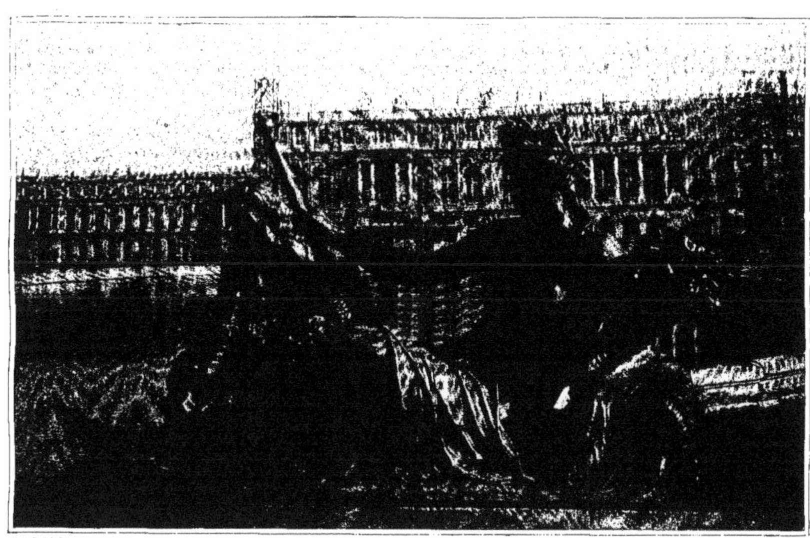

Photo P. d'Aujee.

LA RIVIÈRE LA MARNE, PAR LE HONGRE

Groupe de bronze, au Parterre d'Eau, fondu par les frères Keller en 1689

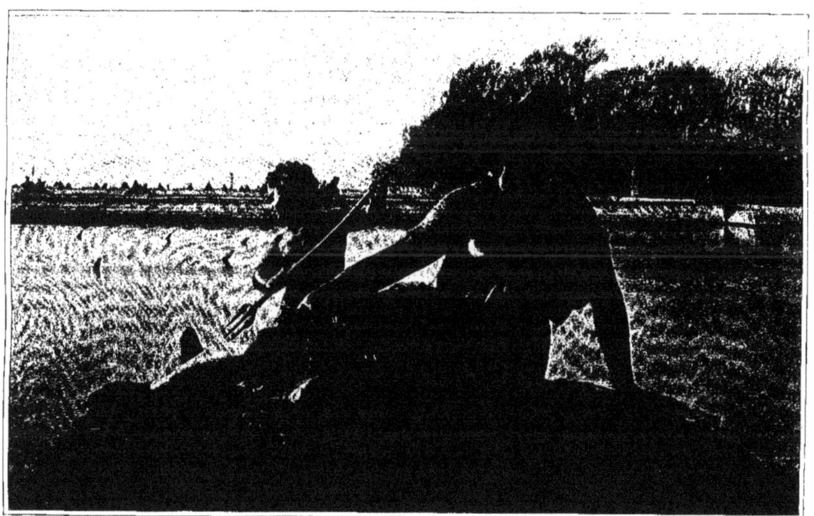

Photo P. d'Aujee

NYMPHE ET AMOUR, PAR MAGNIER

Groupe de bronze, au Parterre d'Eau, fondu par les frères Keller en 1689

d'œil suffit à nous assurer que toute cette grâce enfantine est bien celle du XVIIe siècle, et n'a rien de la joliesse maniérée qu'offriront les mêmes jeux d'amours au XVIIIe. Nous passons aussi devant les deux Nymphes couchées, qu'accompagne un Amour, pour rejoindre à l'autre extrémité du bassin les magnifiques figures de Tubi, le Rhône et la Saône.

Le fleuve est un dieu des eaux, au visage sévère sous sa couronne de feuillage; son corps, de vigueur nerveuse, a pris une pose abandonnée; ses jambes se croisent; il s'appuie d'une main sur le rocher, d'où la source jaillit; dans l'autre main est un aviron soulevé par un petit Triton souriant qui semble questionner le vieillard. Le bronze verdi a, sous la lumière, une chaleur admirable.

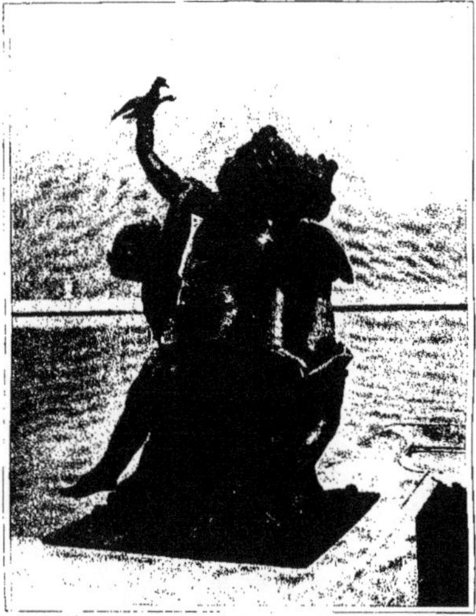

Photo P. d'Aujey.

JEUX D'ENFANTS, PAR GRANIER

Groupe de bronze, au Parterre d'Eau, fondu en 1690

La Saône, au corps élégant, aux formes amples, au mouvement aisé, est couchée sur le côté droit. Des grappes de raisins lui font une ceinture; elle repose sur des épis et des pampres épars; son sein rond se penche sur une urne d'où l'eau s'écoule. La déesse, couronnée de fleurs et de pampres, sourit au Rhône, qui la regarde. Le petit Amour qui lui fait compagnie s'amuse à presser des raisins. C'est une claire et charmante personnification de l'heureuse Bourgogne aux vins renommés.

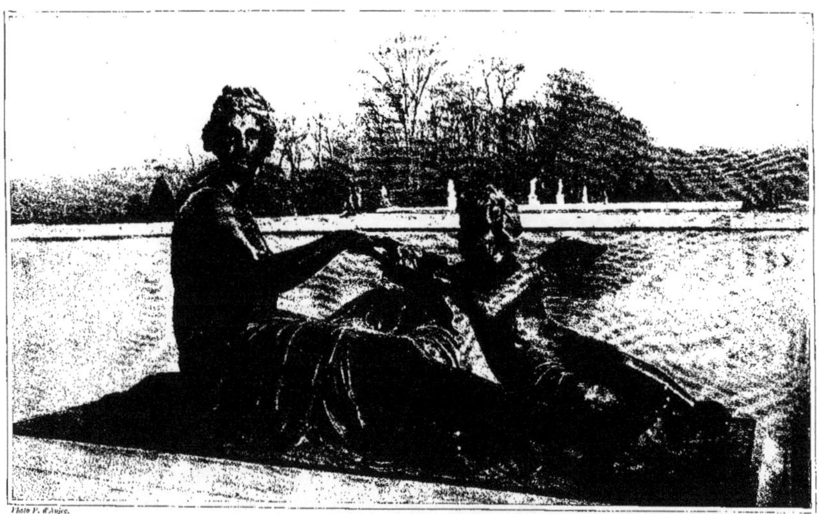

Photo P. d'Aujey.

NYMPHE ET AMOUR, PAR LE HONGRE

Groupe de bronze, au Parterre d'Eau, fondu par les frères Keller en 1690

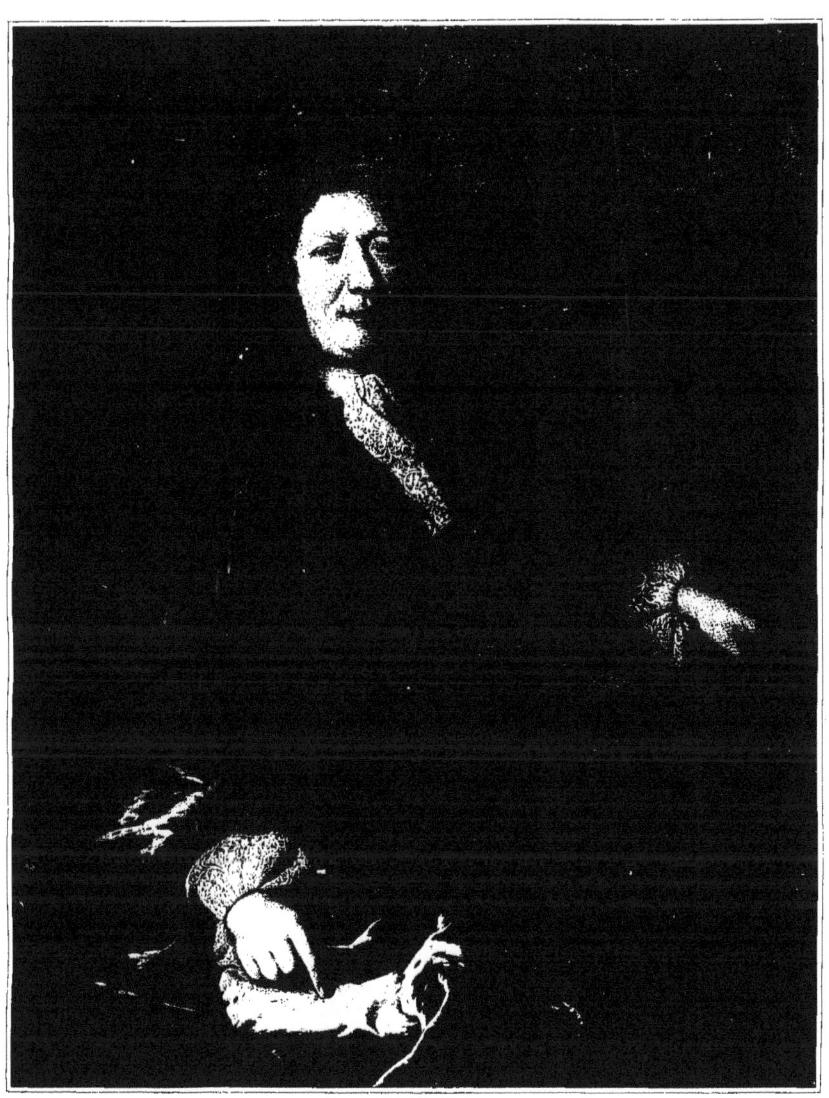

JEAN-JACQUES KELLER, DE ZURICH, COMMISSAIRE ORDONNATEUR DES FONTES DE FRANCE (1635-1700)

Peinture de Hyacinthe Rigaud

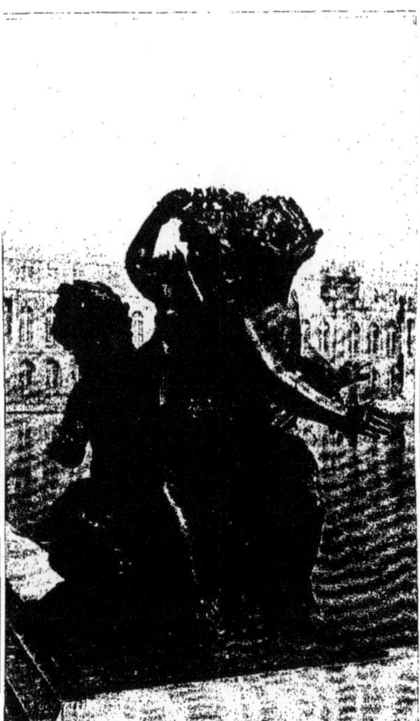

Photo P. d'Anjou.

JEUX D'ENFANTS

Groupe de bronze, au Parterre d'Eau, fondu en 1690

La ligne du décor se rehausse à nouveau derrière les deux statues, par deux autres groupes d'enfants couronnés et enlacés de fleurs. Nous saluons de loin les deux dernières Nymphes du bassin du midi, pour aborder les grandes figures du bassin du nord, la Marne et la Seine.

La Marne, grave et belle, soutient la corne d'abondance remplie de fruits; la tension de son bras droit développe sa forme élégante. Un jeune Triton soulève une guirlande de fleurs et s'affermit sur l'aviron; la tête un peu froide de la déesse n'a point l'expression exquise des statues de Tubi, ni la force que nous allons trouver chez celles de Coyzevox; elle fait pourtant honneur à Étienne Le Hongre, ainsi que son pendant, le fleuve de la Seine. Celui-ci est un vieillard taciturne, à qui un petit génie sourit en lui offrant une corne débordante de fruits mêlés d'épis. Le dieu est couronné de pampres et de roseaux; mais, au lieu de ce visage calme et imposant, on souhaiterait, pour le mieux particulariser, une sérénité plus gracieuse; rien dans ce bronze ne rappelle le joli cours d'eau qu'est la Seine, à la marche lente, aux bords fleuris, parcourant ses provinces si doucement accidentées, si paisibles sous leur ciel gris de lin.

Coyzevox a été mieux inspiré en interprétant les deux « idées » de Le Brun pour les grandes rivières de Gascogne. Le dieu fluvial, qui symbolise le fleuve de la Garonne, est assis, appuyé sur son bras gauche, et tient un gouvernail plongé dans les flots. Il fait penser, par sa majesté, au Rhin des vers de Boileau, « tranquille et fier du progrès de ses eaux ». La tête, qu'allonge une barbe flottante, est joviale; la bouche ouverte rit spirituellement à quelque vision dans

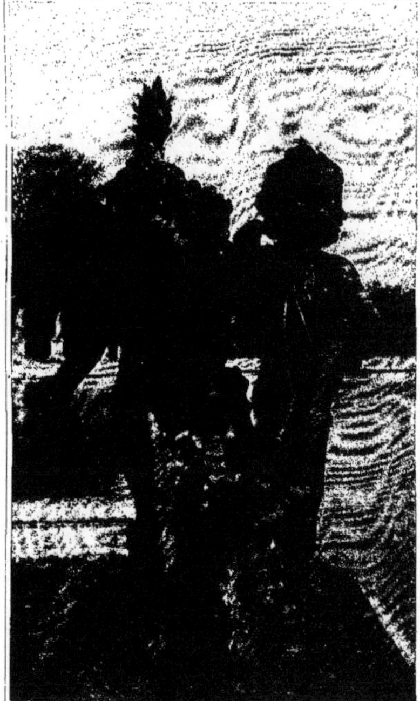

Photo P. d'Anjou.

JEUX D'ENFANTS

Groupe de bronze, au Parterre d'Eau, fondu en 1690

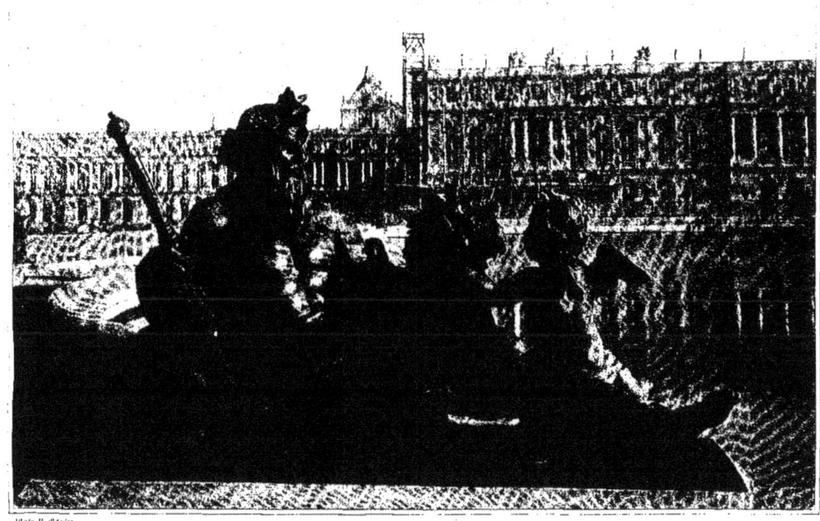

Photo P. d'Anjec.

LE FLEUVE LA SEINE, PAR LE HONGRE

Groupe de bronze, au Parterre d'Eau, fondu par les frères Keller en 1690

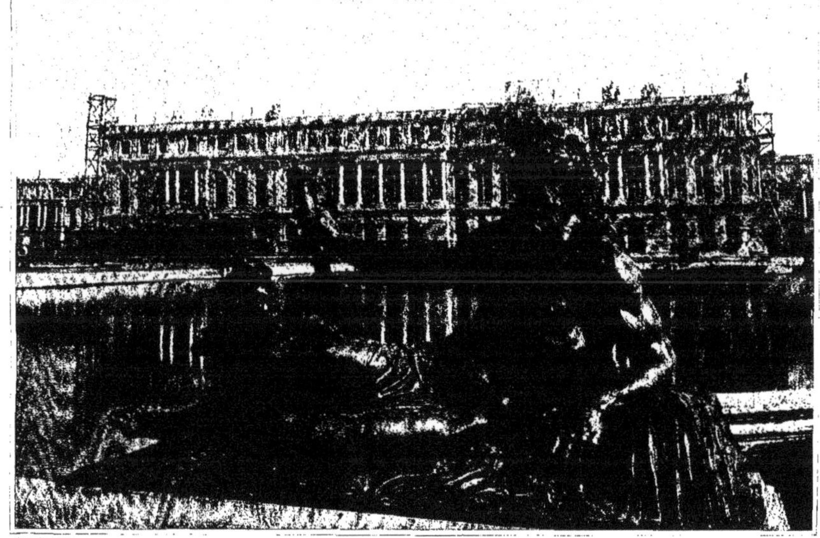

Photo P. d'Anjec.

LE FLEUVE LE RHONE, PAR J.-B. TUBI

Groupe de bronze, au Parterre d'Eau, fondu par les frères Keller (sans date)

l'espace. La lumière tressaille sur son corps musclé aux nombreux replis. Un bel enfant ailé, blotti à ses pieds, répand les fleurs et les fruits, et joint sa grâce mutine à cette œuvre de tranquille force.

En face, la Dordogne, sous les traits d'une femme puissante, est renversée en arrière sur un coude et, elle aussi, regarde avec ravissement vers le ciel. Le petit dieu qu'elle enlace suit son mouvement. La noble tête féminine, aux traits fins, est chargée de fleurs; autour d'elle sont épars des fruits, des épis, du feuillage de vigne, et deux urnes jumelles, rappelant la double origine de la Dore et de la Dogne, coulent sous son bras magnifique.

Le groupe enfantin, auprès de ces deux grandes figures, se dresse comme une gerbe de fleurs entrelacées. Nous apercevons la silhouette des Nymphes cou-

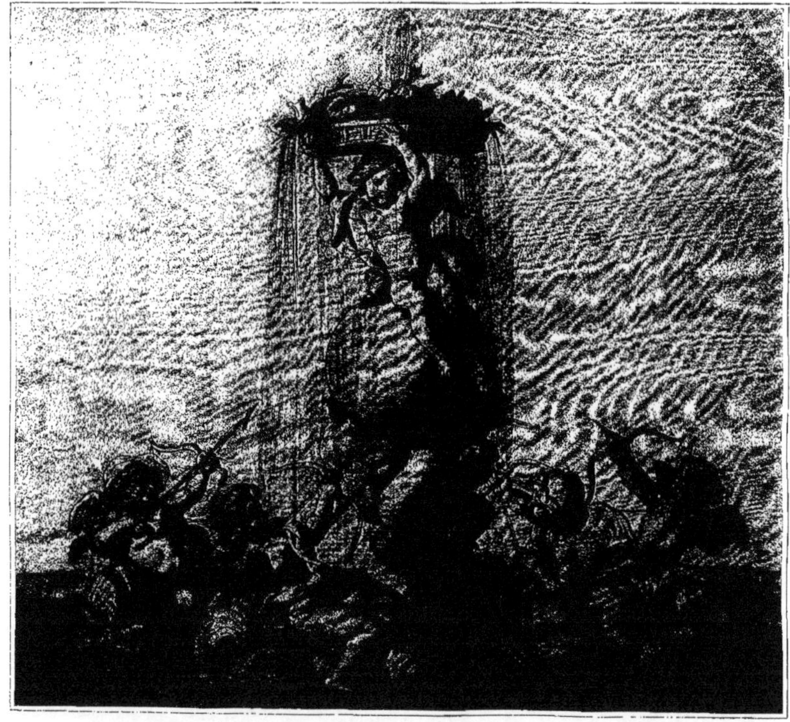

PROJET D'UNE FONTAINE D'AMOURS
Dessin de Charles Le Brun

chées qui les suivent; elles ont l'ampleur majestueuse et la souplesse à la fois de leurs autres sœurs qui occupent, deux par deux, des places identiques sur les bas côtés de l'autre bassin.

Ces Nymphes du Parterre d'Eau ont été modelées par Le Hongre et Raon, au bassin du midi; par Le Gros et Magnier, au bassin du nord. Le motif, varié seulement dans l'expression, reste le même. De petits dieux

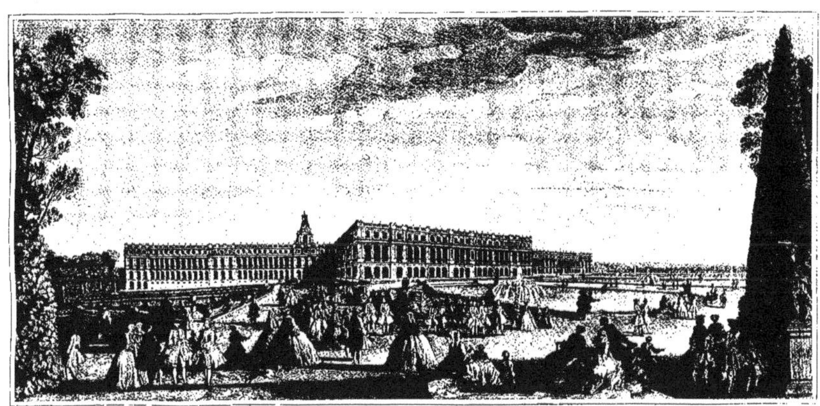

LE CHATEAU VU DES JARDINS
Estampe de J. Rigaud

tout fleuris accompagnent ces belles formes féminines. Ce sont les génies de l'eau, de l'air et de la terre. Elles jouent avec eux, rieuses ou pensives, conduisent des dauphins, soulèvent des guirlandes, apprivoisent des oiseaux ou choisissent des fleurs. Leurs jolies têtes, couronnées de feuillage, présentent de fins profils; leurs corps nus s'enveloppent à peine dans une draperie, laissant voir une jeune poitrine, des jambes pures et des bras ronds. Étendues sur la margelle, leur bronze a le reflet de l'eau verte où elles se mirent et les tons dorés de la lumière qui les caresse.

La plus délicieuse est certainement cette élégante déesse, à la petite tête couronnée de boucles relevées par un diadème, que Le Hongre a posée sur le bord le plus méridional. Elle est assise sur un sol jonché de beaux coquillages; une jambe s'allonge et continue la ligne dressée du buste; l'autre est repliée sous elle. D'un geste un peu maniéré, harmonieux cependant, elle

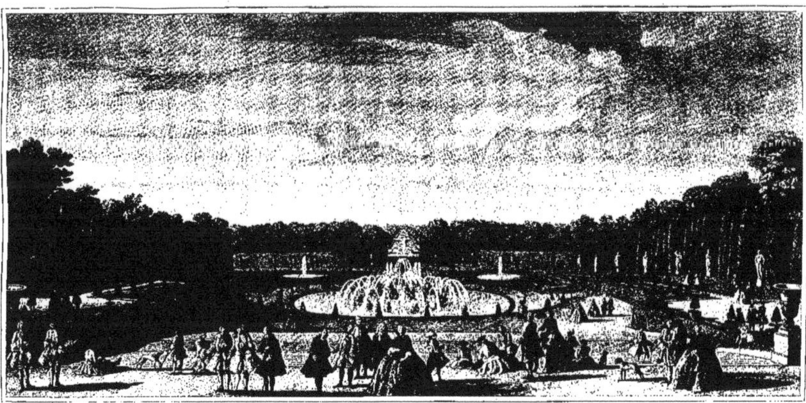

LE PARTERRE DE LATONE
Estampe de J. Rigaud

ses Cupidons replets et ronds, aux chairs creusées de fossettes. La grâce domine cependant, cette grâce que Louis XIV voulait mêler à la pompe de Versailles, aux allégories des plafonds peints comme aux sculptures des jardins, cette grâce qu'il invitait Mansart à ne pas oublier, quand il lui recommandait de mettre « de l'enfance partout ».

Combien sont insouciants les jolis gestes de ces groupes de petits êtres qui s'enlacent, qui se couvrent de fleurs, qui jouent sur les margelles de marbre! En voici un porté sur les ailes d'un grand cygne au col penché; un autre, une fillette, se regarde dans un miroir, tandis que ses deux compagnons se dressent sur des jonchées de roses; plus loin, des oiseleurs

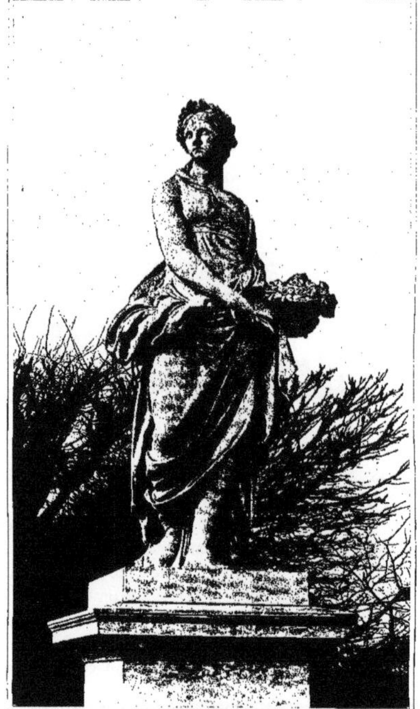

LES SAISONS : LE PRINTEMPS, PAR MAGNIER
Cabinet du Point-du-Jour
Marbre sculpté en 1681

prend des bijoux dans une coquille que lui présente son jeune compagnon; l'enfant nu se renverse un peu pour être à portée des doigts de la Nymphe rêveuse.

Les groupes d'enfants, trois par trois, qui mettent aux angles des bassins du parterre leur joliesse espiègle, sont les frères semblables de tant d'autres petits Amours qui penchent leur sourire aimable sur l'eau des fontaines. Ils n'ont rien du libertinage des bambins joufflus qui tresseront des couronnes autour des galants portraits du XVIIIe siècle; ils sont aussi bien différents de l'enfance véritable et de son enjouement naturel; ils sont les créations de l'art, mais de l'art du XVIIe siècle, un peu compassé, retenu, avec une ombre de dignité jusqu'en

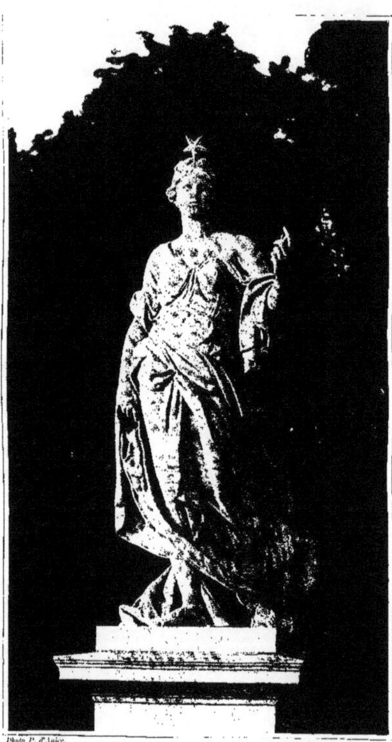

Photo P. d'Anjee.

LES HEURES : LE POINT DU JOUR, PAR GASPARD MARSY
Parterre d'Eau
Marbre sculpté en 1680

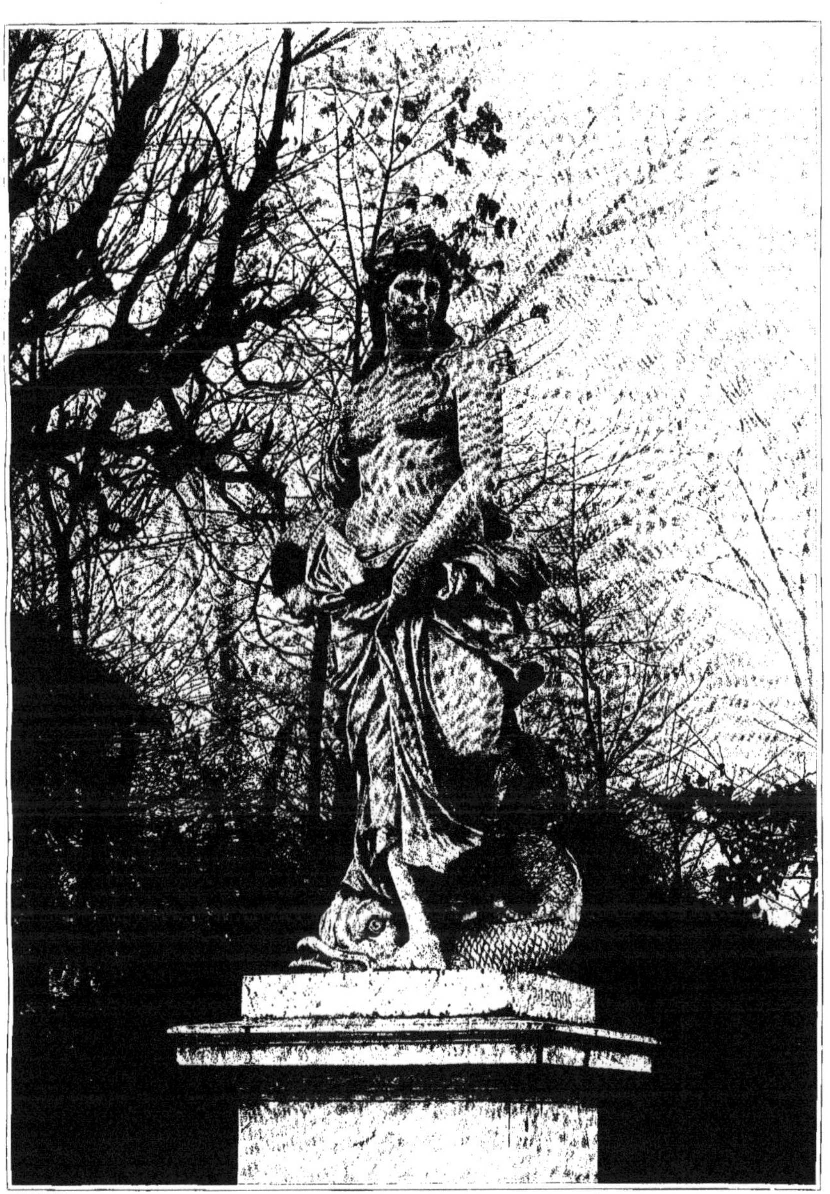

Photo P. d'Anjou.

LES ÉLÉMENTS : L'EAU, PAR LE GROS

Cabinet du Point-du-Jour

Marbre sculpté en 1681

perchent sur leurs menottes des oiseaux prêts à s'envoler; ici des danseurs, là des tritons qui soufflent dans les coquillages marins. Rien de plus délié que tout ce petit monde qui sème dans l'héroïque symphonie du parc sa note de gaieté sans éclat.

Une autre évocation de l'enfance est là, toute voisine, aux côtés de l'escalier qui descend au Parterre du midi. Ce sont les génies de bronze, portés sur des sphinx de marbre, qu'on vit longtemps au-dessus des degrés de Latone, à l'endroit où nous venons d'admirer les vases « au soleil ». Les enfants « au sphinx » sont parmi les œuvres les plus populaires de nos jardins; nous en avons heureusement retrouvé l'histoire véritable.

Modelés, en 1660, par le vieux maître Jacques Sarrazin, le plus ancien sculpteur qui ait contribué à la décoration actuelle de Versailles, les enfants furent fondus par Duval après la mort de Sarrazin, et placés, par les soins de Lerambert, son élève, sur les sphinx de marbre que lui-même sculpta pour eux. Les bronzes furent d'abord dorés, puis dédorés, pour s'harmoniser plus tard aux fontes des Keller.

Les sphinx sont accroupis sur une tablette de marbre. Leur tête de femme est coiffée à l'égyptienne, un bandeau barre le front, des boucles tombent autour du visage; les épaules sont couvertes d'une étole brodée, qui est de bronze et sert de selle aux Amours qui chevauchent. Les groupes se font face; les sphinx sont identiques, mais les deux petits dieux diffèrent par leurs

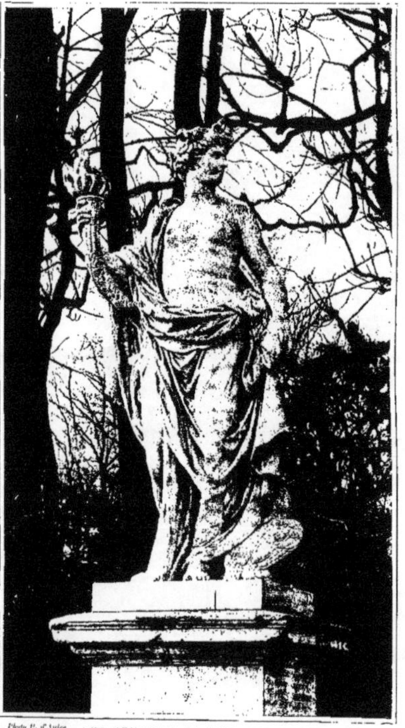

Photo P. d'Aujre. LES HEURES : LA NUIT, PAR RAON
Rampe du Parterre du Nord
Marbre sculpté en 1680

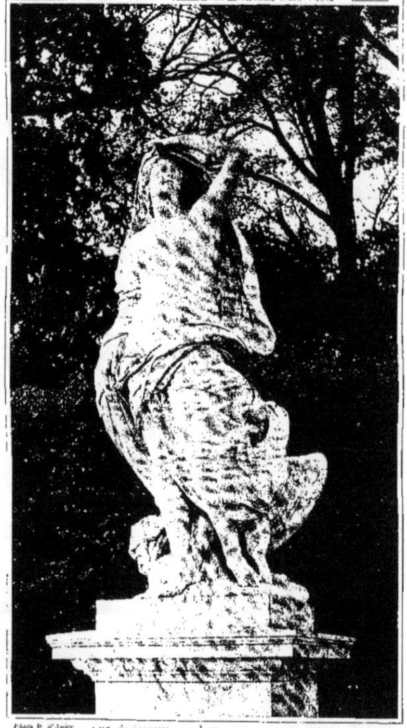

Photo P. d'Aujre. LES ÉLÉMENTS : L'AIR, PAR LE HONGRE
Parterre d'Eau
Marbre sculpté en 1683

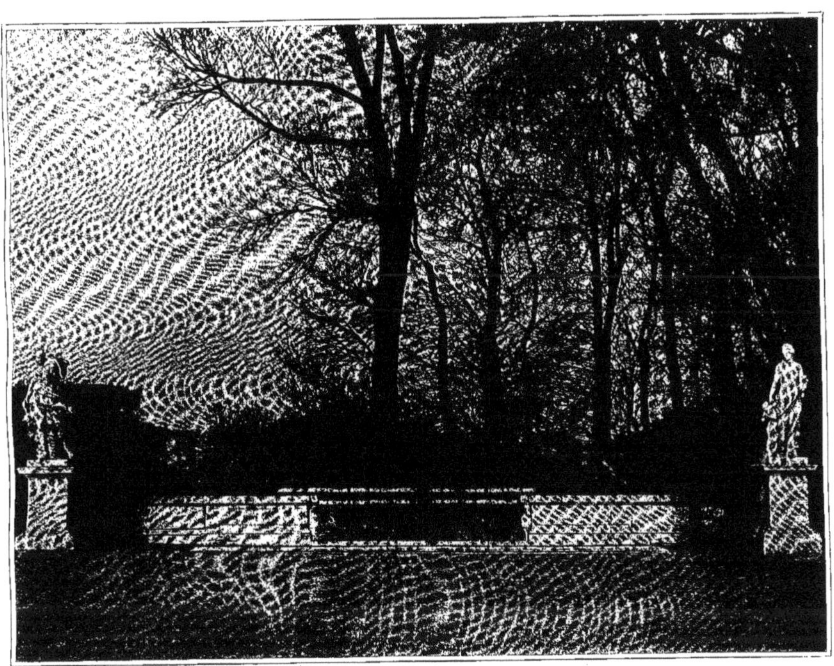

Photo P. d'Aujec.

CABINET DE DIANE

Fontaine édifiée en 1684

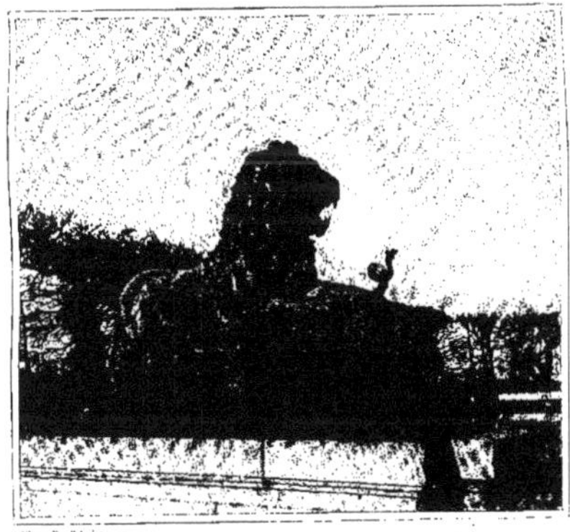

Photo P. d'Aujec.

LION TERRASSANT UN SANGLIER, PAR C. VAN CLÈVE

Groupe de bronze, fondu par les frères Keller en 1687

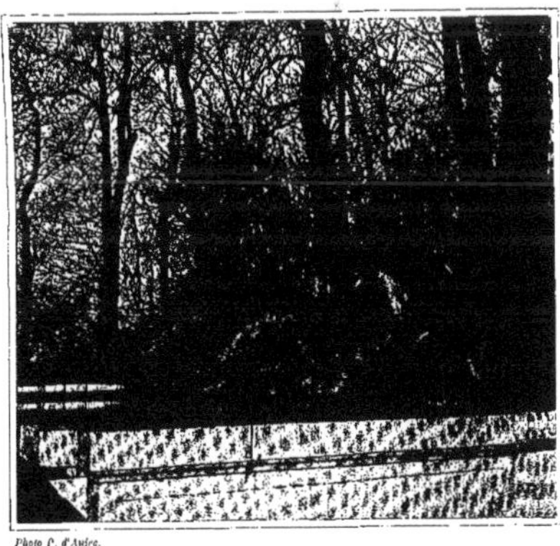

Photo P. d'Aujec.

LION TERRASSANT UN LOUP, PAR C. VAN CLÈVE

Groupe de bronze, fondu par les frères Keller en 1687

mouvements et l'expression rieuse de leur tête frisée. Ils ont en bandoulière le carquois garni de flèches, retenu à l'épaule par un ruban. L'un tient à la main une couronne de fleurs tressées, l'autre une guirlande ; ils sont vivants, espiègles, et d'un effet imprévu en leur couleur de bronze foncé sur le blanc marbre des monstres impassibles.

D'une invention et d'une technique admirables, ces motifs ont introduit pour la première fois dans la décoration du parc ces enfants, dont la grâce a si promptement peuplé les jardins et qui ont atténué partout ce qu'il y aurait eu de trop sévère dans le domaine royal renouvelé. Les groupes de Sarrazin et Lerambert furent aussi les premiers ouvrages de bronze venus, en même temps que les beaux marbres, remplacer les termes et les statues de pierre qui avaient d'abord suffi à décorer le Versailles primitif. Leur place est ici particulièrement instructive, à côté de cet illustre Parterre d'Eau, tout en décoration de bronze, où triomphe la maîtrise puissante et définitive des grands fondeurs de l'Arsenal.

De l'autre côté du Parterre, deux fontes plus récentes que les enfants « au sphinx » leur sont symétriques. A la tête du degré qui conduit au Parterre du nord, ont été reportées, au XIXe siècle, des figures accroupies, fondues par les Keller, qui s'y trouvaient autrefois, comme le montre un tableau d'Allegrain. Ces bronzes avaient été longtemps remplacés par les marbres que le Roi avait à la même époque ordonnés de ces deux figures.

L'une est exécutée d'après un antique, l'*Arrotino* (le Rémouleur) des Offices de Florence, en qui les con-

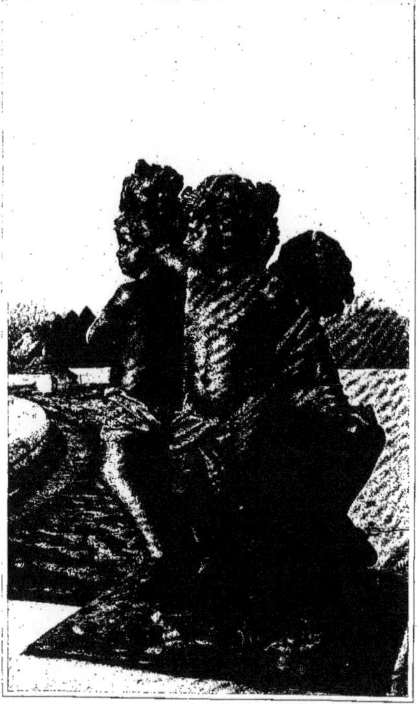

Photo P. d'Anjer.

JEUX D'ENFANTS, PAR LE GROS

Groupe de bronze, au Parterre d'Eau, fondu en 1690

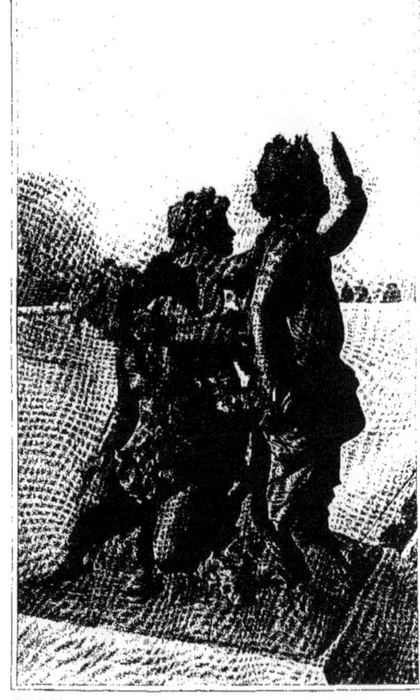

Photo P. d'Anjer.

JEUX D'ENFANTS, PAR POULLETIER

Groupe de bronze, au Parterre d'Eau, fondu en 1690

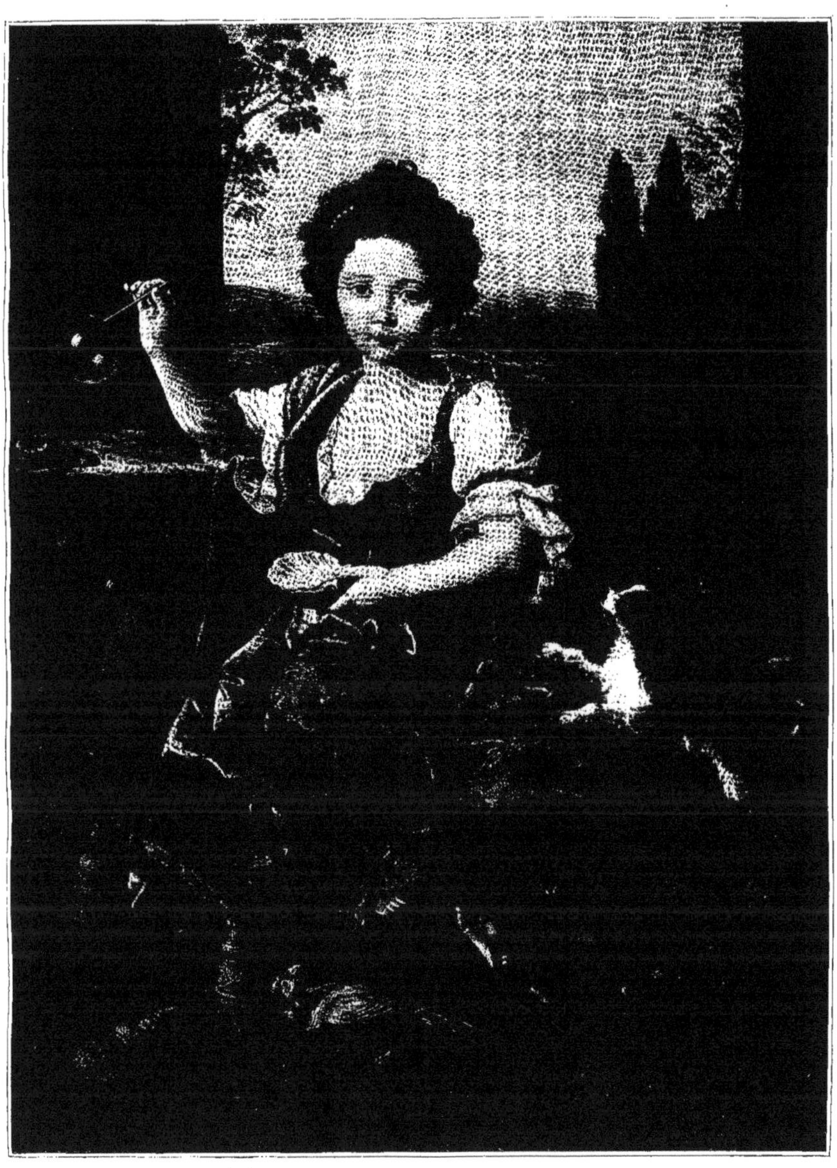

ANNE-LOUISE-BÉNÉDICTE DE BOURBON, PLUS TARD DUCHESSE DU MAINE (1676-1753)

Peinture de Pierre Mignard

temporains de Louis XIV voyaient un personnage de Tacite, Milicus, affranchi de Scevinus, aiguisant pour son maître le couteau de sacrifice avec lequel celui-ci veut immoler Néron. L'expression attentive de ce serviteur s'expliquerait par l'effort qu'il fait pour pénétrer le secret des conjurés, qu'il doit aller livrer à l'empereur.

La figure de femme est la Vénus de Coyzevox, qui porte, sur le marbre original, aujourd'hui au Louvre, la date de 1686. On sait aussi que c'est une imitation plutôt qu'une copie d'un antique fameux, dont les répliques existent à Paris, à Rome et à Florence. La tortue, qu'a conservée le sculpteur français à sa « Vénus pudique », indiquerait, paraît-il, « que les femmes vertueuses doivent être aussi retirées dans leurs maisons que cet animal l'est dans son écaille ». Ce fut une heureuse idée de mettre à Versailles la reproduction de cette œuvre exquise, que sa date rapproche des œuvres voisines. On connaît la ligne harmonieuse du corps de la déesse, le joli geste de ses bras qui cachent sa nudité robuste, et l'expression de son visage doucement effarouché.

Les tablettes qui bordent les Parterres du nord et du midi supportent quelques vases de marbre, mais surtout une curieuse série de petits vases de bronze, répétés deux fois, qui se rattache, par la matière plus que par le style, à la décoration du Parterre d'Eau. Toutes ces urnes, qui se remplissent de fleurs au printemps, sont dues à Claude Ballin, sauf une qui est de François Anguier, et le caractère de leur exécution s'explique par leur origine : Ballin était orfèvre du Roi, et il a traité ses modèles, fondus par Duval, comme ceux des meubles d'argenterie qu'il ciselait à la même époque pour Sa Majesté.

Les formes sont diverses et plaisantes. Sur les anses d'un de ces vases sont assis deux Amours nus, tenant leurs joues rondes dans leurs mains, les coudes appuyés sur le bord et penchés vers l'intérieur; leurs regards se défient et leur mine boudeuse est d'un effet charmant. Un autre vase a un étroit collier de pampres, et pour anses deux têtes de bélier sur lesquelles s'appuient deux faunillons au pied fourchu, au visage épais et rieur. Sur celui-ci, qui est une coupe, se dessinent des feuillages d'acanthe; sur celui-là, des médaillons, un soleil, des têtes de chimères. Ici, deux monstres à poitrine de femme forment les anses; là, ce sont des hures de sanglier ou encore des sphinx posés sur des coquilles au-dessus de têtes de lion.

Le corps de cette orfèvrerie de bronze porte parfois de simples guirlandes, parfois aussi des reliefs symboliques; sur un de ceux dont la forme est la plus sobre, Ballin a modelé Apollon poursuivant Daphné et, de l'autre côté, Apollon vainqueur du serpent Python. C'est un jeu de déchiffrer ces faciles énigmes. Les écussons royaux qui se trouvaient sur quelques pièces ont été défigurés avec soin, aux temps révolutionnaires, et remplacés par de vagues symboles.

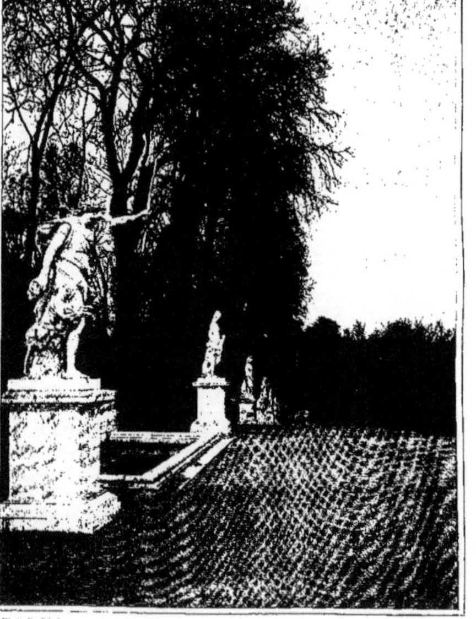

Photo P. d'Arjou.

RAMPE DU PARTERRE DU NORD

Au premier plan, la Diane de Desjardins

Dirigeons-nous vers la colossale figure endormie, à l'entrée de la rampe ombragée qui descend à l'Orangerie. Si l'on suivait le terre-plein qu'elle décore, on arriverait aux « marches de marbre rose » que les vers d'Alfred de Musset ont rendues fameuses. Jetons un rapide coup d'œil sur cette Cléopâtre (ou Ariane du Vatican), copiée à Rome par Van Clève. Ce travail de bon praticien ne saurait retenir l'attention, que sollicite tout à côté un groupement d'œuvres fort diverses et d'une originalité extrême.

Nous sommes devant l'un des célèbres « Cabinets des Animaux », celui que l'on désignait autre-

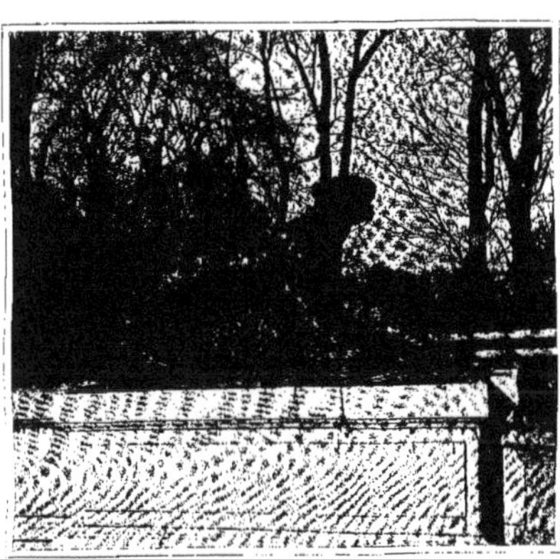

Photo P. d'Aujac. TIGRE TERRASSANT UN OURS, PAR HOUZEAU

Groupe de bronze, fondu par les frères Keller en 1687

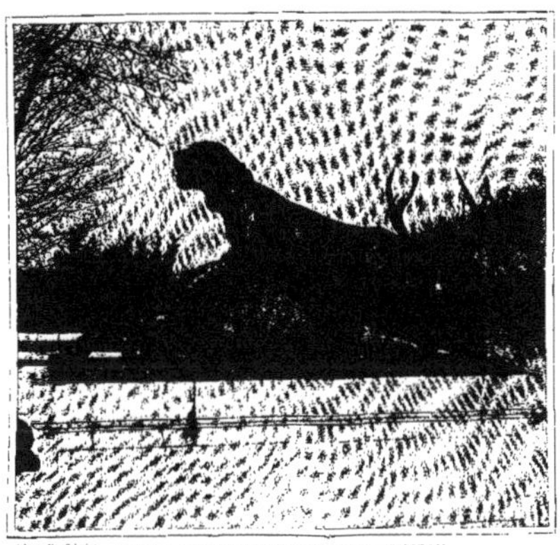

Photo P. d'Aujac. LIMIER ABATTANT UN CERF, PAR HOUZEAU

Groupe de bronze, fondu par les frères Keller en 1687

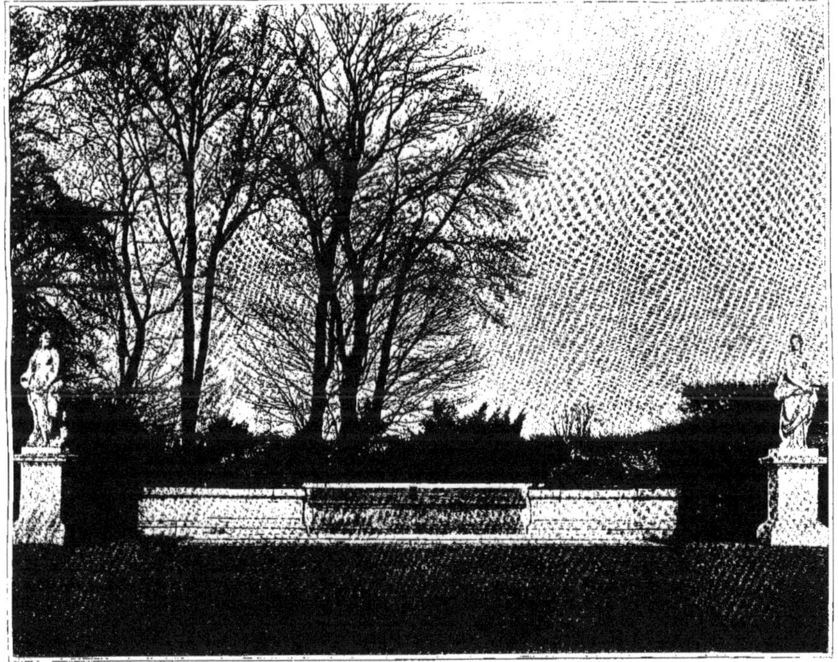

Photo P. d'Aujac.

CABINET DU POINT DU JOUR

Fontaine édifiée en 1684

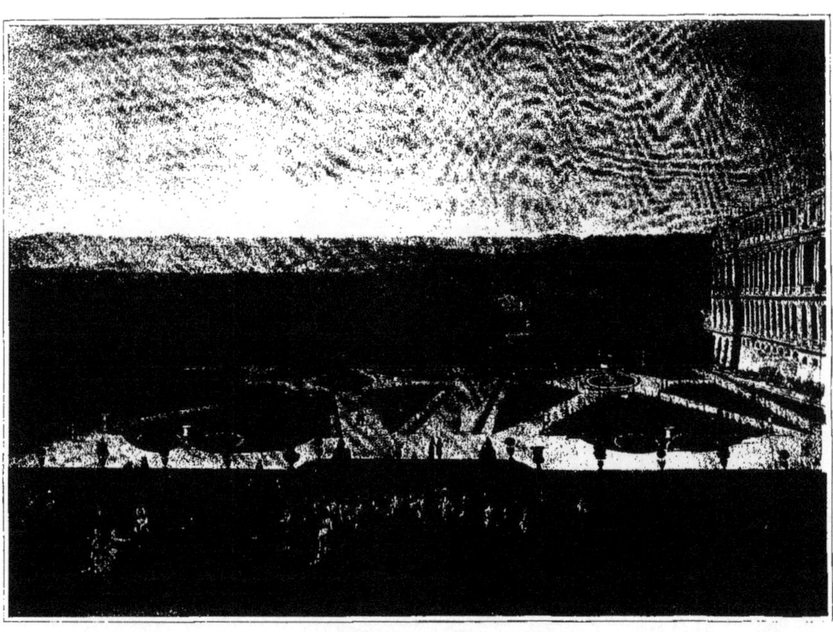

LE PARTERRE DU NORD SOUS LOUIS XIV
Peinture d'Étienne Allegrain

fois sous le nom de « Fontaine du Point du Jour ». D'un grand bassin carré surélevé descend dans un bassin plus petit, au niveau du sol, une nappe liquide, qui voile dans sa chute des panneaux de marbre coloré. C'est une exquise harmonie que forment, aux heures du jaillissement de la fontaine, les eaux, les marbres et les bronzes. Car nous y retrouvons encore le bronze, et l'art des sculpteurs « animaliers » du grand siècle affirme une surprenante maîtrise dans les groupes de chasse posés aux angles de la margelle.

Là, un fort limier abat un cerf pantelant, qui semble bramer en son agonie et dont les yeux disent l'effroi. Le chien, dont le cou est entouré d'un collier, est sur la bête qu'il déchire; sa tête se redresse et son regard appelle les chasseurs.

En face, un tigre terrasse un ours. C'est la même disposition des corps, qui donnent une ligne presque semblable. Le tigre s'acharne sur sa proie, l'ours vaincu va mourir; sous l'eau qui ruisselle, la lutte entre les fauves paraît s'animer, ils tressaillent sous l'écume qui les recouvre. Les admirables cires de Houzeau furent fondues par les Keller en 1687.

La statue, qui a donné son nom à cette fontaine du Point du Jour, se place en retrait vers la descente de Latone. Elle est longue et fine, avec une étoile sur le front; un coq est à ses pieds, sous les plis de la robe un peu traînante, qui découvre son épaule et ses beaux bras. Sa main gauche se lève pour indiquer l'aurore. Gaspard Marsy a prêté à cette figure un grand charme de jeunesse, et sa vaillante beauté est de race toute française.

Et voici, encadrant la nappe liquide, en avant du groupe d'animaux, deux autres statues féminines qui regardent vers le Parterre d'Eau.

Elles font partie, comme le *Point du Jour* et toutes celles que nous allons rencontrer au voisinage du Château, de cette série de vingt-quatre marbres qui avait été commandée par Colbert, en 1674, pour

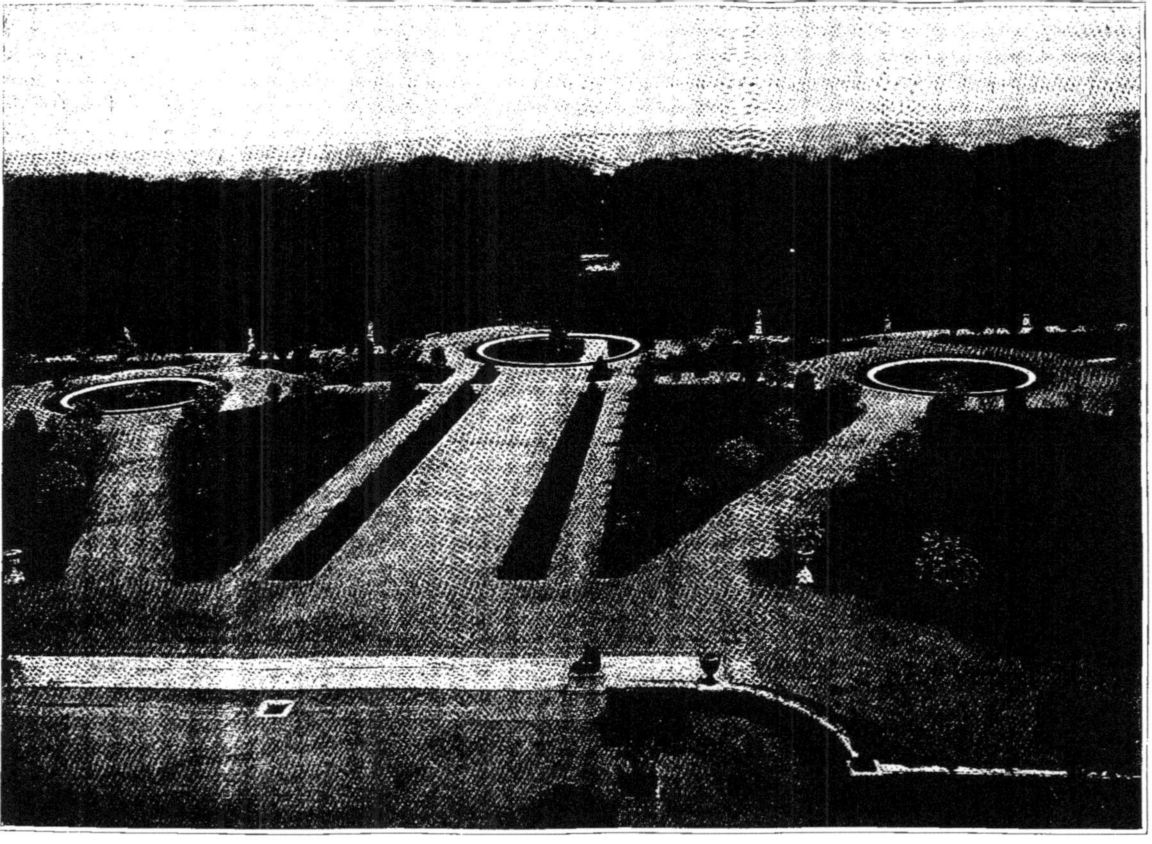

LE PARTERRE DU NORD

Dessiné par Le Nôtre et réalisé en 1668 (État actuel)

(Dans le fond, la Fontaine de la Pyramide et l'Allée d'Eau)

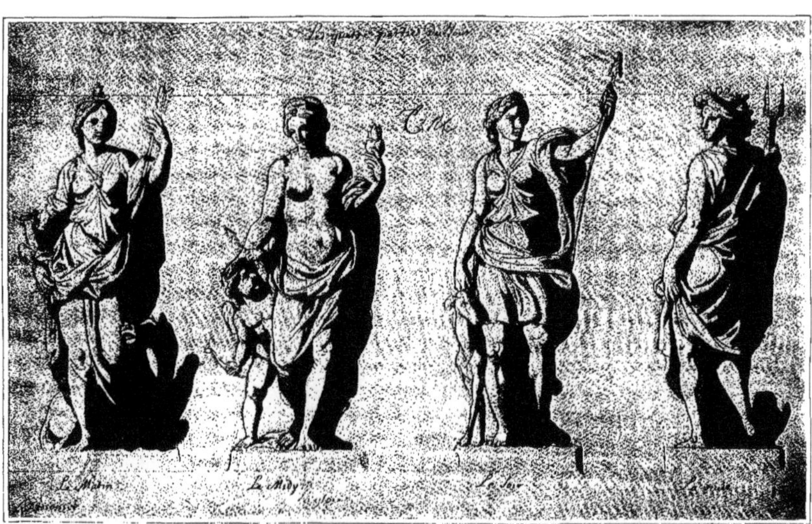

PROJET POUR LES QUATRE FIGURES DES « HEURES DU JOUR »
Dessin de Charles Le Brun

figurer dans les méandres du parterre d'alors. Quand on décida d'abandonner cette forme, les statues qui n'avaient plus de place dans la décoration nouvelle furent néanmoins conservées aux abords de la maison royale, comme étant les plus soignées et les plus précieuses.

Charles Le Brun en avait conçu l'idée, et les avait réparties en six groupes d'allégories conformes aux habitudes du temps. On y trouve, en effet, les Quatre Éléments, les Quatre Saisons, les Quatre Heures du Jour, les Quatre Parties du Monde, les Quatre Poèmes et les Quatre Tempéraments ou « Complexions de l'Homme ». Ces marbres, qui avaient coûté au Roi cent cinquante mille livres, devaient sans doute, à l'origine, être réunis par groupes, comme dans les dessins de Le Brun. Cette conception fût restée assez pédantesque et mal d'accord avec la libre exécution des sculpteurs. Leurs œuvres ont été dispersées au moment de leur installation dans les jardins; et ce sont fort heureusement des raisons d'effet et d'équilibre qui en ont déterminé le placement.

Voici, par exemple, un Élément et une Saison qui se répondent et qu'harmonise entre elles leur seule perfection. Sous les traits d'une nymphe dressée sur un dauphin, Pierre Le Gros, de Chartres, a représenté la déesse de l'*Eau*. La jeune femme, nue jusqu'à la ceinture, déploie son buste juvénile que caressent ses longs cheveux; elle est couronnée de plantes marines et son bras droit soutient une urne d'où l'eau s'épanche.

Le *Printemps*, qui l'avoisine, est une Flore délicieuse qui a des roses dans les cheveux. La robe montante dessine sa gorge menue; d'une main elle soutient les lourds plis de son manteau qui traîne. Elle porte une corbeille de fleurs, et son expression un peu froide est rachetée par l'harmonie de ses lignes. Elle est due au ciseau de Magnier, auteur de cette *Aurore* du Bosquet des Dômes qu'on a souvent prise pour une autre Flore.

La fontaine de Diane, à droite sur la même terrasse, est d'un arrangement semblable à celle du Point du Jour. Les deux groupes de bronze sont attribués à Van Clève seul, quoique Raon y ait aussi travaillé. Les sculpteurs ont donné à leurs fauves une allure passionnée, une énergie de combat extraordinaire.

Deux lions, à la longue crinière hérissée, luttent l'un avec un loup, l'autre avec un sanglier. Les lions, bien entendu, sont les maîtres, et ils se dressent fièrement sur leur proie. Le loup est lamentable sous les griffes qui le déchirent, tandis que le sanglier tâche encore de se dégager de son farouche vainqueur.

Autour du bassin, trois gracieuses statues se dressent comme de l'autre côté, et la première, qui fait face au Point du Jour, représente l'*Air*, par Le Hongre. Les ambassadeurs du roi de Siam, qui visitèrent Versailles en 1686, admirèrent particulièrement cette statue, qui venait d'être mise en place, et le narrateur du *Mercure* la loue au-dessus des autres, à cette occasion, « pour la délicatesse du travail et la correction du dessin ».

L'artiste a su tirer le meilleur parti du croquis confié par Le Brun. Debout sur son piédestal, le bras gauche levé soutenant sur sa tête les plis supérieurs de l'étoffe qui la revêt, la jeune divinité semble s'envelopper de nimbes; la robe flottante éparse autour d'elle est comme l'atmosphère qui va la dérober. Son buste nu présente au soleil qui la baigne sa poitrine ronde et hardie; à ses pieds, le roi des airs, l'aigle, la contemple; elle-même regarde le ciel, et tout son mouvement vers le haut la fait prête à s'envoler, tant le marbre paraît léger.

Un détail permet ici de juger le goût excessif du siècle pour les symboles. La statue de Le Hongre porte dans la main un caméléon, et un guide du temps en donne la raison naïve : « Cet animal, selon Pline, ne vit que d'air. Feu Mademoiselle de Scudéry, qui en avait eu deux chez elle pendant sept mois, était aussi de ce sentiment; cependant Messieurs de l'Académie Royale des Sciences, qui paraissent avoir examiné de plus près ce qui regarde cet animal, croient qu'il se nourrit de mouches et autres insectes. »

Tout au bord du bassin est la *Diane chasseresse*, qui représente l'Heure du Soir. Son joli mouvement en avant est suivi par son chien qui bondit. Elle a le croissant des nuits dans ses cheveux en couronne. Sa courte tunique laisse voir sa jambe nue. Un bras en arrière marque l'élan, l'autre tendu tient un arc; derrière son épaule s'aperçoit le carquois. C'est une œuvre de Desjardins, une des plus rares et des plus vivantes parmi celles de Versailles.

Pour accompagner la chaste Diane et figurer l'heure ardente de midi, voici, de l'autre côté du bassin, une *Vénus* tranquille, où Gaspard Marsy a mis tout son art délicat et souple, toute la facilité de sa main accrue par l'étude de l'antique. Et c'est vraiment la déesse de la Beauté, cette adolescente à la tête fine et fière, couronnée de roses; ses longs cheveux reviennent sur un sein qui s'arrondit à peine; d'une main, elle retient sans effort les plis de sa robe traînante; son bras droit, élégant et pur, retombe, et ses doigts effleurent le jeune Amour tout nu, qui lui présente une flèche d'un geste implorant.

Ces statues, qui ont arrêté notre promenade, sont parmi les meilleures du parc. Inspirées par ce goût de l'allégorie hérité de nos pères du Moyen Age, elles sont traduites dans ces formes antiques rajeunies par l'esprit français. Elles suffiraient à établir ce que nous avons dit de l'indépendance laissée à l'artiste, moyennant

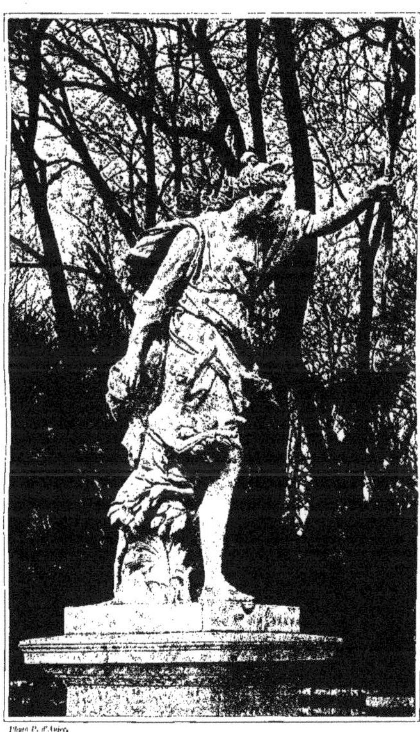

Photo P. d'Aujey

LES HEURES DU JOUR : DIANE OU LE SOIR, PAR MARTIN DESJARDINS
Cabinet de Diane
Marbre sculpté en 1680

sa subordination volontaire à l'idée génératrice de l'ensemble. Le symbolisme imposé par Le Brun n'a gêné la création de personne. Chaque sculpteur a su l'interpréter suivant son sentiment propre et a fait passer dans le marbre son style personnel, tout en exprimant le génie de son temps et de sa race.

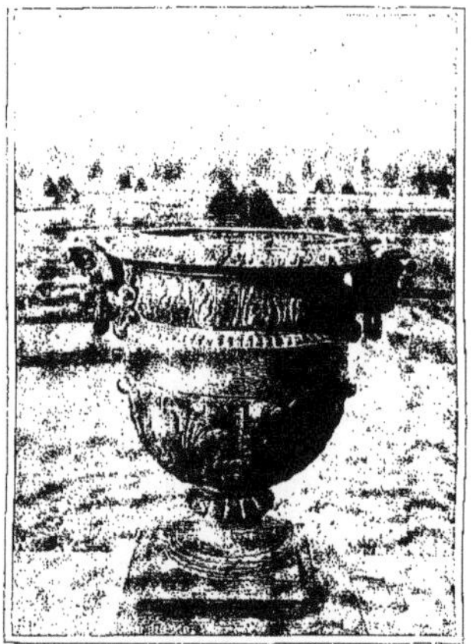

Photo P. d'Anjou. VASE DE BRONZE
Parterre du Midi
Modèle de Ballin

Tout le long des palissades du Parterre du Nord va défiler maintenant un monde de figures, dont le temps aura poli joliment le marbre et qu'auront caressées doucement, depuis tant d'automnes, des milliers de feuilles mortes. De tout côté, la blanche théorie se déroulera, descendra les rampes de Latone, se continuera sur les deux allées du Tapis Vert et ira se perdre dans les bosquets détournés et les allées profondes. Suivons-les dans l'allée des Trois-Fontaines, où se poursuit la série des figures commandées ensemble par Colbert aux bons sculpteurs de l'an 1674. — Après la *Vénus* de Marsy, d'une si fraîche jeunesse, vient l'*Europe* de Mazeline, droite et fière sous le casque coiffant sa tête bouclée. On veut voir en elle une image de Madame de Montespan, et rien ne s'oppose à cette légende, qui ne se justifie pas cependant par une frappante ressemblance. La belle Europe mythologique, la fille d'Agénor, a un air de guerrière; l'écu sur lequel elle s'appuie porte un cheval en relief. Elle est vêtue d'une robe très ample qui se drape en nombreux plis; elle donne une impression de force majestueuse alliée à la juvénile beauté. C'est en vérité, comme on peut s'y attendre, la plus jolie des Parties du Monde.

Cette *Europe* si élégante a comme voisine l'*Afrique*, sous les traits d'une jeune fille ayant pour coiffure la peau d'une tête d'éléphant; elle tient dans les doigts une défense d'ivoire et, de l'autre main, relève sa tunique; sa chair, que laisse apercevoir sa robe défaite, est vigoureuse et ferme; un lion couché lui lèche le pied gauche; son nez est large, sa bouche épaisse; le type caractérise très nettement la race nègre. Cette œuvre, d'un réalisme inattendu dans un tel ensemble, fut commencée par Sibrayque et finie par Jean Cornu, de Dieppe.

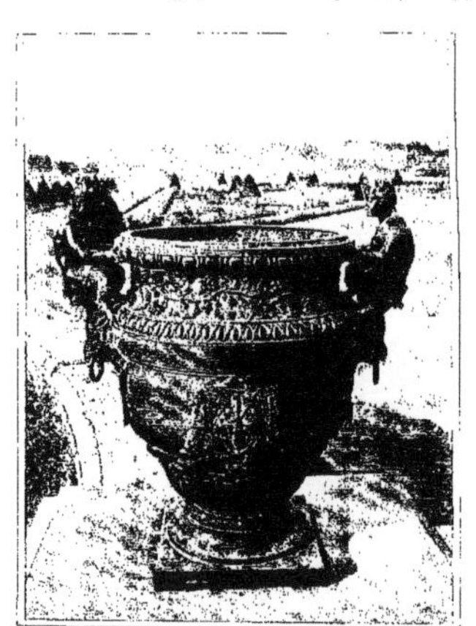

Photo P. d'Anjou. VASE DE BRONZE
Parterre du Midi
Modèle de Ballin

Et voici à côté d'elle la statue de la *Nuit*. Raon l'a faite nue jusqu'à la ceinture; le buste court et mollement arrondi supporte une fine tête qui sourit mystérieusement; ses cheveux sont couronnés de pavots. D'un geste précieux elle relève sa robe semée d'étoiles, ingénieusement enroulée autour de son corps; une main tient un falot d'où

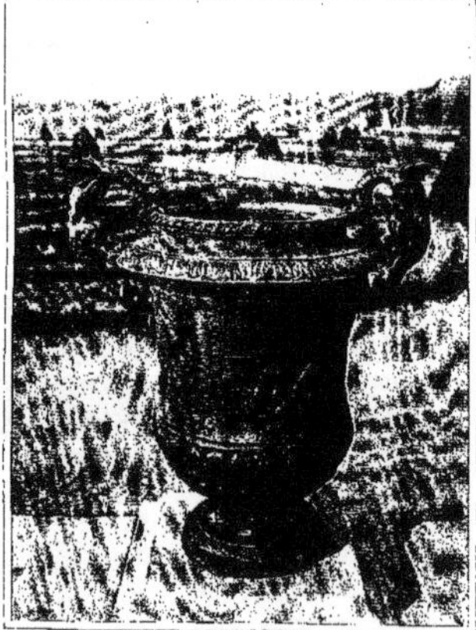

Photo P. d'Anjou. VASE DE BRONZE
Parterre du Midi
Modèle de Ballin

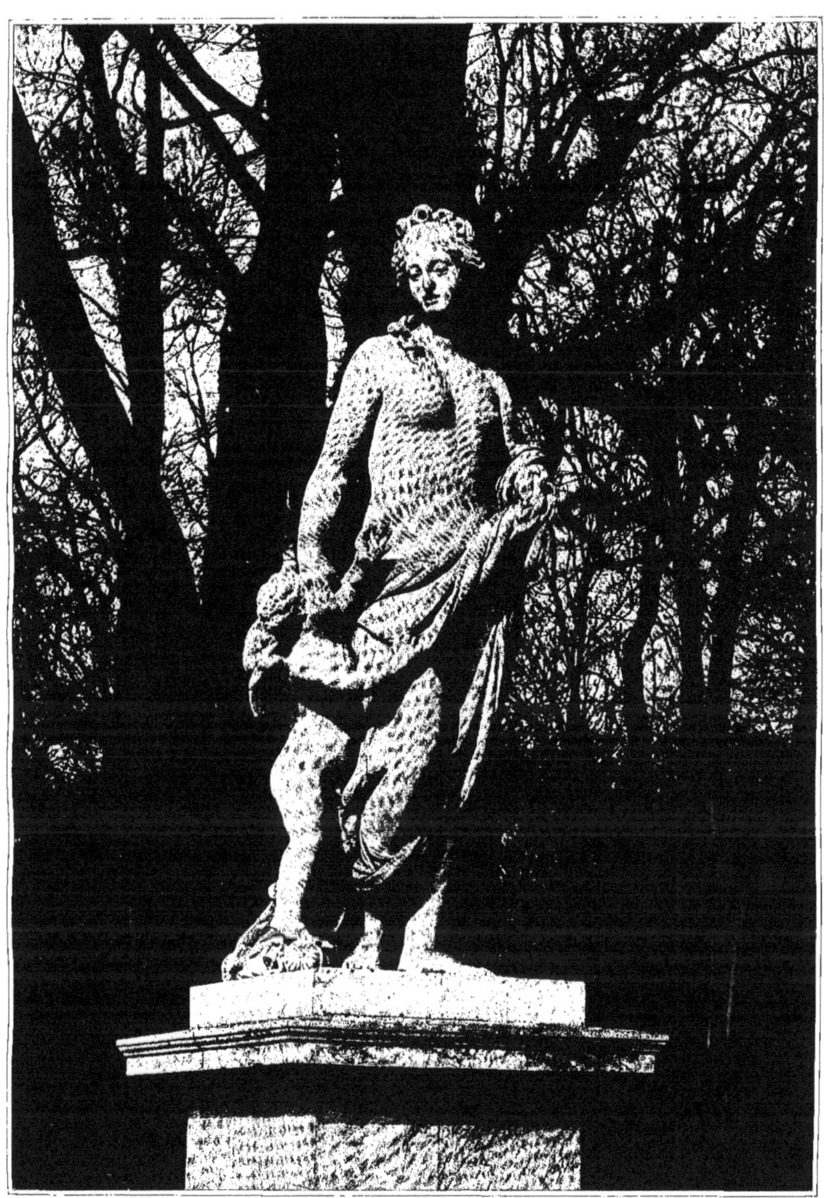

Photo P. d'Anjou.

LES HEURES DU JOUR : VÉNUS OU L'HEURE DE MIDI, PAR GASPARD MARSY

Cabinet de Diane

Marbre sculpté en 1680

s'échappent des flammes; l'oiseau des ténèbres est à ses pieds.

Auprès d'elle, la *Terre* de Massou, grave et chastement vêtue, toute enveloppée de sa robe aux lourds plis, soutient de la main une corne d'abondance, symbole de sa fécondité, d'où les fruits et les fleurs débordent; des roses couronnent sa beauté, et sa force est signifiée par le lion couché qui la regarde.

A l'angle d'où part l'allée de Cérès et de Flore, se place le *Poème pastoral*. La jeune femme qui le représente a la grâce ingénue qui convient au sujet ; elle est couronnée de fleurs ; elle se prépare à jouer de la syrinx et tient aussi son bâton de bergère. La robe courte laisse voir ses jambes bien modelées ; elle a jeté un manteau sur son épaule, et la panetière pend à sa taille. L'œuvre, d'une douce fraîcheur champêtre, est de Pierre Granier.

Nous allons quitter ici l'allée des Trois-Fontaines, qui devient mystérieuse comme une percée ouverte sur une grande forêt. Ses arbres élevés la font profonde et haute, et la lumière y passe tamisée, dorée à peine. Cette allée, au bord de laquelle autrefois chantaient les fontaines d'un bosquet maintenant détruit, demeure l'asile ombreux et discret des amoureux du silence.

Une étrange assemblée de termes vient inter-

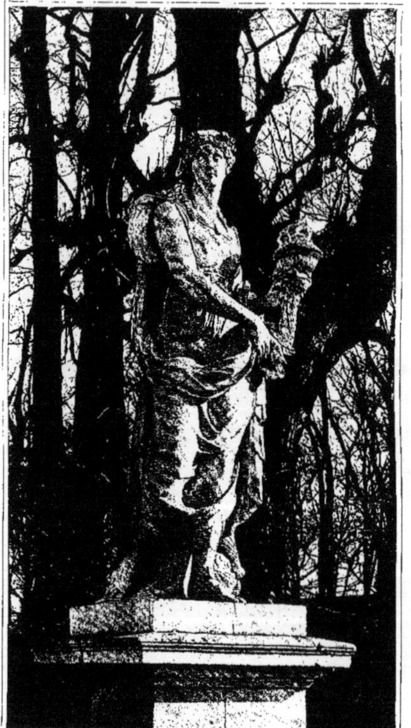

Photos P. d'Anjou.

LES PARTIES DU MONDE : L'ASIE, PAR ROGER
Parterre du Nord
Marbre

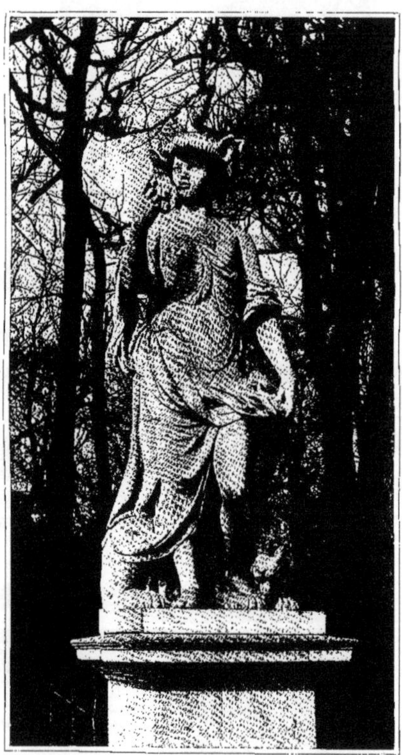

LES PARTIES DU MONDE : L'AFRIQUE, PAR SIBRAYQUE ET CORNU
Rampe du Parterre du Nord
Marbre sculpté en 1682

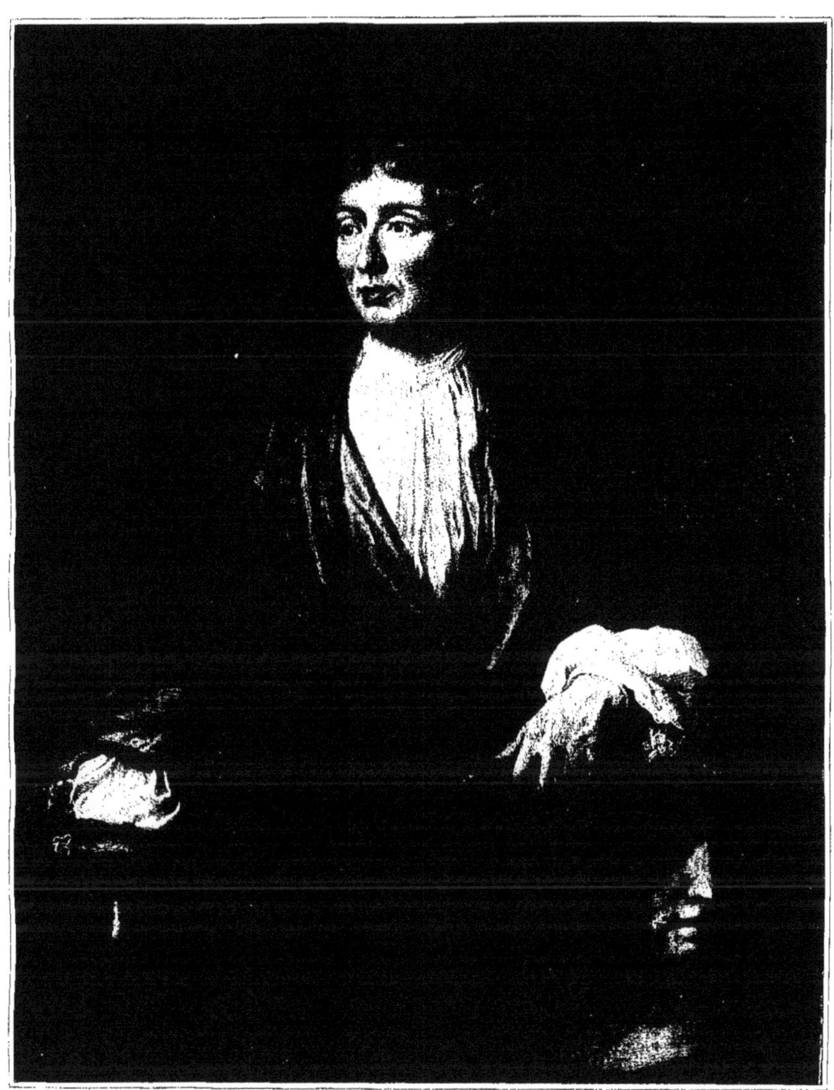

GASPARD MARSY, SCULPTEUR DU ROI (1624-1684)
Peinture de Jacques Carrey

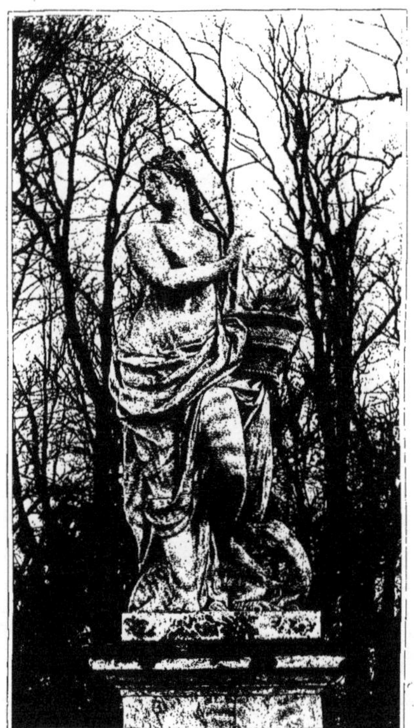

Photo P. d'Arjet. LES ÉLÉMENTS : LE FEU, PAR DOSSIER
Rampe du Parterre de Latone
Marbre sculpté en 1681

rompre la suite de nos statues. Ce sont des orateurs et des sages de l'antiquité, tous maîtres du langage insinuant, tels que Fénelon aurait pu en dresser la liste. Les draperies largement enroulées autour de la taille retombent amples sur le piédestal. Les têtes de ces vénérables personnages sont graves, avec leur chevelure et leur barbe bouclées ; trois d'entre eux tiennent des rouleaux. Saluons le grand orateur grec Isocrate, qui forma Démosthène ; Apollonius, venu de Chalcis pour être le précepteur de l'empereur Marc-Aurèle ; Théophraste, le parleur divin, qui tient dans sa main des pavots, car il était l'ennemi du sommeil, disant que la plus folle dépense que l'on puisse faire est celle du temps.

Les auteurs de ces termes assez monotones importent peu à notre curiosité. Celui de Lysias, dû au ciseau de Dedieu, est d'une maîtrise supérieure à ceux qui l'entourent. Les guides anciens rappelaient au visiteur, à l'honneur de l'orateur athénien, l'apologie qu'il avait composée pour la défense de Socrate, défense que celui-ci refusa d'ailleurs avec noblesse. Un dernier sage de la Grèce est le subtil Ulysse, à qui est consacré le cinquième terme ; il tient à la main la fleur que lui donna Mercure et qui fut un talisman contre les enchantements de Circé. Nous avions oublié ce détail sans doute ; les lecteurs des *Aventures de Télémaque* ne l'ignoraient point.

La file nouvelle des figures en pied commence

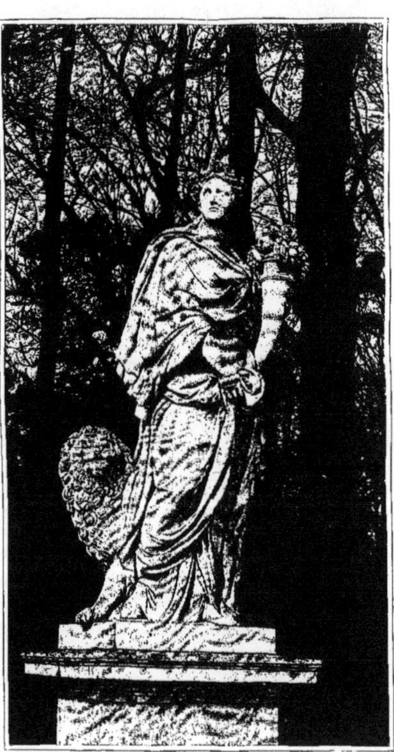

Photo P. d'Arjet. LES ÉLÉMENTS : LA TERRE, PAR MASSOU
Rampe du Parterre du Nord
Marbre sculpté en 1681

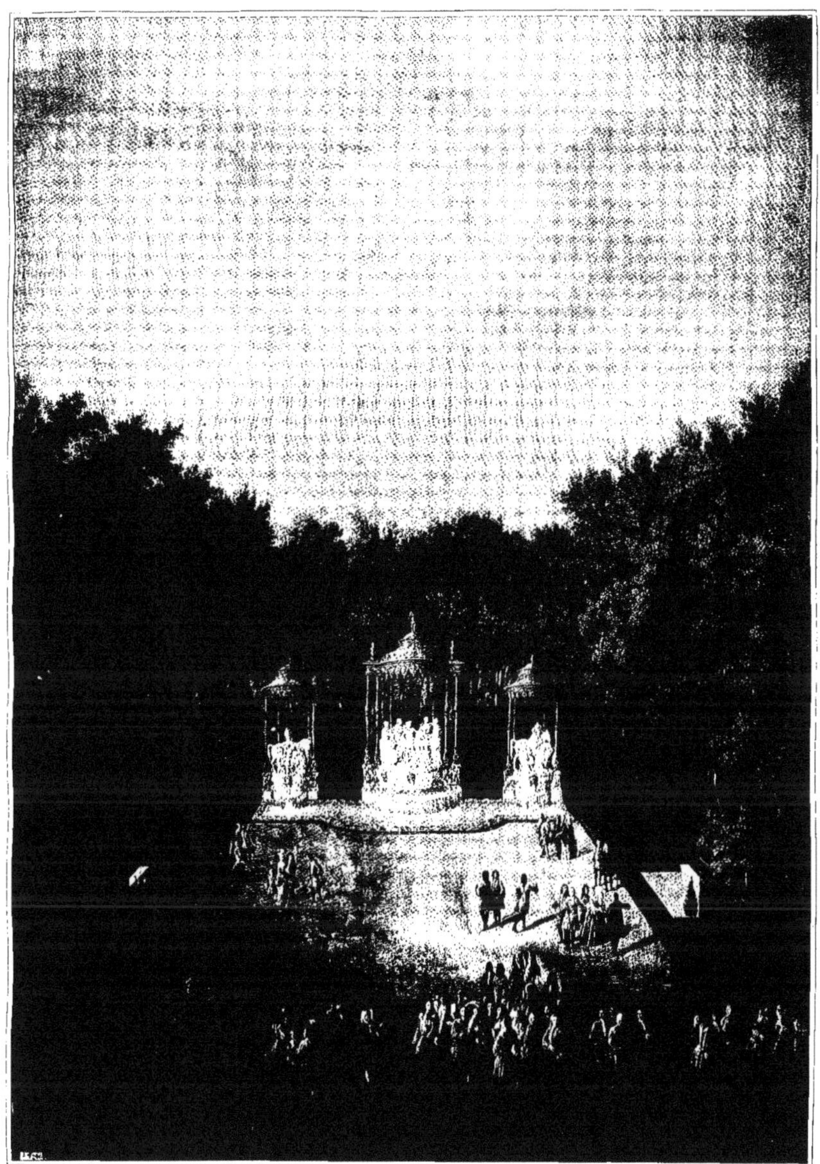

UN BOSQUET DÉTRUIT : LES BAINS D'APOLLON

LOUIS XIV VISITE LE BOSQUET DISPOSÉ EN 1705 POUR RECEVOIR LES GROUPES DE L'ANCIENNE GROTTE DE TÉTHYS

Peinture de J.-B. Martin

par l'*Automne*, sous les traits d'un jeune Bacchus. D'épaisses boucles mêlées de grappes encadrent son visage ; il est presque nu ; un manteau retenu par son bras jette des plis derrière lui, et ses hanches sont entourées d'une écharpe. D'un geste convenu, il présente une coupe ; à ses pieds, une corbeille est remplie de raisins. On ne trouve point injuste le comte de Caylus quand il dit que cette statue de Regnaudin « n'est pas un bon ouvrage ; elle est lourde, courte et médiocrement composée ». Il faut être d'accord ici avec les critiques du XVIIIe siècle, bien qu'ils nous donnent souvent l'occasion de constater qu'ils sont plus

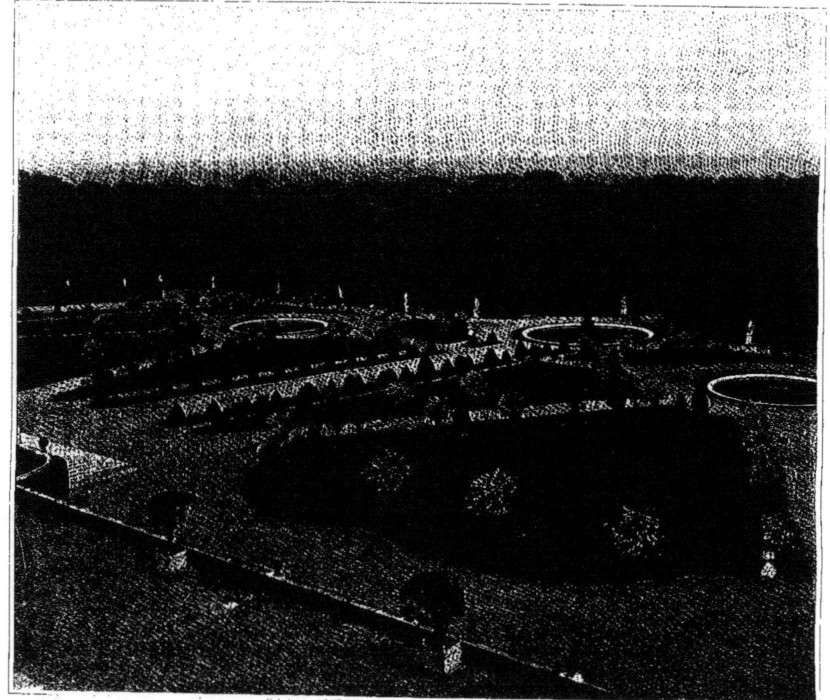

LE PARTERRE DU NORD

Dessiné par Le Nôtre et réalisé en 1668 (État actuel)

sévères que n'est notre éclectisme pour l'art du temps de Louis XIV.

L'*Amérique* a plus de charme que le Bacchus, et surtout plus de caractère. Il faut songer qu'au XVIIe siècle les populations du Nouveau Monde n'éveillaient point l'idée des gracieuses *misses* qu'il se plaît aujourd'hui à nous envoyer. C'était, pour tous les esprits, la terre des Peaux-Rouges, des « Indiens », comme l'on disait. Et, afin de la représenter, voici ce que Guérin a imaginé, d'après les récits de voyageurs :

La femme est nue, avec un simple pagne de plumes très court ; la poitrine bien prise et bombée ; la tête expressive couronnée de hautes plumes ; un carquois garni sur le dos et un arc à la main. Un crocodile sans

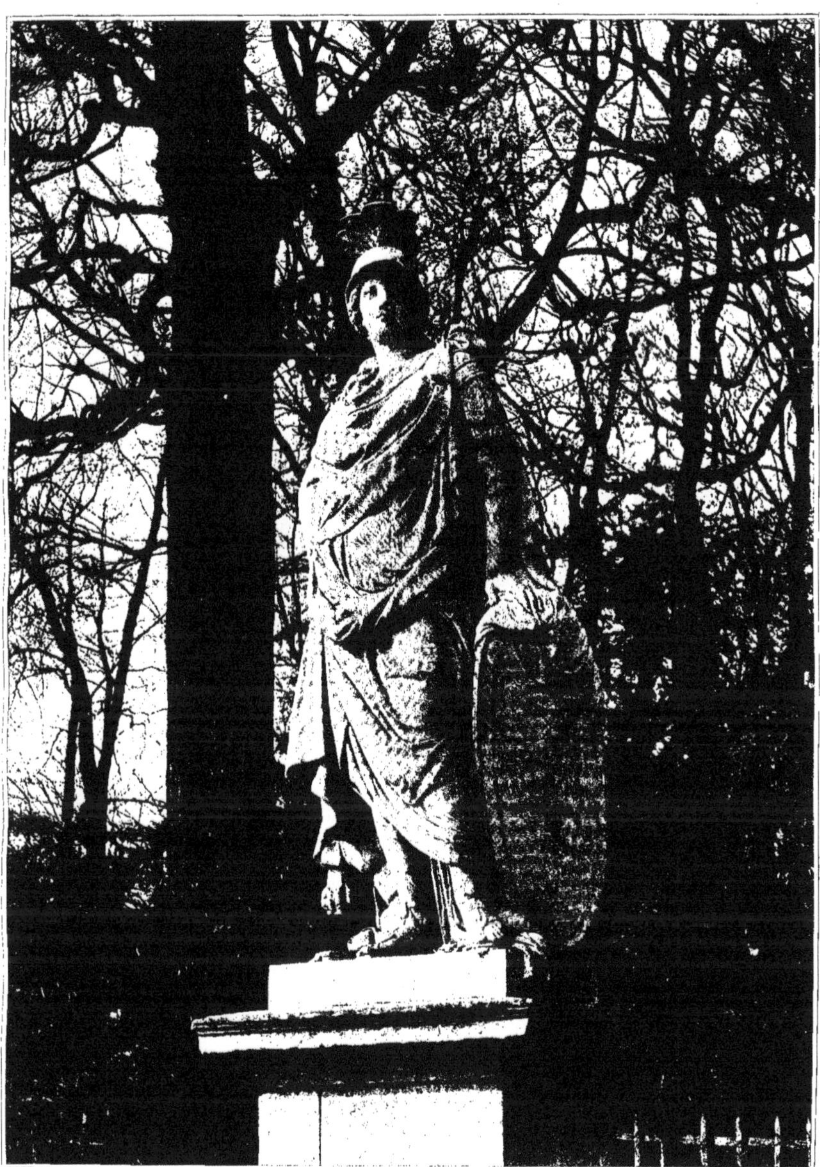

Photo P. d'Anjou.

LES PARTIES DU MONDE : L'EUROPE, PAR MAZELINE

Rampe du Parterre du Nord

Marbre sculpté en 1680

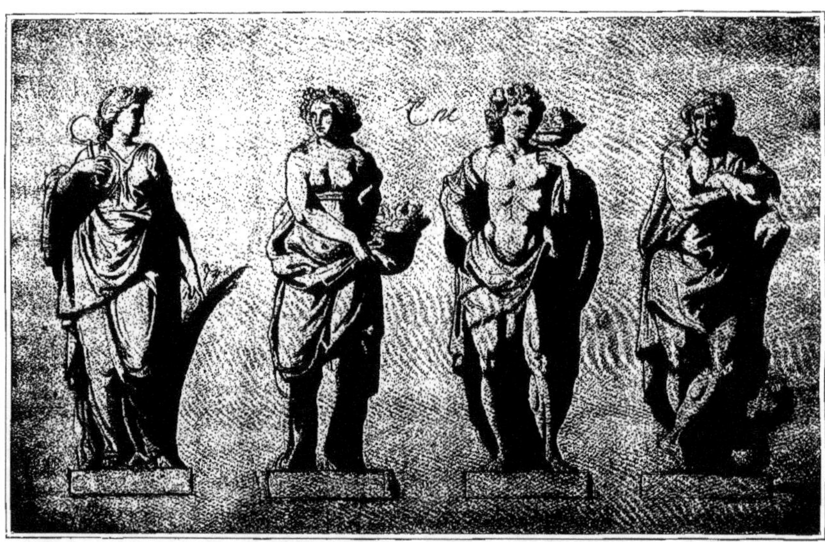

PROJET POUR LES QUATRE FIGURES DES « SAISONS »
Dessin de Charles Le Brun

férocité accompagne cette « sauvage » ; mais une tête de « visage pâle », qui gît à ses pieds, semble indiquer que les relations avec la belle guerrière ne sont pas sans danger. Tout le morceau est hardi, le geste vrai, l'impression curieuse.

Elle est plus noble et plus sereine, la Cérès que nous trouvons ensuite, dans la fière maturité de l'*Été* qu'elle représente. L'étoffe qui la drape s'ajuste par endroits et laisse deviner les formes vaillantes. Sa tête assez petite est couronnée de blé ; sa main retient une gerbe d'épis dressée auprès d'elle. Cette déesse est de Hutinot, et Gérard Edelinck en a gravé l'image, tandis que son frère Jean gravait la statue suivante.

L'*Hiver* est un vieillard mélancolique, sculpté par Girardon. Le maître a mis toute une âme d'artiste en ce chef-d'œuvre, et pour vérifier sa signification esthétique, il faut aller le visiter quand la froide saison a dépouillé le parc. Sur le fond des arbres dénudés, la grande figure désolée est bien dans son domaine.

Le corps s'enveloppe à moitié d'un manteau qui remonte sur la tête et la coiffe en capuchon. L'homme, accablé du poids de la vie, baisse le visage et sa longue barbe caresse sa poitrine. Le front ridé, la bouche douloureuse, les yeux baissés disent la lassitude. Ses bras musculeux sont ramenés d'un geste frileux ; sa jambe nue apparaît vigoureuse ; d'un mouvement naturel, il se penche sur un réchaud ciselé soutenu par deux griffes de lion, d'où s'échappent les flammes qui réchauffent ses membres glacés.

Le marbre de Girardon nous donne bien la sensation de la saison rude, alors que les oiseaux ont fui les bosquets sans fleurs ; et c'est aussi l'image de cet âge qui n'a désormais que les souvenirs sans espoir et s'achemine vers le tombeau. La puissance du sculpteur en a fait un rappel tragique et sobre des réalités et de la souffrance, parmi tant d'allégories orgueilleuses ou joyeuses à plaisir multipliées.

Dans l'espace carré où se creuse le *Bain des nymphes* les deux statues qui apparaissent aux angles de l'Allée d'Eau font partie des « Tempéraments de l'Homme ». Ce sont des œuvres médiocres, mais il faut convenir que le sujet prête peu à l'inspiration. C'est d'abord le *Colérique* de Houzeau. Un homme nu, aux gestes

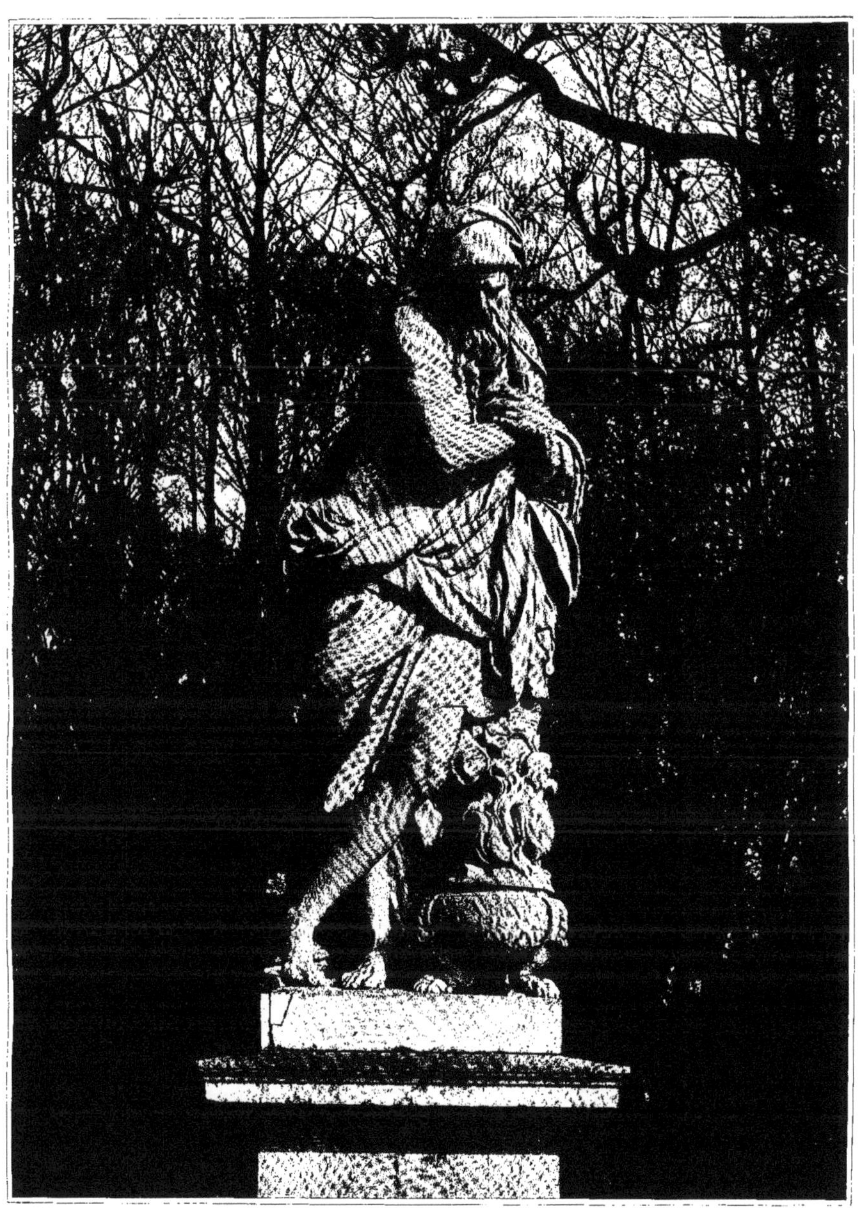

Photo P. d'Anjou.

LES SAISONS : L'HIVER, PAR GIRARDON
Parterre du Nord
Marbre

désordonnés et violents, semble lever le poing contre un adversaire; près de lui, un lion furieux le regarde, la gueule ouverte, dressé pour la lutte.

De l'autre côté, lui faisant face, est le *Sanguin* de Jouvenet. Couronné de grappes de raisin, il joue de la flûte d'un air jovial. Une large écharpe se noue à sa taille et retombe assez bas; près de lui, un bouc broute un rameau de vigne. Voilà toute une physiologie interprétée par les artistes du grand siècle.

Remontant à l'angle de la palissade, nous rencontrons le *Poème satirique*. Le jeune satyre de Philippe Buyster n'a point les pieds de bouc, mais son visage exprime bien la finesse malicieuse attribuée à ces divinités des bois. Sa tête, encadrée d'une barbe courte et frisée, a des cheveux bouclés étroitement, sous une couronne de feuillage. Il s'appuie sur un tronc d'arbre. D'une main il lie l'écharpe qui fait le tour de ses hanches, de l'autre il tient un rameau de vigne. L'expression doit ici suggérer tout le symbole. Le sourire moqueur est, en effet, d'une méchanceté spirituelle, et l'on devine, sur les lèvres entr'ouvertes, le mot prêt à sortir, acéré comme une flèche. C'est une page de Boileau traduite dans le marbre, et, avec cela, le charme d'un corps jeune, à la ligne pure, au geste gracieux.

Les figures qui suivent sont d'intérêt moindre. L'*Asie*, de Roger, porte un vase de parfums dans la main gauche ; ce sont les nards de l'Arabie qui s'en exhalent; un turban, jeté aux pieds de la statue, complète un symbolisme facile. Le *Flegmatique*, de Lespagnandel, a près de lui une tortue, et ses bras

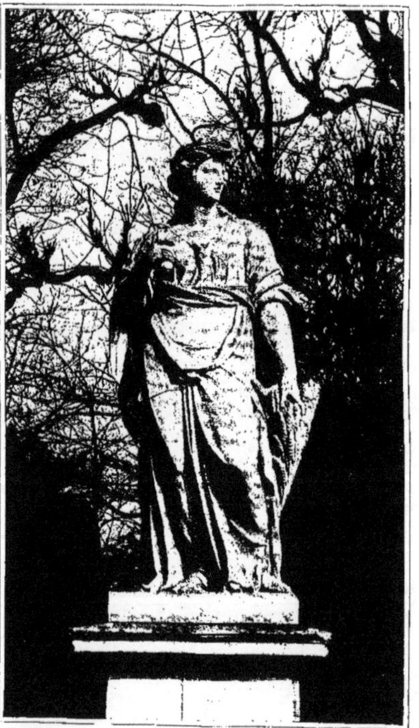

Photos P. d'Anjre.

LES SAISONS : L'ÉTÉ, PAR HUTINOT
Parterre du Nord
Marbre

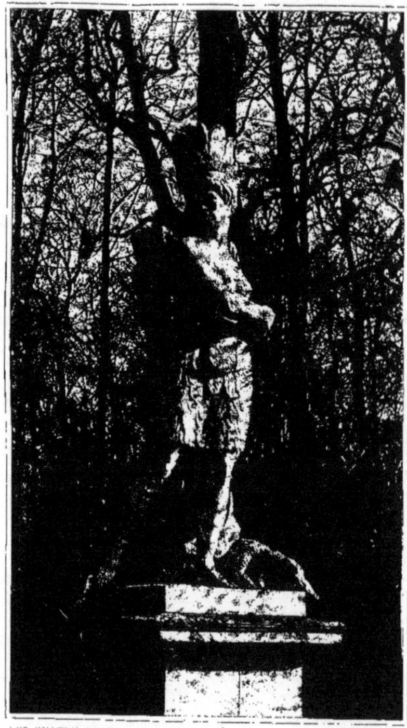

LES QUATRE PARTIES DU MONDE : L'AMÉRIQUE, PAR GILLES GUÉRIN
Parterre du Nord
Marbre

croisés suffisent à caractériser ce « tempérament ».

Enfin, vers l'allée dite de l'Arc de Triomphe, auprès du Château, est le *Poème héroïque*. Drouilly a donné à la figure l'air noble et fier qu'il fallait attendre. On veut voir, en ce majestueux personnage couronné de lauriers, Louis XIV lui-même. L'allure est belle, l'expression franche ; la tête modelée avec soin se pare de longues boucles. L'habit est à la romaine avec la

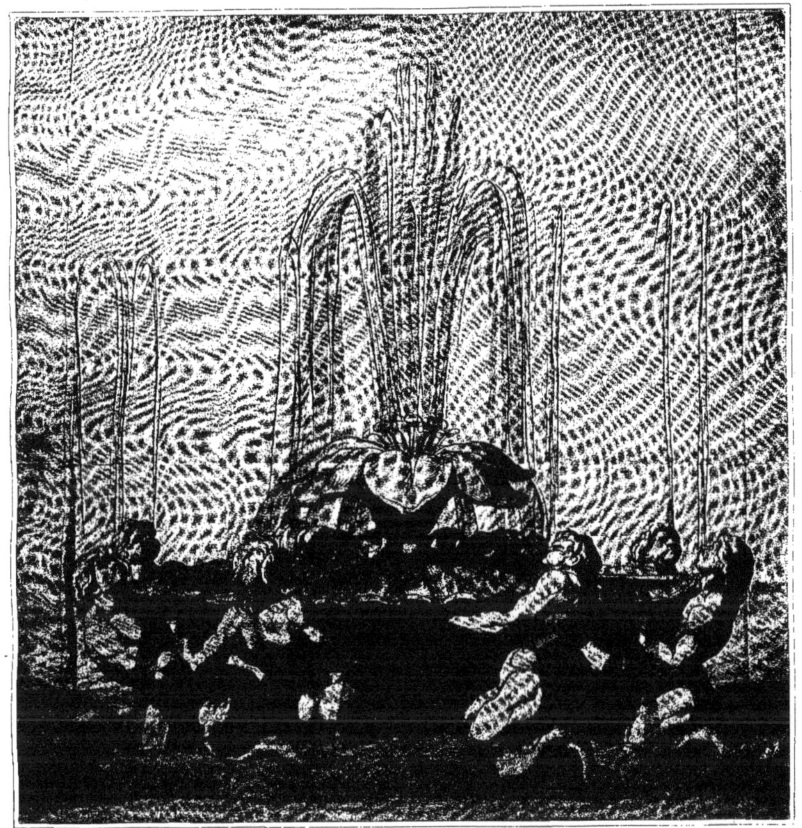

PROJET DE FONTAINE : LIS ÉPANOUI SOUTENU PAR DES TRITONS

Dessin de Charles Le Brun

jupe au-dessus des genoux, brodée au bord. Le corselet damasquiné porte un soleil, emblème du Roi ; un long manteau jeté avec négligence sur l'épaule retombe par derrière en draperie lourde ; la main droite le soulève en s'appuyant sur la hanche ; la main gauche tenait la trompette de la Renommée. Les pieds sont dans des sandales à lanières, les jambes et les bras nus, le cou puissant.

Si le sculpteur courtisan a voulu flatter l'amour-propre du monarque, il n'a pu saisir meilleure occasion.

Le *Poème héroïque* chante le vainqueur, comme le chantait Quinault dans l'*Églogue de Versailles:*

> Le maître de ces lieux n'aime que la [victoire ;
> Il en fait ses plus chers désirs ;
> Il néglige ici les plaisirs
> Et tous ses soins sont pour la gloire!

Louis a trouvé naturel d'être choisi pour personnifier la gloire dans ce domaine qu'il venait de créer et où tout disait au monde qu'il était aussi le maître de l'art.

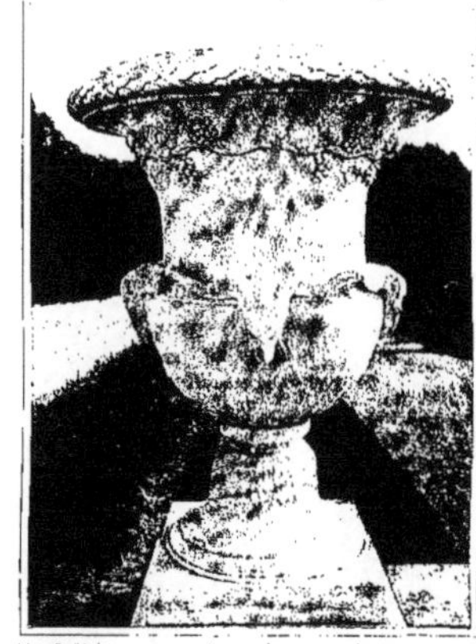

Photo P. d'Aufre. VASE ORNÉ DE TÊTES DE BÉLIER
Parterre du Nord
Marbre, par Rousseau

Le Parterre du Nord, que nous venons de longer, a conservé très exactement le dessin de Le Nôtre, tel que le montrent les anciens tableaux et les plans primitifs. Il est permis de faire remonter à cette époque maint détail de jardinage qui s'y remarque, tel que l'encaissage en des bordures de buis de la terre rapportée pour la plantation des fleurs. Comme autrefois, d'ailleurs, le Parterre est surtout fait de gazon, dont les surfaces se juxtaposent en triangles.

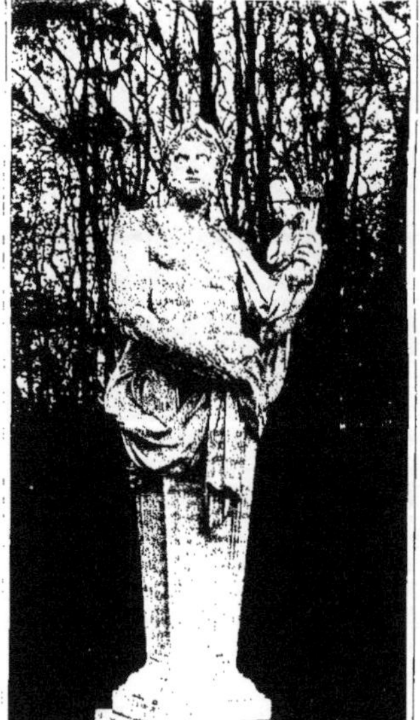

Photo P. d'Aufre.
TERME D'ULYSSE, PAR MAGNIER
Rond-point des Philosophes
Marbre sculpté en 1688

Au milieu de cette verdure, égayée de vases de marbre blanc et souvent d'arbustes fleuris, tremble la nappe transparente de deux bassins circulaires. Ce sont les anciens Bassins des Couronnes. Les premiers motifs de plomb qui les ornèrent furent confiés à Le Hongre et à Tubi. Des sirènes et des

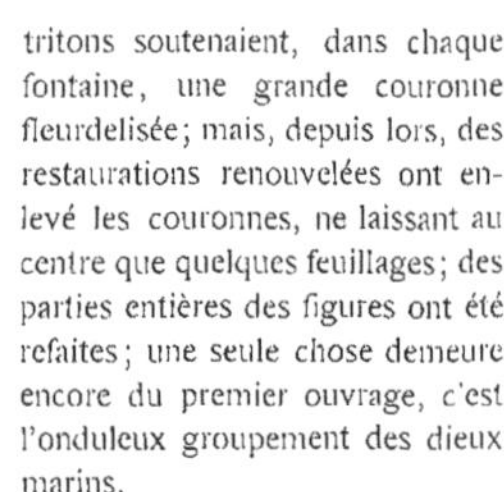

tritons soutenaient, dans chaque fontaine, une grande couronne fleurdelisée; mais, depuis lors, des restaurations renouvelées ont enlevé les couronnes, ne laissant au centre que quelques feuillages; des parties entières des figures ont été refaites; une seule chose demeure encore du premier ouvrage, c'est l'onduleux groupement des dieux marins.

Ils nagent, le corps renversé ou couché sur le côté, avec une expression hardie et rieuse; leurs hanches sont entourées de fleurs ; leur double queue entortillée semble prête à battre l'eau tranquille. La pose des sirènes est nonchalante : celle-ci, couchée sur le dos, se préserve du soleil en élevant le bras ; celle-là présente à la lumière son

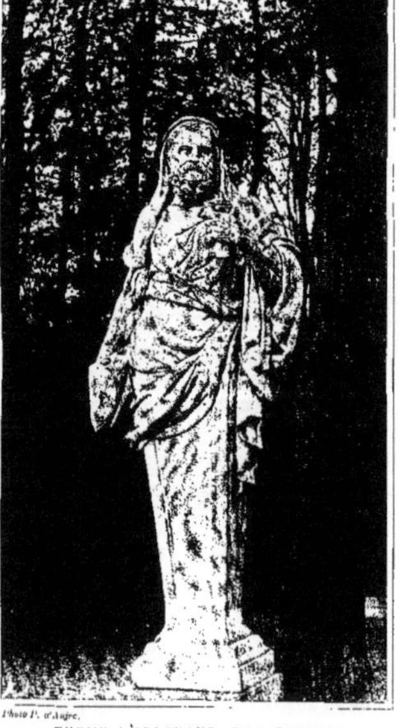

Photo P. d'Aufre.
TERME D'ISOCRATE, PAR GRANIER
Rond-point des Philosophes
Marbre sculpté en 1688

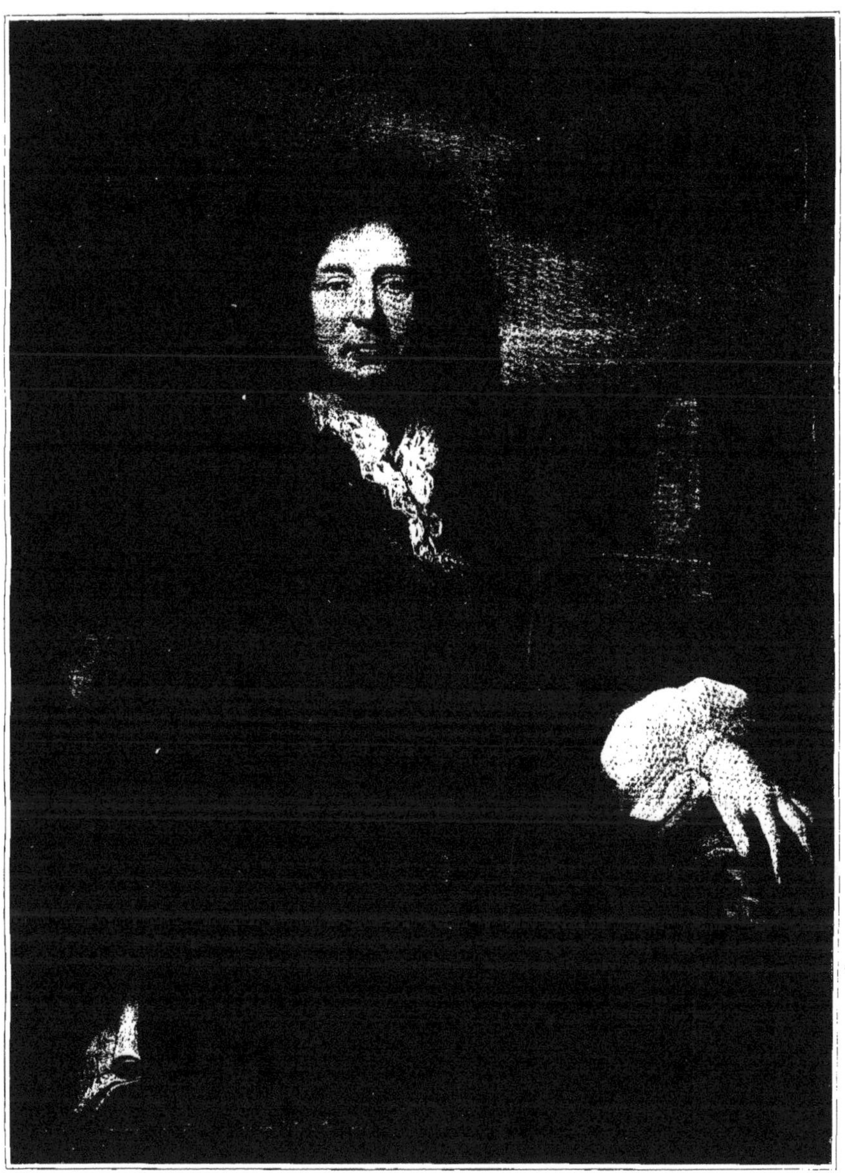

MARTIN VAN DEN BOGAERT, DIT DESJARDINS, SCULPTEUR DU ROI (1640-1694)

Dans le fond, le monument érigé à Louis XIV sur la place des Victoires, à Paris)

Peinture de Hyacinthe Rigaud

dos cambré et montre le plus joli visage couronné de fleurs. Ce n'est, au reste, qu'une ingénieuse composition de Le Brun traduite en sculpture.

Cette autre, de proportions plus vastes et d'une conservation plus complète, est la *Pyramide,* exécutée par François Girardon; il y affirmait déjà cette maîtrise, qui devait faire de lui le premier des sculpteurs de Versailles. Il dut porter un soin particulier à ce grand ouvrage, qui fut mis en place en 1669 et appartient, par conséquent, à la plus ancienne décoration du parc de Louis XIV.

La minutie du détail exigea un assez long temps pour l'exécution. Mais rien n'est plus parfait que cette fontaine, où tout est délicat travail de patience et de goût. Il n'en est pas de plus exquise dans les jardins d'Italie où l'eau chantante, comme à Versailles, berce la pensée du promeneur.

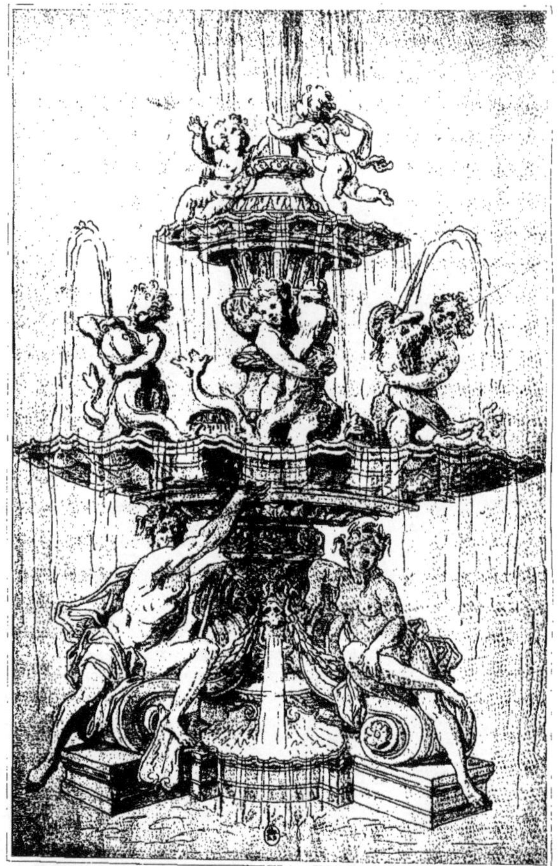

PROJET POUR LA FONTAINE DE LA PYRAMIDE

Dessin de Charles Le Brun

Si pourtant sa forme générale fut empruntée à l'art de nos voisins, comme ils sont français les moindres motifs qui la décorent! La mesure, l'élégance, l'invention des morceaux qui tous répondent à l'idée principale, font un chef-d'œuvre de ce petit monument. Il est composé de la flore, de la faune et des dieux de la mer, que les eaux caressent en cascades. Le plomb, jadis entièrement doré, fut travaillé comme une orfèvrerie, et, parmi les multiples ornementations, les poissons, les dauphins, les tritons semblent vivre sous l'écume frissonnante.

Tout en haut, dans l'étroite cuvette ouvragée, est un vase portant des têtes de satyres; c'est du vase que s'élance le grand jet qui retombe avec force sur les quatre bassins de la pyramide. Quatre écrevisses dressées le soutiennent de leurs queues; elles-mêmes reposent sur une deuxième cuvette, plus large, et de reliefs différents. Celle-ci est portée par quatre dauphins, dont la gueule s'entr'ouvre pour boire l'eau de la troisième cuvette, ornée de coquillages, autour de laquelle ils sont placés. Des guirlandes de fleurs sont jetées d'un monstre à l'autre.

Au-dessous jouent quatre jeunes tritons, aux queues doubles, qui s'écartent et se courbent pour se rejoindre sous des fleurs. Les bras de chacun d'eux se soulèvent et s'arrondissent; la tête douce et bouclée se penche sous le poids. Ils plongent dans la quatrième cuvette, la plus grande.

Entre les pieds de lion qui la supportent, se poursuivent quatre grands tritons dont les mouvements ont la souplesse de la nature; leurs visages égayés disent le plaisir qu'ils ont à nager dans le bassin circulaire d'où s'érige la Pyramide. Ainsi s'enracine au milieu des eaux ce petit temple élevé à la gloire des eaux.

C'est encore le travail de Girardon que nous retrouvons, quelques pas plus loin, parmi les bas-reliefs qui décorent le bassin carré appelé les *Cascades* ou le *Bain des Nymphes de Diane*. Le plus important, celui qui s'adosse à la Pyramide et que le soleil ne visite jamais, est du sculpteur troyen.

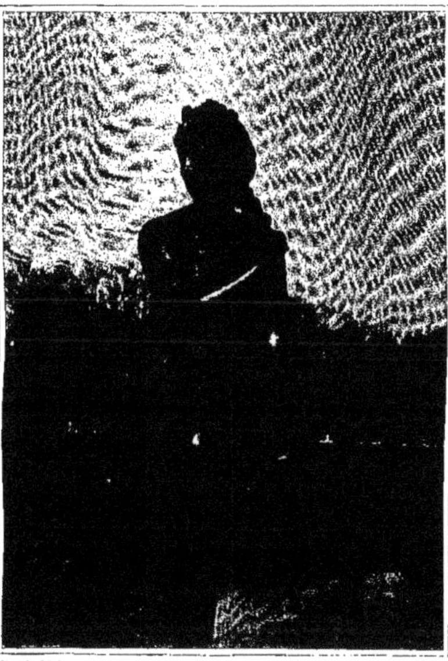

Photo P. d'Aujac.

LA VÉNUS PUDIQUE
Degré du Parterre du Nord
Bronze fondu par les frères Keller, d'après le marbre de Coyzevox (1686)

Le sujet est digne d'un bas-relief antique. Onze nymphes, chastement nues, s'ébattent dans l'eau, au bord d'une rivière. Le paysage de rêve est tout près de la réalité, tant la patine des ans a glissé sur le plomb des tons qui l'avivent. Le soleil dore l'horizon ; on croit deviner un bleu de ciel et d'eau, un rose jeté sur les chairs, le vert profond des plantes marines ; et lorsque la nappe transparente vient se répandre devant la scène, les corps semblent tressaillir sous le ruissellement argenté.

Le morceau est coloré comme une peinture et

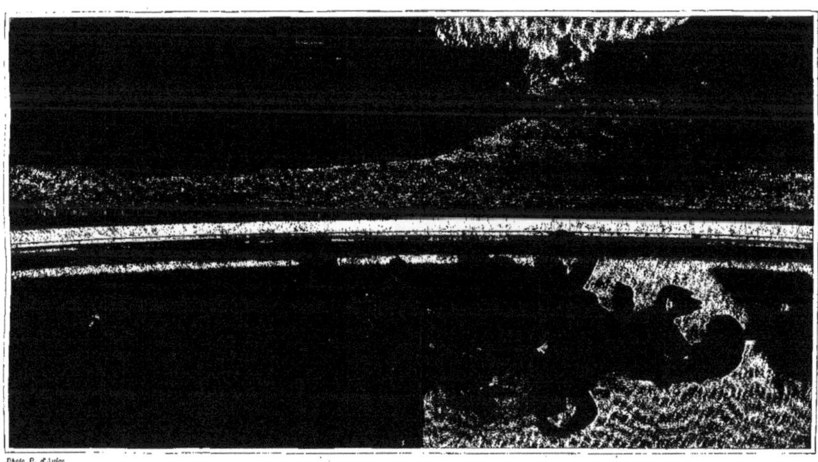

Photo P. d'Aujac.

TRITONS ET SIRÈNES
Bassin du Parterre du Nord
Groupe de plomb, d'après Tubi et Le Hongre

dégagé comme un relief de marbre; c'est aussi tout un petit poème de vivante jeunesse abandonnée au gré de l'eau, au milieu des roseaux en fleurs.

Ce long morceau rectangulaire a ses figures moins grandes que nature. Il est comme arrondi aux extrémités par deux nymphes assises au premier plan, tenant l'une et l'autre la draperie qui doit les vêtir après le bain. La première est allongée, à droite, sur un rocher; elle sourit, cachant sa poitrine de son bras; et près d'elle une naïade, vue de dos, s'enfuit vers les arbres, les jambes encore dans le flot, montrant une onduleuse ligne. Il s'ajoute au groupe une troisième compagne, renversée sur la berge, qui s'appuie sur ses deux mains et bat l'eau de ses petits pieds; son visage amusé rit aux gouttelettes qui l'éclaboussent.

A l'arrière-plan, deux baigneuses semblent se tenir à l'écart. Elles gardent les pieds dans l'eau; mais l'une se dirige vers le bord; la deuxième assise, un peu penchée en avant, la main sur son genou, dans une paisible lassitude, regarde une compagnie, qui, non loin d'elle, crie et s'agite. Ce sont quatre belles filles, animées par une lutte joyeuse. Celle qui est prisonnière dans les bras d'une amie, a l'air courroucé; les yeux baissés, le front plissé, toute tendue pour la défense, sa ronde poitrine en avant, elle repousse de la main les deux espiègles qui lui jettent sans pitié l'eau dans les yeux. Échappée de la bataille, une cinquième naïade rit de tout son visage. Elle est tournée de telle sorte que l'ampleur de ses formes contraste avec celles d'une autre nymphe qui, étendue à côté d'elle, arrête la composition. Celle-ci est calme comme une figure de Poussin, pure comme une de ses vierges d'Arcadie.

La scène, si joliment mouvementée, se forme ainsi de groupes distincts, qui se réunissent en guirlande; la science des lignes courbes y crée des harmonies exquises; le corps des jeunes filles a la souplesse des lianes; on les sent vivre, on les voit jouer, on les entend rire, dans l'air à peine doré, dans l'eau teintée d'un rose doucement rompu d'azur.

Plusieurs bas-reliefs secondaires accompagnent l'œuvre de Girardon, tant au fond que sur les deux faces latérales du bassin. La partie droite est de Le Gros, celle de gauche de Le Hongre. Elles sont en parfaite symétrie et répètent en les diversifiant leurs génies marins, leurs naïades, leurs enfants et leurs dauphins. Les motifs, de plus en plus petits, suivent la pente, chacun dans son cadre séparé.

A gauche, le dieu des eaux par Le Hongre est assis, taciturne, les jambes repliées dans les roseaux et couronné de plantes marines. Deux enfants nus et potelés suivent, l'un marchant dans les fleurs et portant sur sa tête une corbeille de fruits, l'autre avec une coquille remplie de petits coquillages; ils

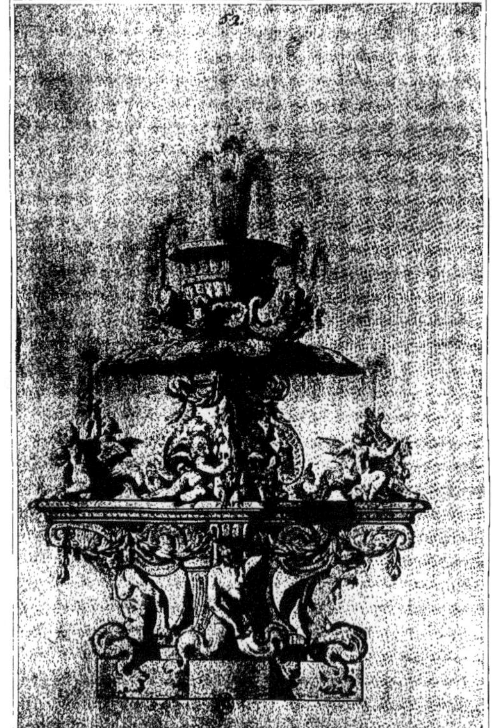

PROJET POUR LA FONTAINE DE LA PYRAMIDE
Dessin de Charles Le Brun

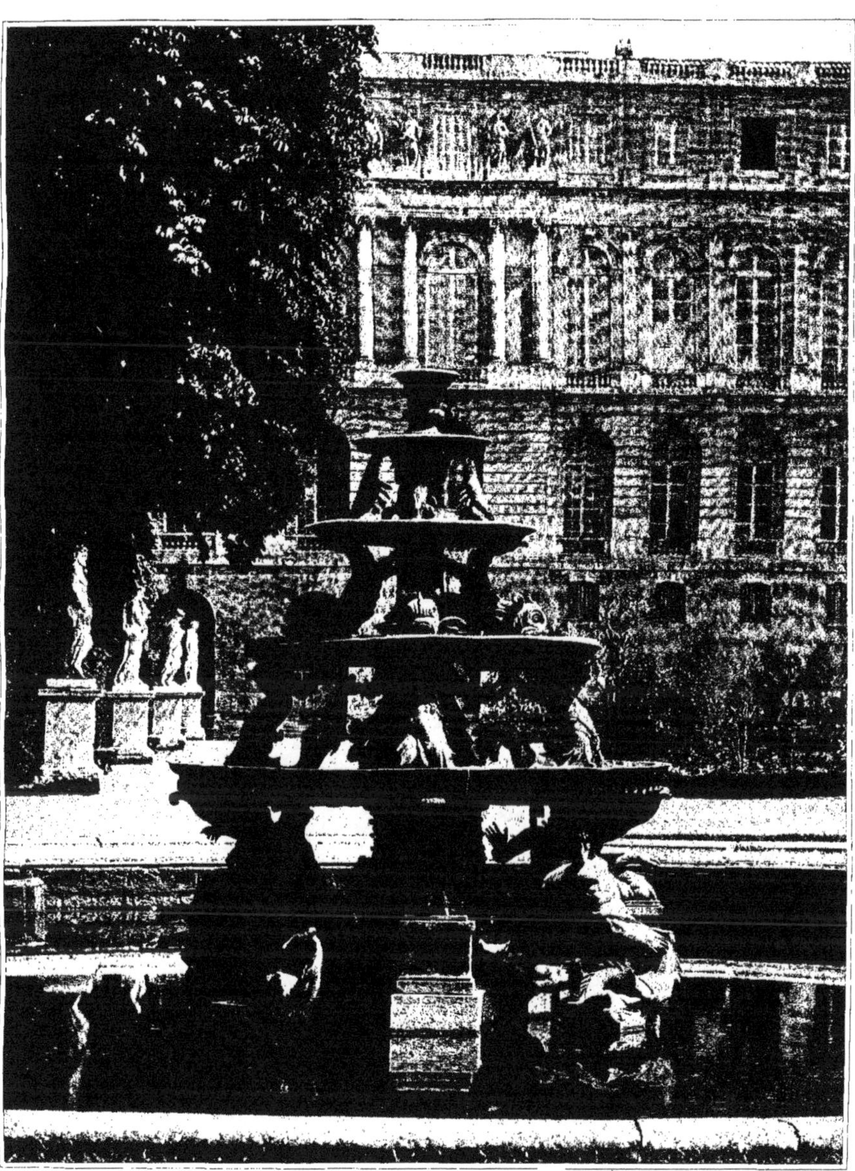

Photo L. Lévy.

LA FONTAINE DE LA PYRAMIDE
Sculpture de plomb, par Girardon
Achevée en 1672

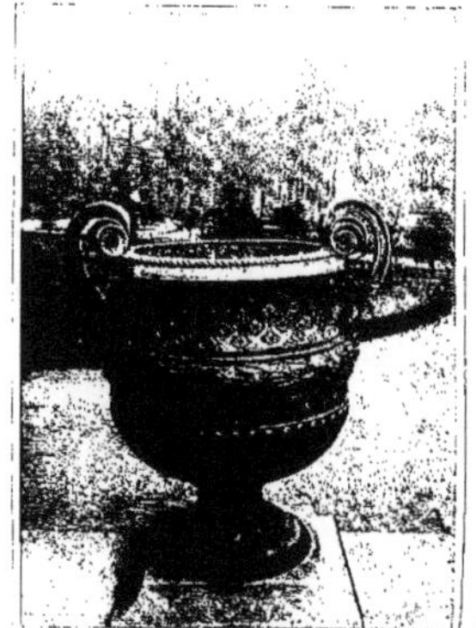
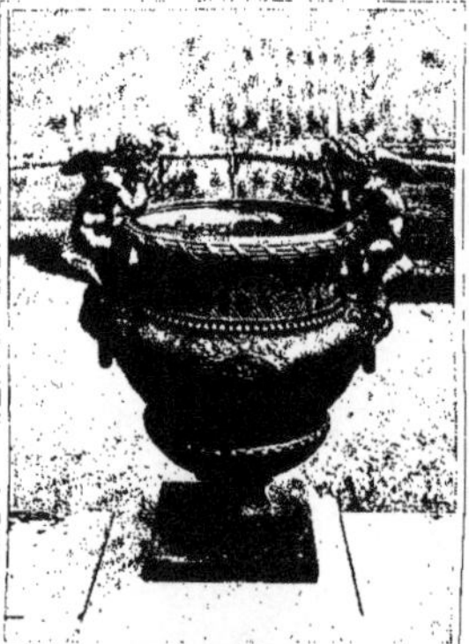
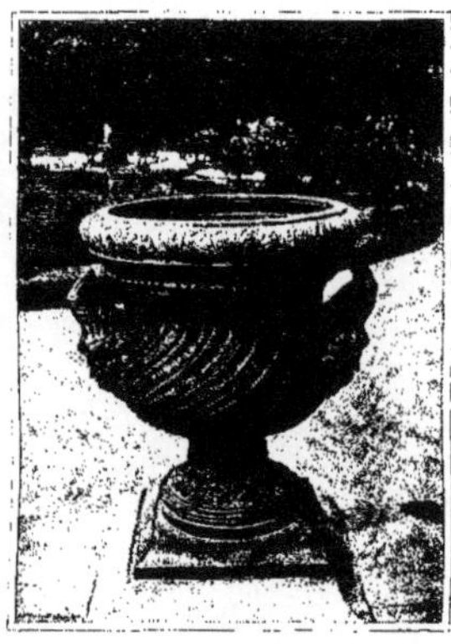

Photos P. d'Anjer.

VASES DE BRONZE
Parterre du Nord
Modèles de Claude Ballin

vont, légers et souriants, laissant au zéphyr flotter leur écharpe. C'est ensuite une nymphe pensive, appuyée sur une urne, frêle et penchée comme les roseaux qui l'environnent; mais l'enfant qui vient après est dodu et plein de vie, couché sur un dauphin, son écharpe en auréole. Dans le dernier et le plus petit cadre s'enchâsse un dauphin aux prises avec une écrevisse.

A droite, le génie des eaux s'appuie sur une urne et songe en regardant la mer; deux amours, porteurs de fruits et de coquilles, rient de leur butin et courent dans le vent, tandis que la naïade qui suit est sagement assise au bord du fleuve qu'elle garde; elle sourit, consciente de sa jeunesse et de sa beauté. Le contraste se répète : un petit enfant, dans l'autre cadre, chevauche avec fougue un monstre récalcitrant; puis deux dauphins achèvent l'extrémité amincie de la muraille sculptée, toute voisine du spectateur.

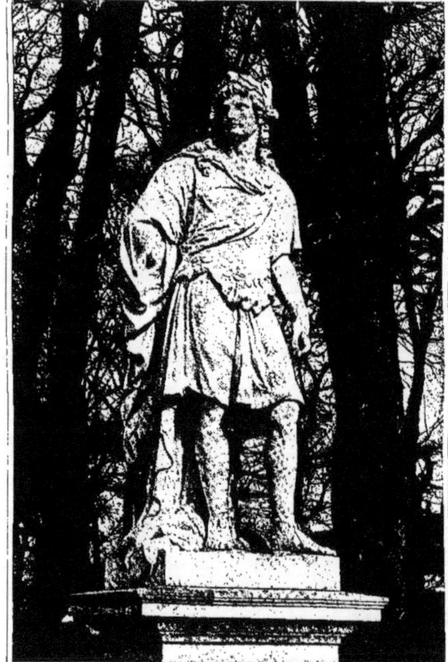

Photo P. d'Anjer. LES POÈMES : LE POÈME HÉROIQUE, PAR DROUILLY
Parterre du Nord
Marbre

L'œuvre fut dorée autrefois, comme tous les plombs de Versailles; mais le temps, qui a effacé l'or, l'a rendue plus belle et lui a laissé des teintes dont il faudra à tout prix respecter l'heureuse harmonie.

L'*Allée d'Eau* va nous permettre maintenant de comparer l'effort des artistes du Versailles commençant avec le goût souverain, que nous avons vu triompher, en sa maturité, dans les bronzes du Parterre d'Eau. Toute cette partie du parc, en

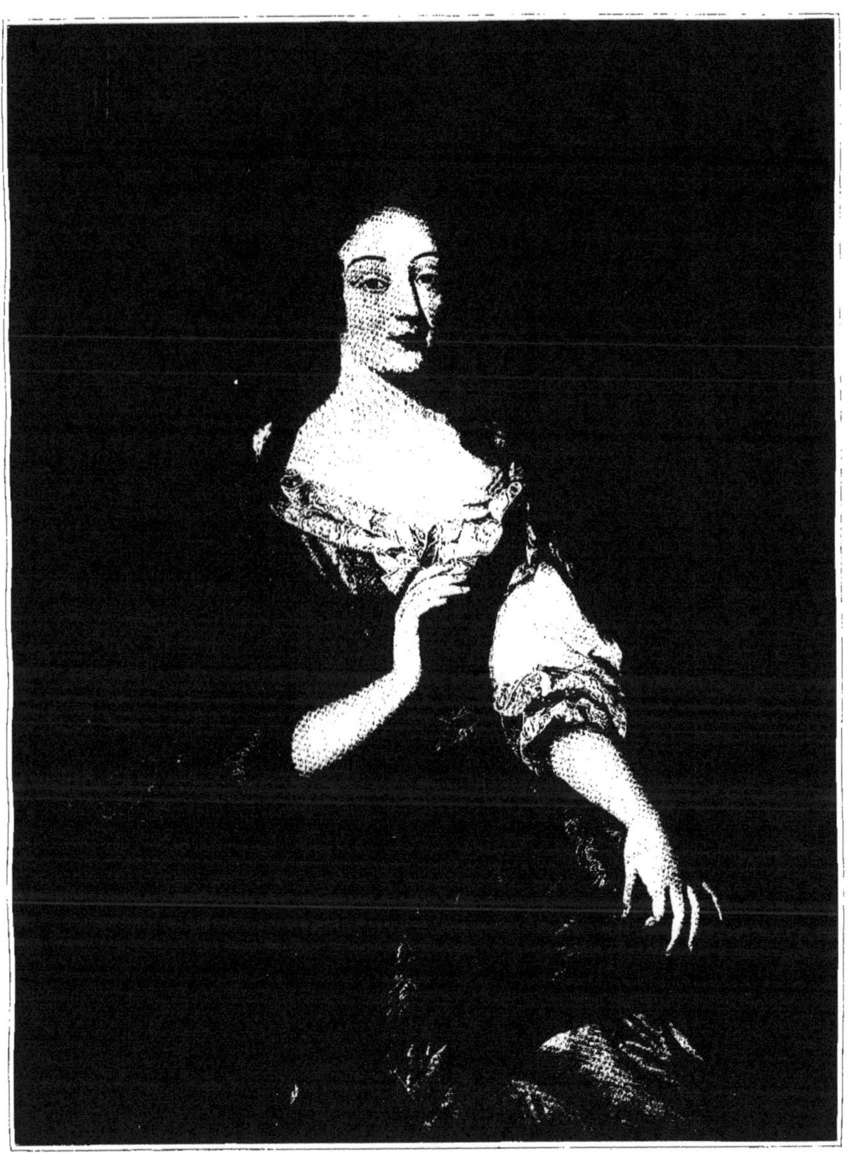

LOUISE-FRANÇOISE DE LA BAUME LE BLANC, DUCHESSE DE LA VALLIÈRE (1644-1710)
Peinture de Jean Nocret

effet, où nous trouvons la Pyramide, les Couronnes, le Bain des Nymphes, l'Allée d'Eau, a été ornée à la première époque de la décoration des jardins; et les groupes de l'Allée, les plus anciens tout au moins, étaient déjà posés au printemps de 1670.

L'Allée d'Eau fut imaginée par Claude Perrault, le médecin-architecte, et comporta d'abord sept petites fontaines deux fois répétées et formées de groupes d'enfants en plomb doré. Ils soutenaient des bassins de métal, dans lesquels Massou et Le Hongre avaient modelé des ornements de fleurs et de fruits.

Le nombre des groupes de plomb fut porté de quatorze à vingt-deux, lors d'un remaniement de la partie basse de l'allée, en 1678; et l'ensemble de ces

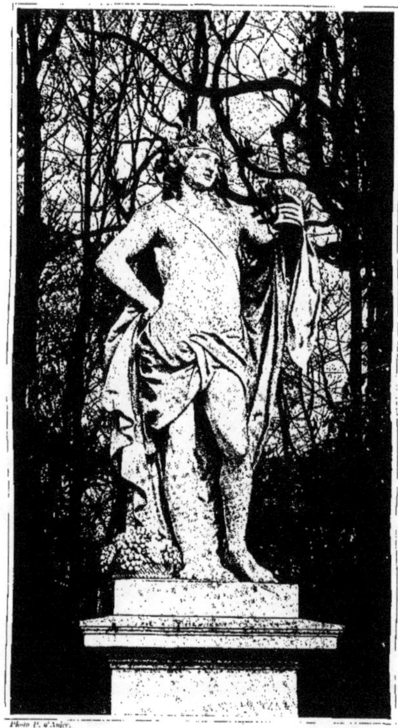

Photo P. d'Anjer.

LES SAISONS : L'AUTOMNE, PAR REGNAUDIN
Parterre du Nord
Marbre

sculptures fut refait en bronze dix ans plus tard, en 1688. Il faut remarquer cette transformation, cet ennoblissement de la matière, dont la date est instructive. Peu de temps auparavant, les vasques de métal avaient été remplacées par des vasques de marbre, et l'on avait sacrifié les ornements de fleurs et de fruits qu'il était difficile de préserver du vol. Telle nous avons l'Allée d'Eau de nos jours.

C'est l'allée joyeuse, l'allée des « Marmousets », selon la dénomination populaire, celle où chantent, dansent et s'enlacent vingt-deux groupes d'enfants réunis trois par trois. Dans la grande avenue majestueuse, ces petits tritons, ces amours, ces termes

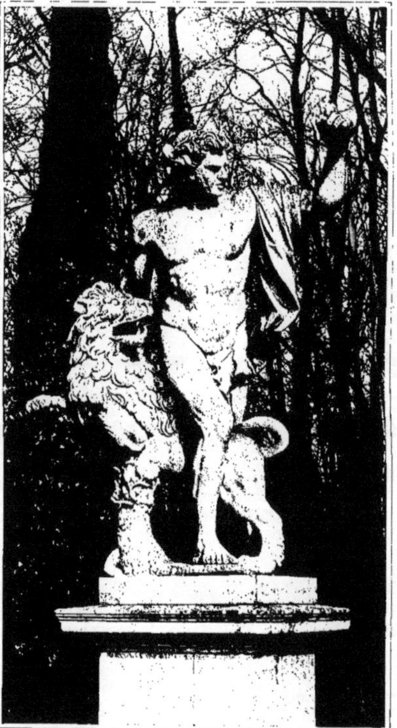

Photo P. d'Anjer.

LES TEMPÉRAMENTS DE L'HOMME : LE COLÉRIQUE, PAR HOUZEAU
Allée d'Eau
Marbre

multiplient les jeux de l'insouciance et réjouissent les yeux sous les hautes branches. Le jour des Grandes Eaux surtout, quand jaillit au-dessus d'eux la pluie qui les inonde, ils ont l'air tellement surpris et amusés qu'ils semblent vraiment vivre.

De chaque côté de l'allée se répètent les onze groupes semblables, qui, par une illusion ingénieusement conçue, paraissent différents parce qu'ils sont autrement placés. Ils sont posés au centre de bassins circulaires de marbre blanc et les vasques qu'ils soutiennent sont en marbre rouge du Languedoc.

Les premiers que nous rencontrons sont trois petits tritons, aux corps terminés en spirale, revêtus d'algues et de fleurs ; les visages, très expressifs, sont épais et rieurs. Ensuite viennent trois garçons étroitement enlacés ; les membres gras et creusés de fossettes s'arc-

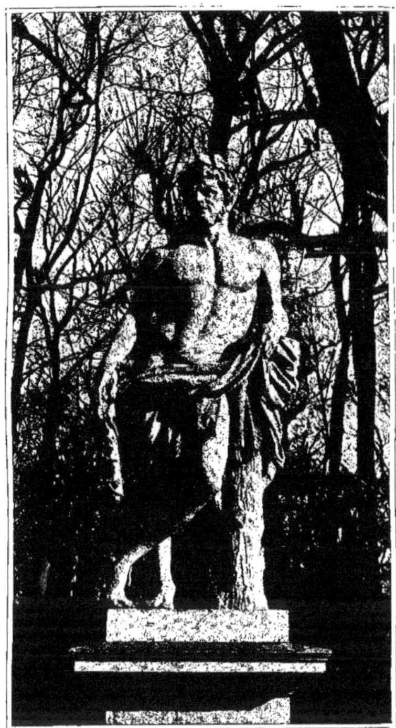

Photo P. d'Aujer.

LES POÈMES : LE POÈME SATIRIQUE, PAR PHILIPPE BUYSTER
Parterre du Nord
Marbre

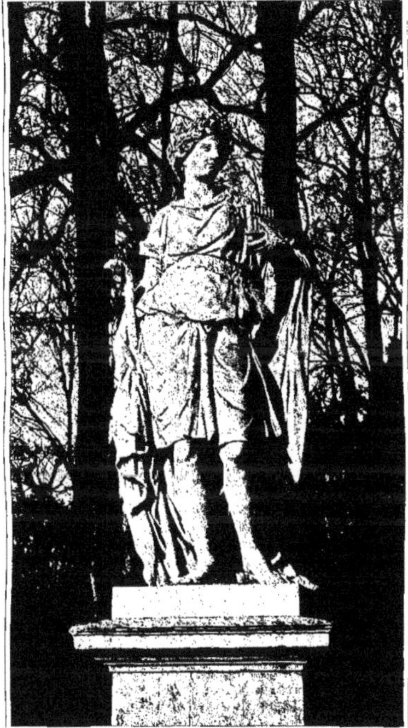

Photo P. d'Aujec.

LES POÈMES : LE POÈME PASTORAL, PAR GRANIER
Rampe du Parterre du Nord
Marbre sculpté en 1681

boutent sans raideur ; l'un d'eux simule un jeune Bacchus couronné et ceinturé de pampre, la main pleine de raisins.

Voici deux amours ailés, vêtus seulement d'écharpes flottantes, et, parmi eux, une petite fille dont la robe fendue laisse voir les jambes croisées ; une ceinture d'orfèvrerie s'agrafe à sa taille et un bijou retient l'étoffe sur ses épaules.

Trois bambins dansent autour d'une colonne fleurie, les mains levées, les bras arrondis. Un surtout est délicieux, montrant la jolie ligne de son dos ; il s'appuie sur la pointe d'un pied, tandis que l'autre, en l'air, semble marquer la cadence.

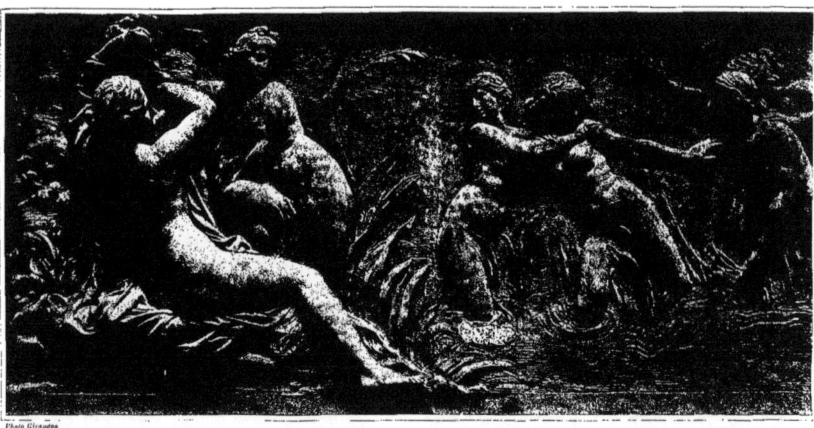

Photo Giraudon

LA FONTAINE DU BAIN DES NYMPHES (partie gauche)
Allée d'Eau
Bas-relief de plomb, par Girardon, sculpté en 1670

Suivent des musiciens appuyés sur une lyre. Autour de leur corps des rubans retiennent des fleurs. L'un joue du flageolet, l'autre de la syrinx, et le troisième, de ses deux mains, bat la mesure.

Leurs voisins sont trois petits satyres, aux visages grimaçants ; ils dansent de leurs pieds fourchus autour d'un arbuste. Les jeunes termes qui leur succèdent, bien qu'engainés dans un fût de bronze, n'ont pas la mine moins épanouie.

Quels artistes ont exécuté ces groupes d'une vie parfaite, d'un équilibre harmonieux, dignes d'être comparés aux œuvres les plus célèbres de l'art florentin de la grande époque ? Les deux premiers sont de Le Gros, le troisième de Le Hongre, les deux suivants de Lerambert ; Le Gros a fait encore les trois satyres du sixième groupe, Lerambert les trois termes du septième, et, bien que tous les croquis fussent de Le Brun, on peut dire qu'ici plus qu'ailleurs l'idée première, tout ingénieuse qu'elle ait été, s'est trouvée dépassée par sa réalisation sculpturale.

Ils continuent à se grouper trois par trois dans le bas de l'allée qui s'ouvre en éventail, les petits dieux, les petits oiseleurs, les petits musiciens. Nous les trouvons peut-être plus pittoresques, mais moins jolis que les premiers et d'une exécution moins parfaite. Sans doute sont-ils nés trop hâtivement : lorsque furent remaniés les deux bosquets qui prirent les noms des Trois-Fontaines et de l'Arc de Triomphe, l'Allée d'Eau dut se continuer en demi-lune ; l'addition de nouveaux groupes s'imposa, et d'autres artistes furent conviés à fournir les modèles aux fondeurs.

Ce furent, immédiatement après les motifs anciens, trois petits pêcheurs de Mazeline, une fillette et deux garçons qui jouent avec des poissons, et trois chasseurs, du même sculpteur, dont l'un sonne de la trompe, l'autre tient un lièvre et le troisième caresse un chien. Les trois espiègles qui regardent l'eau tomber du bassin, ainsi que les trois petites filles qui suivent, dont l'une porte un perdreau, sont de ce Buirette, qui, vers le même temps, travaillait aux Amours du Parterre d'Eau.

Cette jolie enfance, disséminée un peu dans tous les coins des jardins, est ici réunie en bande rieuse ; elle est l'animation et la gaieté de cette avenue, aimée et fréquentée de nos jours par les jeux d'une enfance à peine plus vivante que celle des sculptures.

L'allée nous a amenés devant le Bassin du Dragon. Les groupes de plomb épars sur ses eaux sont une imitation moderne un peu menue des modèles primitifs depuis longtemps détruits. L'ensemble ne manque pas d'un certain caractère. Au milieu de l'eau est le

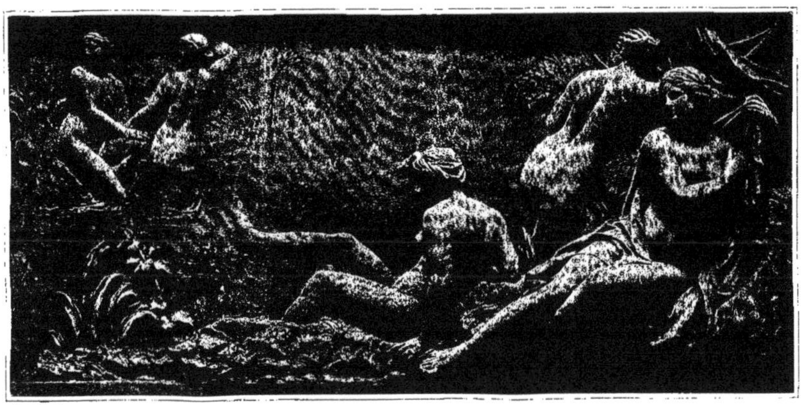

Photo Giraudon.

LA FONTAINE DU BAIN DES NYMPHES (partie droite)
Allée d'Eau
Bas-relief de plomb, par Girardon, sculpté en 1670

dragon aux ailes énormes éployées, que montrent les estampes et les tableaux, et dont le milieu du corps, avec ses traces de dorure, est encore l'ancien plomb de Gaspard Marsy. Il représente, dans les jardins de Louis XIV, le serpent Python, dont Apollon fut vainqueur. Le monstre, serré de près par les dauphins, se dispose au combat, la tête renversée, la gueule ouverte, les griffes en dehors. Des enfants montés sur des cygnes dirigent vers la bête mythologique leurs arcs bandés.

Cette restitution d'un ensemble disparu, due à M. Tony Noël, est contemporaine de la grande réfection du Bassin de Neptune, dont l'achèvement coïncida avec les fêtes du centenaire des États Généraux réunis à Versailles en 1789.

Le 5 mai 1889, les eaux du Dragon et de Neptune jouèrent devant le président Carnot, comme elles avaient joué jadis pour le Grand Roi ; les puissantes canalisations retrouvées, réparées, rétablies par les ingénieurs modernes, qui se gardèrent d'y rien ajouter, avaient permis ce miracle. Et depuis, les eaux de l'immense bassin, avec leurs cent neuf jets de forme et de hauteur diverses, sont redevenues ce qu'elles étaient autrefois, c'est-à-dire la plus importante partie des jeux d'eaux de Versailles, le principal attrait pour les foules et aussi pour quelques raffinés amateurs de ce noble spectacle.

Le Bassin de Neptune garde toute sa valeur décorative, même quand les eaux n'en viennent point animer les vastes lignes. Le Nôtre a donné le modèle de ce bassin et Mansart a surveillé la plus grande partie de sa construction. Tout d'abord, la seule beauté de l'immense vasque résida dans la ligne heureuse qui la dessinait. Sa forme de théâtre antique est à peu près la même de nos jours ; la rectification du mur de soutènement, exécutée par Gabriel sous Louis XV, n'a presque rien changé à la conception première. Elle se présente à nous, après sa restauration définitive, dans une unité merveilleuse. Le décor Louis XV, plus mol et plus gracieux que celui de Louis XIV, s'harmonise cependant à l'ensemble majestueux. Les effets d'eau sont admirables et les plus élevés atteignent vingt et un mètres.

Dès l'origine, l'ornementation en fut arrêtée ; le Roi désirait consacrer cette pièce d'eau à Neptune, dieu des eaux marines. L'état médiocre des finances royales, au moment de la guerre de la Ligue d'Augsbourg, empêcha la réalisation des projets. Ils devaient être repris sous Louis XV, et si hardiment menés, qu'ils ont fini par nous donner la plus colossale et la plus heureuse décoration de plomb qui existe. Sans nul doute, on avait ici, comme partout dans le parc, couvert le métal de la mixture dorée qui en augmentait l'effet ; cet éclat lui manque de nos jours, et le plomb restauré, que le temps n'a point encore honoré de sa patine, reste un peu sourd et ne produit point toute l'impression que les artistes rêvaient pour lui. Mais sa valeur décorative est telle qu'elle résiste aux conditions mauvaises où nous la goûtons aujourd'hui.

Pour en bien juger, il faut contourner la vaste nappe et se placer au renflement du bassin, le regard tourné vers le Château. Le décor se déroule par-dessus le Bassin du Dragon, à travers l'Allée d'Eau, bordée de ses grands arbres, pour arriver à la Pyramide qui dresse, tout au fond, son élégant bouquet.

La tablette du bassin est bordée d'un chéneau d'où s'élancent vingt-trois jets d'eau ; la tablette supporte onze vases de plomb répétés en double, à droite et

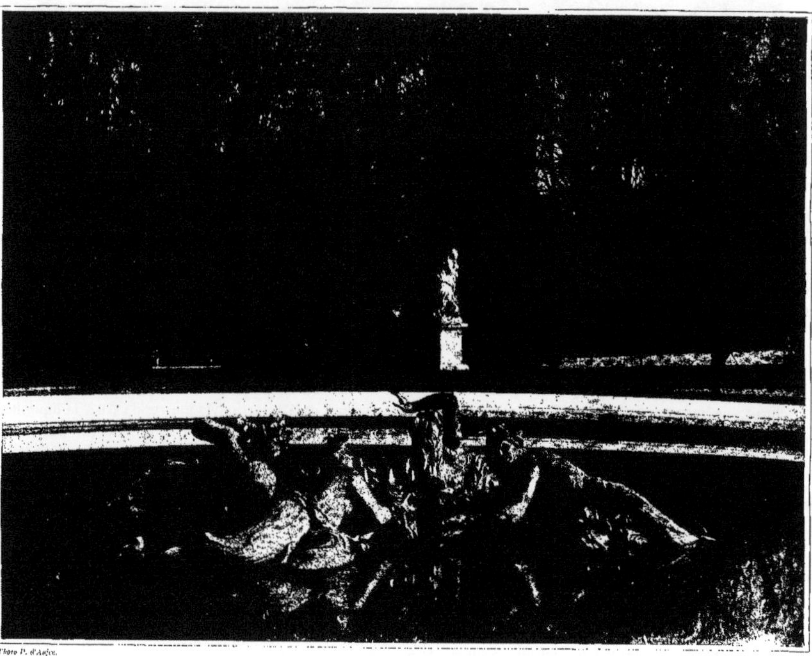

Photo P. d'Anjou.

TRITONS ET SIRÈNES
Bassin du Parterre du Nord
Groupe de plomb d'après Tubi et Le Hongre

à gauche de la décoration du milieu, où sont représentés Neptune et Amphitrite.

Le dieu et la déesse des Mers sont assis dans une grande conque de style rocaille. Ils sont accompagnés de néréides, de tritons, d'animaux marins. Le groupe est d'un beau mouvement de vigueur et de mollesse mêlées. La peau d'un monstre marin d'où sort par la gueule une belle nappe d'eau, sert de fond aux figures. Neptune, presque nu et d'une fière allure, brandit son trident et semble commander aux flots. A sa droite, Amphitrite, gracieusement étendue, reçoit des mains d'une naïade une branche de corail, qui représente « les richesses de la mer ». Un enfant est près d'elle. A la droite du dieu se cabre un cheval que dompte un triton ; une vache marine est à l'autre bord du rocher. Le plateau est soulevé par trois monstrueux

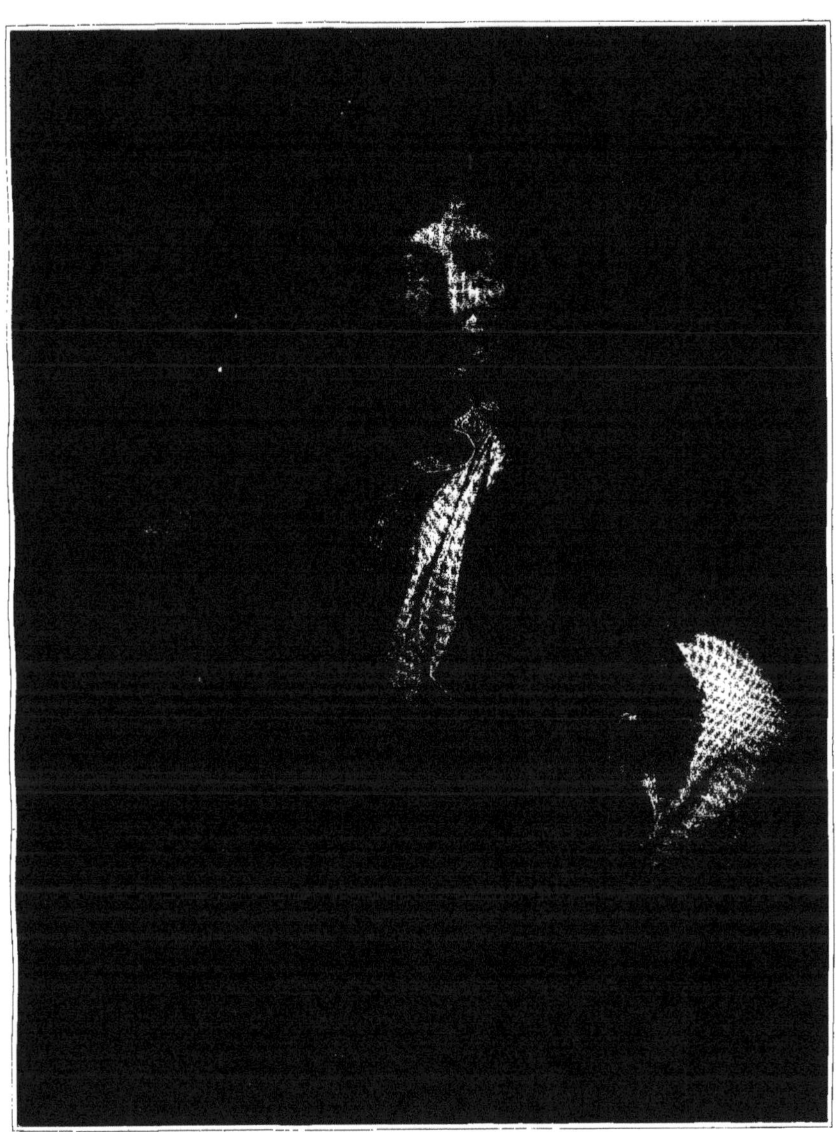

FRANÇOIS GIRARDON, SCULPTEUR DU ROI (1627-1715)

Peinture de l'École de Le Brun

dauphins. Et voici un triton encore qui sonne de la conque, pour annoncer à travers les eaux le passage du roi des Mers.

Adam, l'aîné, a donné ce morceau de sculpture d'une heureuse ordonnance, d'une vivante composition, qui s'anime surtout sous les grands jets qui l'inondent. Il est signé dans le plomb : *Sigisbert Adam natu maior invenit et fecit, 1740*. Telle est la date de l'installation des groupes du bassin.

Sur le plateau de droite est une œuvre de Jean-Baptiste Lemoine, signée et datée également de 1740. L'artiste a créé une fort noble image de l'Océan dans le jeune dieu nu, de beauté virile et gracieuse, assis et étendu sur un monstre marin. Le grand coquillage sur lequel ils reposent laisse passer sous ses rebords des monstres à la gueule ouverte, troupeau de Neptune dont Protée a la garde. Des roseaux ornent la conque posée sur un rocher.

Sur le plateau de gauche est Protée, modelé par Bouchardon en 1739 (*Edmundus Bouchardon faciebat anno 1739*). La figure est couchée sur une monstrueuse licorne. Tout autour du beau vieillard se voient des plantes marines, des poissons et un serpent qui dévore une écrevisse.

Aux deux extrémités du bassin sont deux dragons géants chevauchés par deux Amours. Ces groupes sont aussi de Bouchardon ; et déjà les petits enfants ailés diffèrent de leurs frères du Parterre et de l'Allée d'Eau. Pour colossaux qu'ils soient, ils ont plus de grâce maniérée, plus de coquetterie dans le geste, et cette expression fine et entendue que le XVIIIe siècle prête même à l'enfance. Les monstres grimaçants domptés par la simple écharpe qu'ont mise autour de leur col les mains potelées, se redressent, battent de la queue et semblent vouloir se débarrasser de leur monture ; mais les petits dieux se rient de leurs efforts et demeurent sur la bête en furie.

La tablette elle-même, toute en glaçons de marbre à l'intérieur, porte sous chaque vase des têtes de satyres et de faunes ; l'eau qui coule de leur bouche ouverte ruisselle dans la large coquille posée sur un rebord.

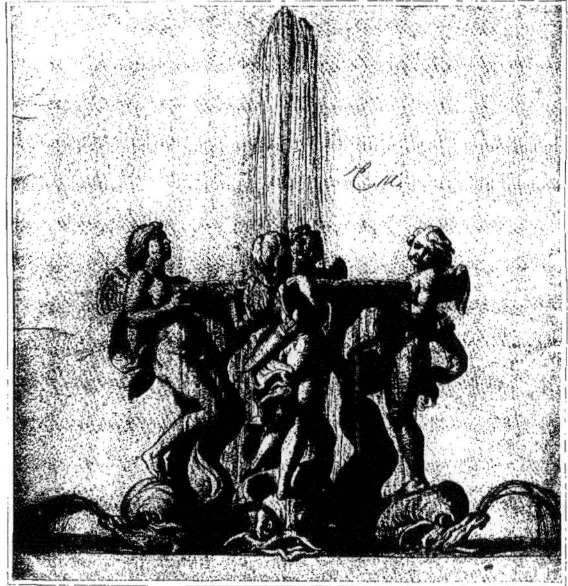

PROJET D'UNE FONTAINE : AMOURS SUR DES DAUPHINS
Dessin de Charles Le Brun

Toute la décoration supérieure du bassin est de l'époque Louis XIV. Les vingt-deux vases de plomb qui la constituent ont été placés presque dès l'origine. Ils sont naturellement répétés deux par deux. Ce sont de magnifiques morceaux fort bien restaurés, qui donnent l'impression d'une grande variété, surtout à cause des anses d'une ligne entièrement différente pour chaque paire. Les unes sont formées de rinceaux, les autres de serpents enlacés ; ici se tordent des volutes portant des lézards ; là, des écrevisses géantes s'arc-boutent sur leur queue d'écailles.

Sur le corps des vases se dessinent des têtes de monstres, de faunes, de tritons, le tout entouré de fleurs, de roseaux, de conques, de poissons. Quelques-uns ont des bas-reliefs représentant des scènes marines. Celui-ci porte, d'un côté, une nymphe

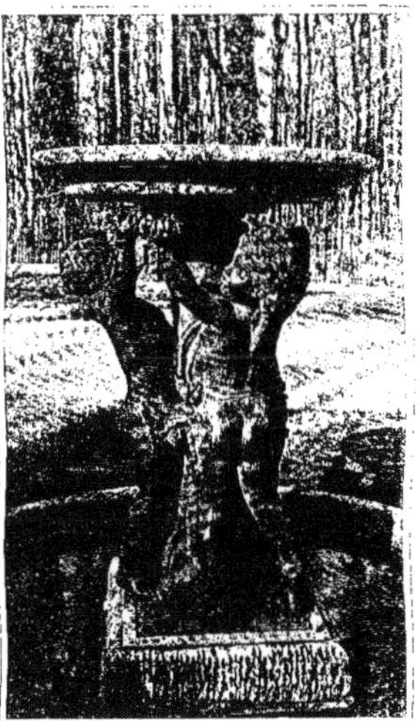
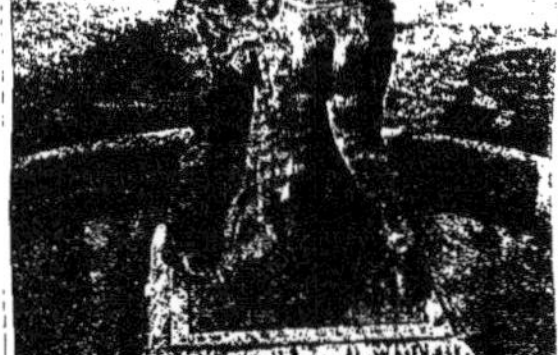
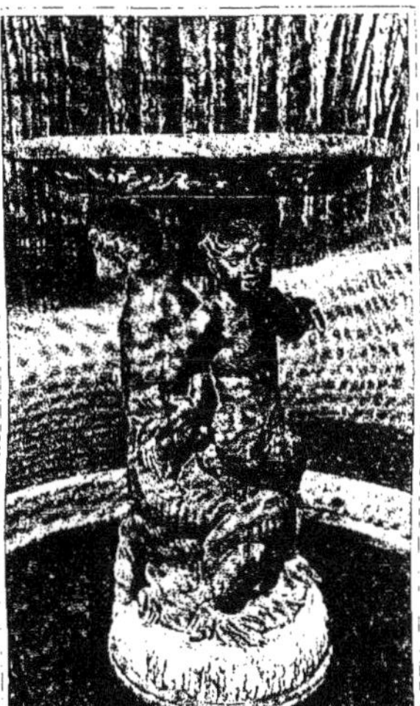
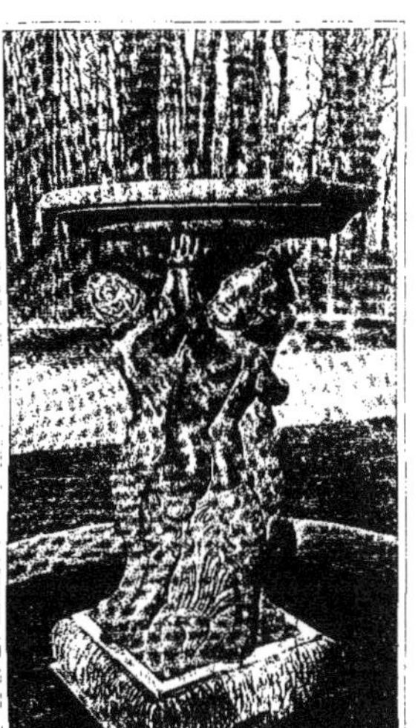

Photos P. d'Aujee.

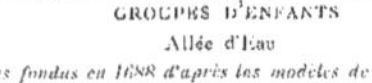
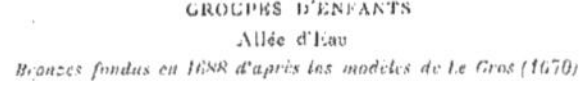

GROUPES D'ENFANTS

Allée d'Eau

Bronzes fondus en 1688 d'après les modèles de Le Gros (1670)

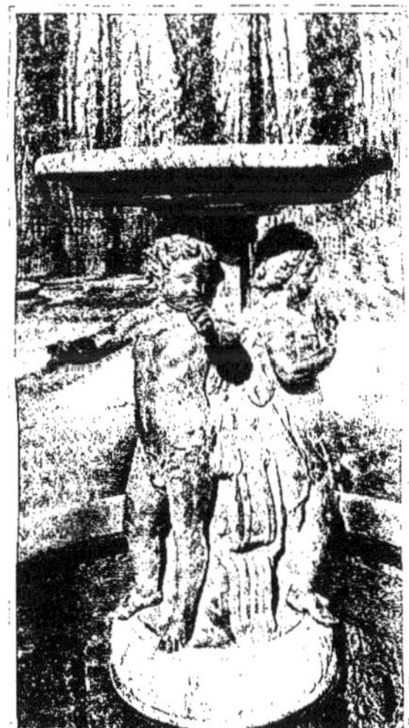
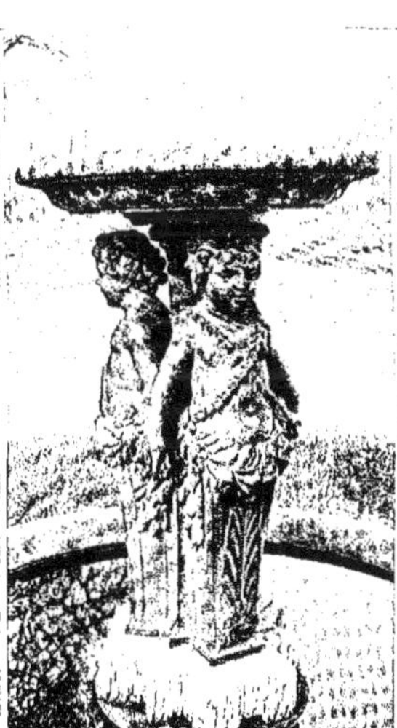
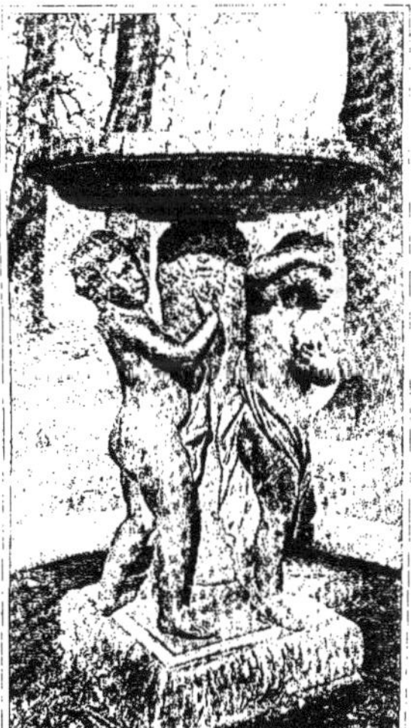

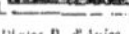

Photos P. d'Aujee.

GROUPES D'ENFANTS

Allée d'Eau

Bronzes fondus en 1688 d'après les modèles de Lerambert (1670)

qui joue avec des serpents et s'appuie sur un dauphin ; de l'autre, une naïade qui caresse un cheval marin, tandis qu'autour d'elle des enfants chevauchent des dauphins.

Sur un autre vase se voient des femmes montées sur des monstres de la mer ; et encore, sur une urne élancée, des cygnes qui cherchent à boire l'eau tombant du macaron.

Ainsi se complète la décoration de la grande pièce d'eau, quand elle reste au repos, encadrée de ses feuillages séculaires, magnifique et noble à tout moment et toujours évocatrice de la majesté du grand siècle. Mais il convient de la voir vivre de la vie que ses créateurs ont rêvée pour elle. Quand elle s'anime pour une heure, le jour des Grandes Eaux et quand tous les jets s'élancent à la fois, le bassin de Neptune a tout l'éclat d'une féerie.

Entourant la partie circulaire du bassin, une rangée régulière d'arbres limite le parc. A leur ombre se dressent trois grands marbres lumineux. L'une des statues colossales, mises à l'échelle des grandes lignes de cette partie du parc, est celle de Faustine, fille d'Antonin et femme de Marc-Aurèle. On ne voit pas l'intérêt qu'offre ici cette impératrice, dont le seul mérite, aux yeux de la postérité, est d'avoir exercé, par son libertinage, la philosophie stoïcienne de son époux. L'œuvre, copiée à Rome par Frémery, n'a dû être acceptée ici que pour sa valeur décorative. L'autre

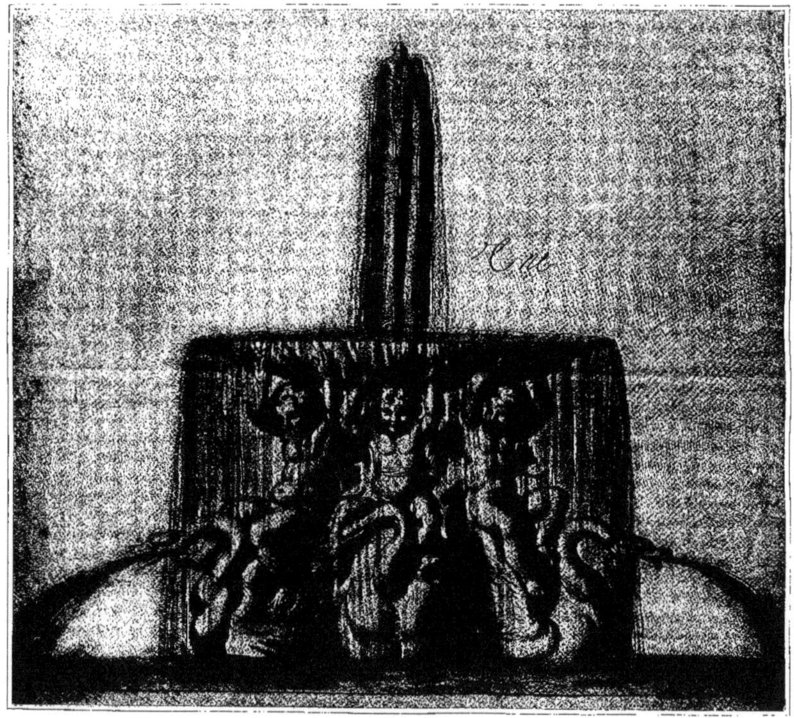

PROJET D'UNE FONTAINE : AMOURS SUR DES CYGNES

Dessin de Charles Le Brun

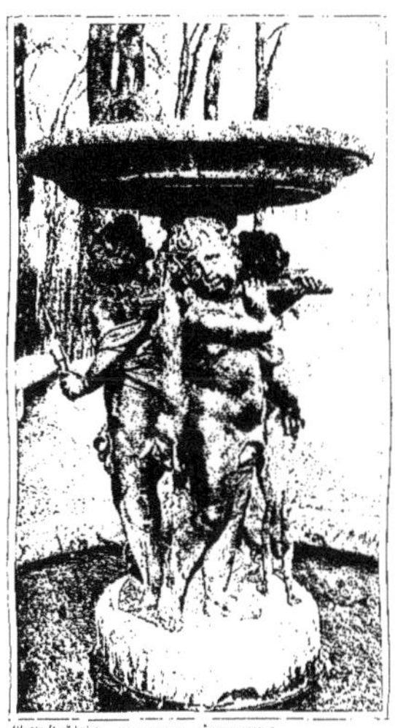

Photos P. d'Anjou.

GROUPE D'ENFANTS
Allée d'Eau
Bronze (1688) d'après Mazeline (1678)

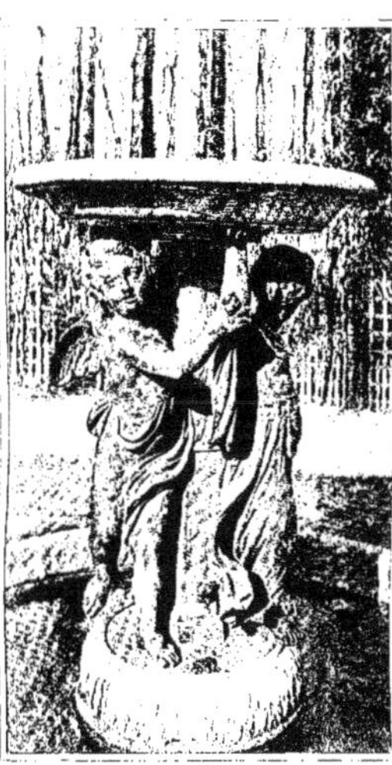

GROUPE D'ENFANTS
Allée d'Eau
Bronze (1688) d'après Buirette (1678)

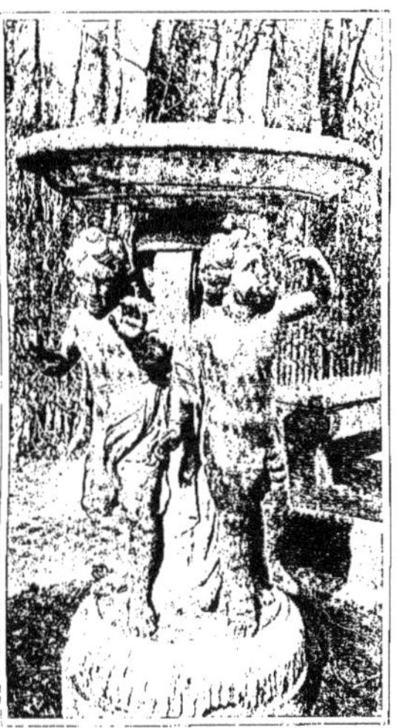

GROUPE D'ENFANTS
Allée d'Eau
Bronze (1688) d'après Buirette (1678)

statue, également copiée de l'antique par Lespingola, représenterait, sous une forme pleine de noblesse, cette Bérénice, fille du roi de Judée, qui aima son frère Agrippa et dont la beauté troubla Titus lui-même. Les anciens visiteurs se plaisaient à saluer en cette image une des héroïnes du théâtre de Racine.

Au centre, un groupe célèbre, placé en cet endroit en 1702 seulement, figure la « Renommée du Roi », sous la forme d'une femme qui écrit la vie de Louis XIV dans le livre de l'Histoire, soutenu par le Temps.

Le Temps est un vieillard agenouillé, à longue barbe, écrasé sous le poids des tablettes. La Renommée a les ailes déployées, les yeux au ciel, l'air inspiré.

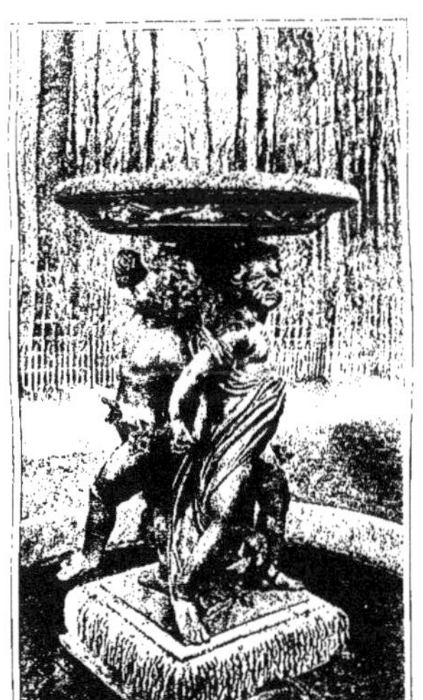

Photos P. d'Anjou.

GROUPE D'ENFANTS
Allée d'Eau
Bronze (1688) d'après Le Hongre (1670)

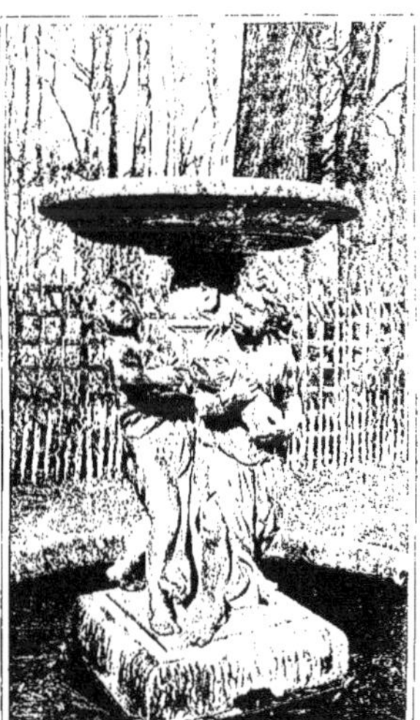

GROUPE D'ENFANTS
Allée d'Eau
Bronze (1688) d'après Mazeline (1678)

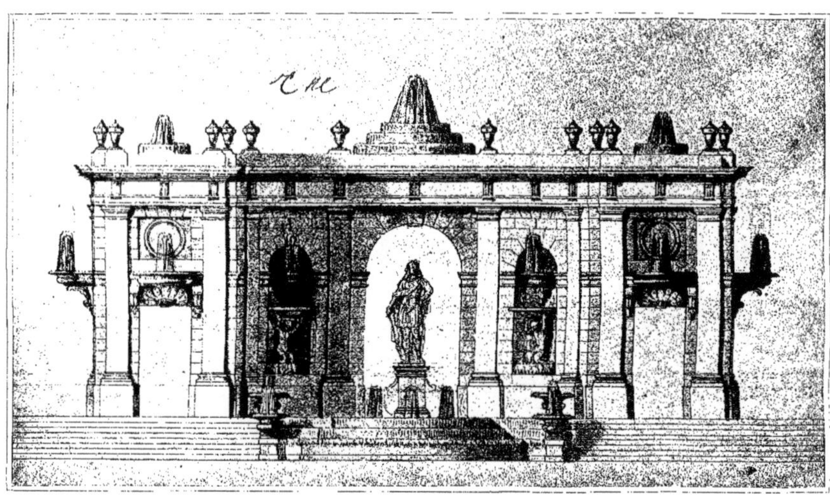

PROJET DE FONTAINE ARCHITECTURALE ENCADRANT UNE STATUE DU ROI LOUIS XIV
Dessin de l'atelier de Mansart

Sur sa tête petite, les cheveux se relèvent, noués au-dessus des bandeaux. Sa main gauche retient le portrait de Louis XIV ; ce sont bien les traits du monarque avec son long nez accentuant le profil et la lourde perruque bouclée qui encadre son visage. Mais tout a été refait sous la Restauration, le médaillon original, dû à Girardon, ayant été gratté en 1792, à l'époque où l'autorité révolutionnaire poursuivait et cherchait à proscrire de l'art les effigies royales. La jeune Renommée foule aux pieds l'Envie, dont le masque expressif est d'une vivante réalité ; celle-ci, d'une main décharnée, tire l'historienne par la robe pour l'empêcher d'écrire et déchire de ses dents un cœur qu'elle tient dans l'autre main. Parmi les trophées du socle, on remarque les médailles d'Alexandre, de César, de Trajan, les émules et les modèles du jeune monarque français, à l'époque où il commandait en Italie, par les soins de Colbert, le marbre monumental destiné à représenter sa gloire.

Ce groupe, dont le dessin était de Le Brun, fut exécuté à Rome et achevé en 1686 par Domenico Guidi, un des meilleurs sculpteurs de l'Italie du *seicento*. L'ouvrage est, à coup sûr, important ; mais la composition reste lourde et massive ; elle « tourne » médiocrement ; elle est même un peu confuse et manque de cette simplicité harmonieuse que les sculpteurs français de la même époque savaient mettre dans leurs œuvres allégoriques. Un tel marbre et aussi la fameuse statue équestre du Bernin, reléguée par le goût choqué de Louis XIV à l'extrémité de la pièce d'eau des Suisses, fournissent la meilleure comparaison et la plus instructive, et laissent juger dans quelles conditions « le sceptre des arts », comme on disait alors, fut arraché à l'Italie par la France de ce temps.

Au midi du Bassin de Neptune, de chaque côté de l'Allée d'Eau, se trouvaient le bosquet des Trois Fontaines et celui de l'Arc de Triomphe. Le premier, qu'animaient des chutes d'eau obtenues par la pente du terrain, est aujourd'hui entièrement détruit ; le second a gardé bien peu de chose des magnificences qui le rendaient fameux au temps de Louis XIV.

Il tirait son nom d'un arc tout en ferronnerie dorée, élevé à la renommée de Louis XIV, qui rappelait, dans les jardins de Versailles, l'arc de triomphe de la porte Saint-Antoine à Paris. Cette œuvre d'architecture était formée de trois portiques, qui faisaient aux eaux jail-

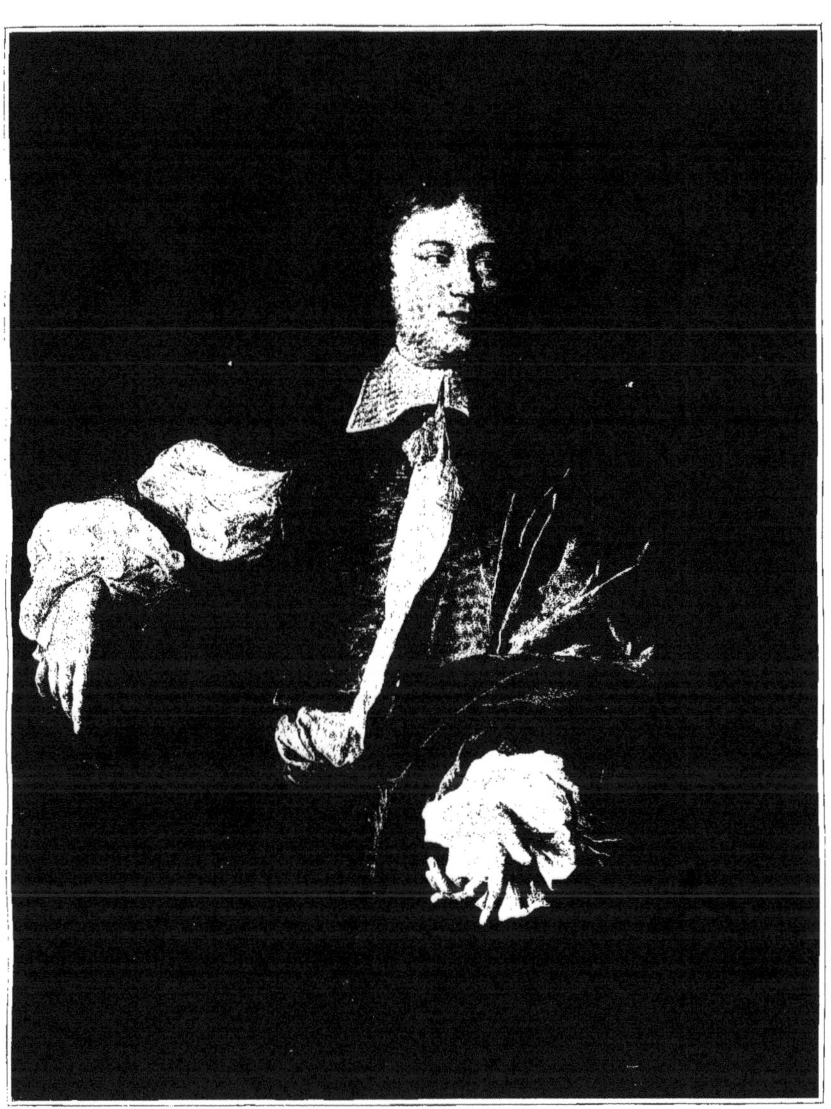

LOUIS LERAMBERT, SCULPTEUR DU ROI (1638-1670)
Peinture de N.-A.-S. Belle

lissantes un encadrement de marbre et d'or. Dans le bosquet, à droite et à gauche, des fontaines, dites de la Gloire et de la Victoire, étaient surmontées d'un génie tenant une couronne d'or. On admirait enfin ce groupe de la France triomphante, placé en face de l'arc de métal. Ce dernier morceau existe encore; il est le seul de l'ancien bosquet qui ait survécu à la destruction de l'ensemble, survenue en 1775, au moment du remaniement des jardins par les ordres de Louis XVI.

La fontaine de la France triomphante, restaurée de nos jours, occupe la même place qui lui fut donnée autrefois; mais elle n'est plus dorée comme elle l'était, alors qu'elle contribuait, avec les motifs variés de l'ancienne décoration, à la splendeur surprenante du bosquet.

La France est assise dans un char posé sur des degrés de marbre blanc. Le long manteau royal jeté sur une épaule traîne à ses côtés; elle porte sur son bouclier la devise de Louis XIV, un soleil. Elle s'appuie sur une lance terminée en fleur de lis; autour d'elle sont épars des trophées et des attributs guerriers; enfin son casque est relevé d'un coq pour cimier; c'est le vieil emblème national, qu'on a déjà pu voir placé de même au bas-relief du vase de Coyzevox et qu'on retrouve dans maint détail de la décoration intérieure du Château.

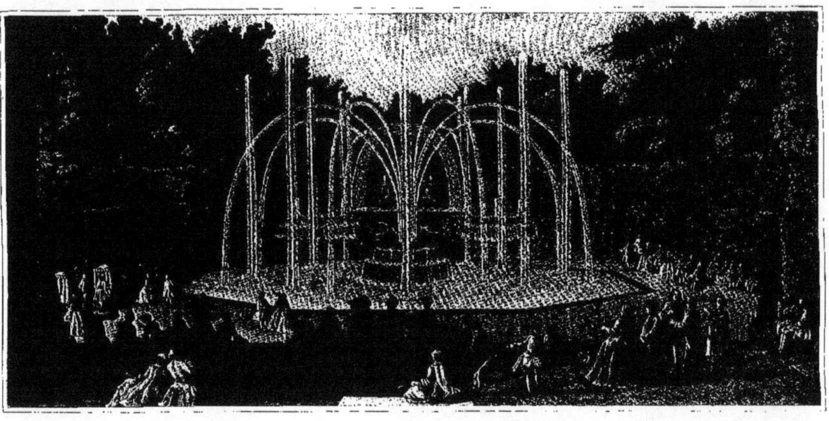

LE BOSQUET DES TROIS FONTAINES
Estampe de J. Rigaud

Quoique cette figure soit sévère et majestueuse, Tubi cependant lui a donné la grâce qui caractérise toutes celles qu'il a modelées. Ainsi a-t-il fait pour l'Espagne, représentée par un jeune homme assis sur un lion et qui se trouve à droite du char victorieux. On remarque en lui la tête ronde et bouclée des statues de Tubi; le corps aux membres souples et arrondis n'est couvert que d'une simple écharpe. Sa pose est abandonnée sur la croupe du lion couché; sa main est crispée sur l'étoffe; sa tête est renversée et ses yeux tristement interrogent l'horizon; près de lui gisent des casques, des haches, des boucliers.

Un grand vieillard accablé, représentant l'Empire vaincu comme l'Espagne, est assis sur les ailes d'un aigle. Malgré l'excès de la restauration, l'œuvre reste de Coyzevox par son expression vigoureuse. L'homme laisse tomber la tête sur sa poitrine; sa jambe est repliée sous lui, ses mains sont inertes; çà et là sont jetés des armures et des trophées.

Au bas des degrés, une hydre à trois têtes semble expirante; elle complète l'œuvre et symbolise la désunion de la Triple Alliance. N'oublions pas, en effet, que le bosquet de l'Arc de Triomphe a été aménagé à partir de 1678, année glorieuse de la paix de Nimègue.

L'ensemble de cette composition, un peu massif peut-être, et que la dorure allégeait sans doute, garde cependant une allure très noble. Le modèle général avait été payé à Tubi en 1681 et, bien qu'il y ait fait

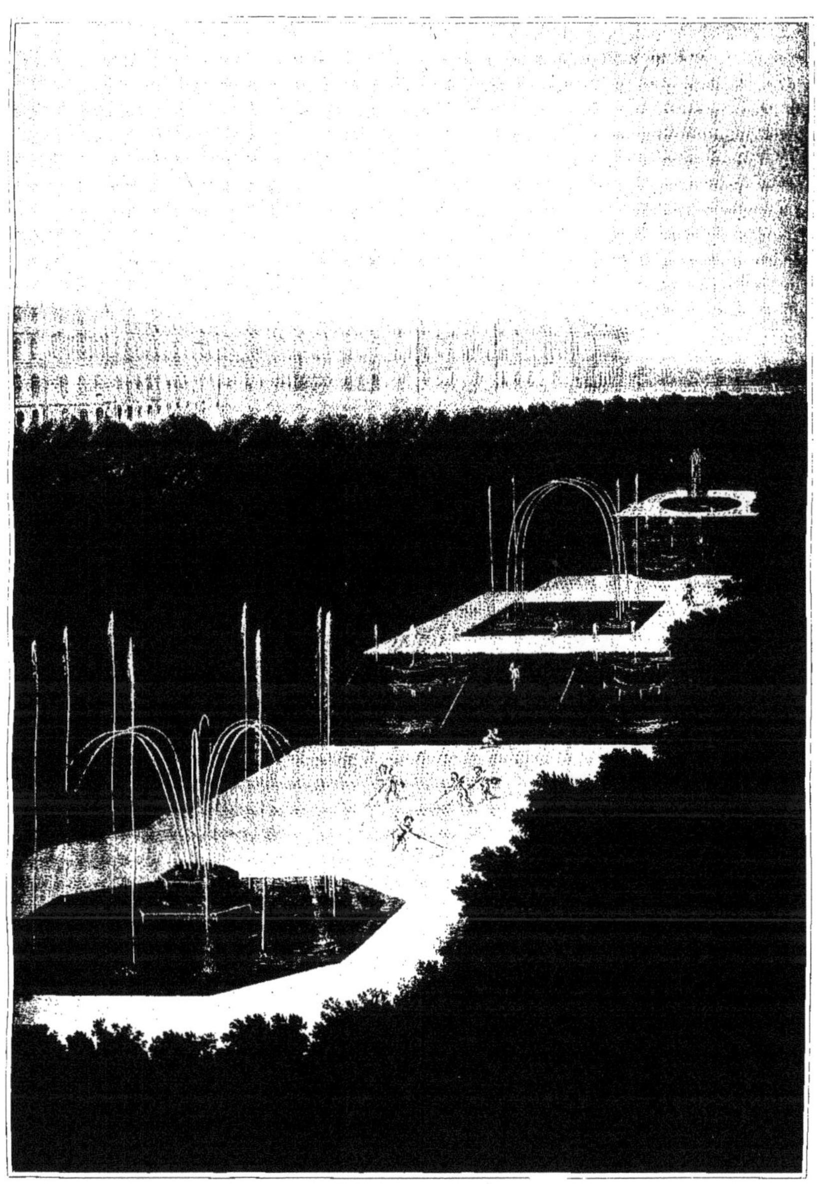

UN BOSQUET DÉTRUIT : LE BOSQUET DES TROIS FONTAINES

Peinture de Jean Cotelle

travailler Coyzevox et aussi le sculpteur Prou, dont la part de travail reste incertaine, c'est lui qui doit en garder le principal mérite.

Le bosquet ayant perdu sa décoration première, on lui en a donné une nouvelle, en y réunissant des objets d'art de diverse provenance qu'il était intéressant de conserver et de présenter en plein air. Deux jolies statues y ont été transportées ; elles furent, à l'origine, en ce fameux Labyrinthe de Versailles, détruit, au temps de Louis XVI, parce qu'il tombait en ruine, et où se trouvaient représentées en groupes de plomb les principales fables d'Ésope.

Ces deux figures, *l'Amour* et *Ésope,* dont le plomb conserve encore quelques traces des couleurs qui le revêtaient jadis, accueillaient autrefois les visiteurs à l'entrée du Labyrinthe.

L'Amour qui tient le fil d'Ariane est de Tubi ; sa grâce d'adolescent est toute féminine ; ses longues ailes déployées ont la douceur des plumes ; il porte en bandoulière le carquois meurtrier. Ses doigts dévident le peloton qui roule dans sa main gauche ; une simple écharpe entoure son corps charmant. La tête ronde et frisée a gardé sa finesse, malgré l'usure du métal, et le sourire a déjà quelque chose de cette mièvrerie séduisante qui caractérisera l'enfant malin dans l'art du XVIIIe siècle.

En face du dieu enchanteur est la figure d'Ésope, d'une laideur expressive, par Le Gros. Ce marbre est d'un plein réalisme, d'une originalité et d'un accent inattendus, au milieu de la beauté apprêtée de toutes les statues du parc. Le Phrygien est coiffé d'un bonnet, les chausses sont défaites ; un manteau tombe des épaules ; le masque est franchement laid, la lèvre lippue ; mais il y a sur le front de cet être difforme la marque du génie. Dans une de ses mains, un papier se déplie ; de l'autre, il semble souligner ses paroles, car il parle et sa bouche est entr'ouverte : quelle est la fable qu'il récite avec cet air étrange et décevant ?

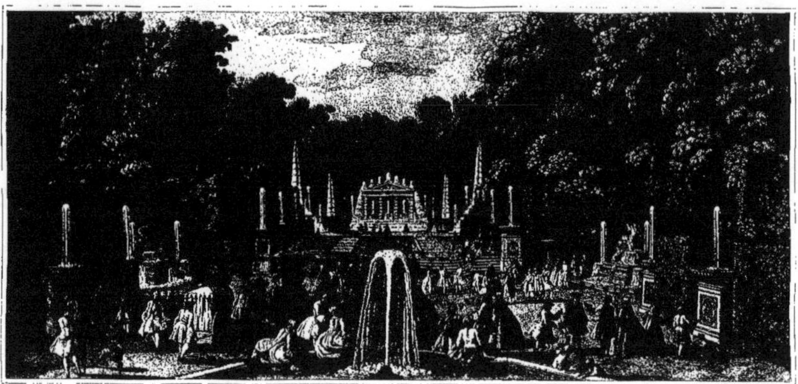

LE BOSQUET DE L'ARC DE TRIOMPHE
Estampe de J. Rigaud

Le long du bosquet sont quelques bustes nouvellement placés, copies de l'antique vraiment peu intéressantes : Alexandre, Rome, Diane, Minerve. Au milieu se trouve une statue de Méléagre avec le sanglier de Calydon. On a même utilisé ici les gaines de deux termes du monument funéraire du grand-prieur de Souvré !

Le bosquet de l'Arc de Triomphe conserve donc peu de chose de sa richesse d'autrefois ; mais il a mieux encore peut-être en cette parure que la nature, année par année, s'est chargée de lui offrir. Les grands arbres touffus penchent leur ombrage sur les bancs de pierre ; c'est un coin des jardins discret et silencieux.

A quelque distance de la pièce d'eau de Neptune,

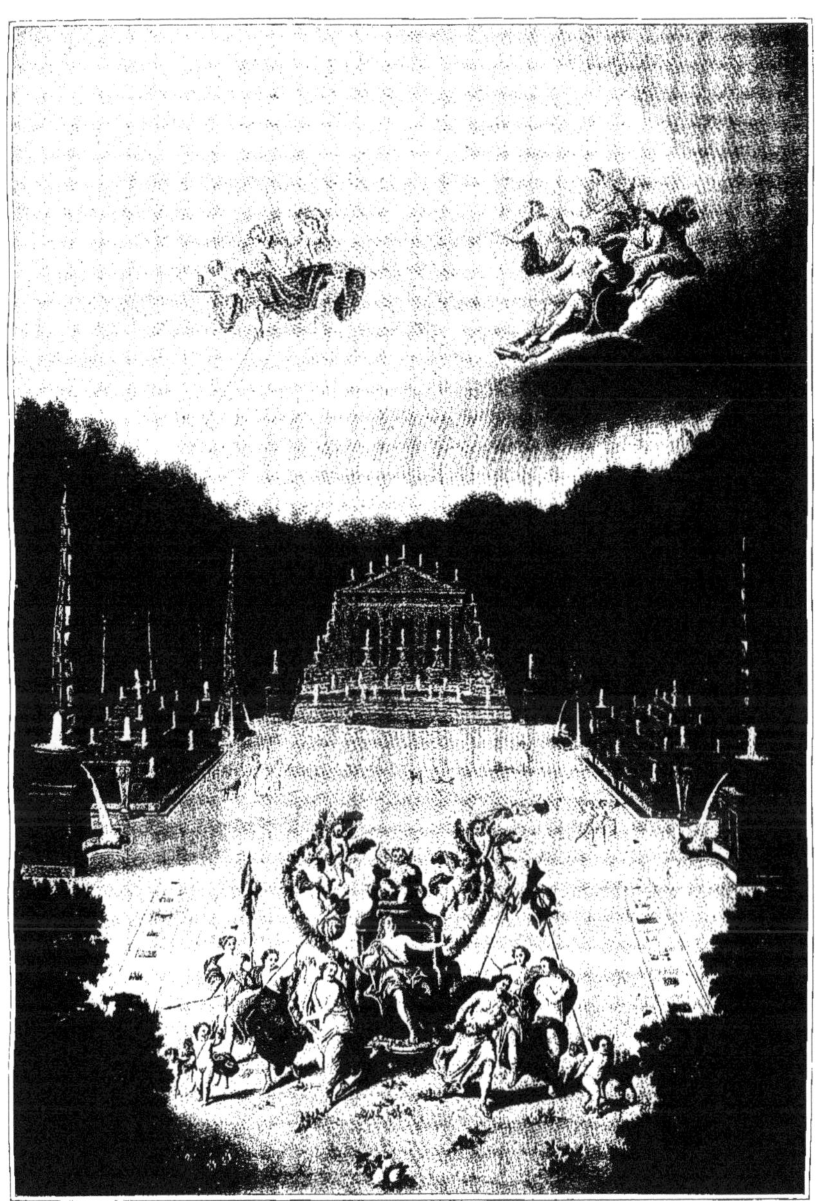

UN BOSQUET DÉTRUIT : LE BOSQUET DE L'ARC DE TRIOMPHE

Au premier plan, allégorie de la France triomphante

Peinture de Jean Cotelle

Le Nôtre avait dessiné avec un soin particulier le bosquet du Théâtre d'Eau ; c'était sans conteste le plus important par ses effets hydrauliques, et il tirait son nom de sa configuration. Il formait un grand espace rond divisé en deux parties : l'une, entourée de marches de gazon, servait d'amphithéâtre ; l'autre, élevée de trois ou quatre pieds, était la scène même. Trois allées s'en détachaient, d'une merveilleuse perspective, quand les jeux d'eau les plus variés s'y déployaient en allées, en gerbes ou en berceaux. On y voyait aussi des groupes de plomb doré, représentant sous des formes enfantines Jupiter, Mars, Plutus, et des Amours jouant avec un cygne, un griffon, un dauphin et une écrevisse de mer. De tant de fontaines et d'objets d'art qui ornaient ce lieu privilégié, tout a disparu aujourd'hui. Nous n'en possédons plus que des vues gravées ou peintes. Le Théâtre d'Eau, détruit au milieu du XVIIIe siècle, est remplacé par une simple

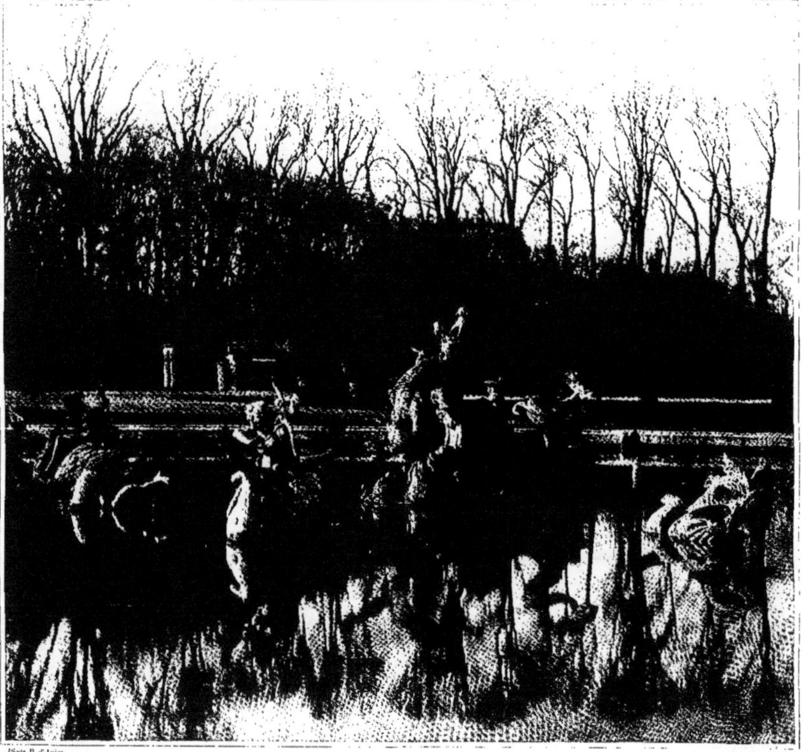

Photo P. d'Anjou.

LE BASSIN DU DRAGON

Sculpture de plomb reconstituée en 1889 par M. Tony Noël d'après les représentations anciennes

(Le corps du Dragon est par Gaspard Marsy)

cuvette gazonnée, le Rond-Vert, qui a son charme encore, tout environnée de grands arbres. Au détour d'une allée, pour égayer le silence et l'abandon, l'Ile des Enfants est demeurée.

Dans un bassin circulaire, un rocher s'élève où s'ébat une compagnie de bambins nus et potelés, riant parmi des roses. A droite et à gauche du principal groupe, deux petits Amours se sont jetés dans l'eau et nagent, délicieusement vivants. L'un, renversé, le buste et la jambe seuls émergeant du bain, répond au camarade qui l'interpelle ; l'autre, ses bras soulevés, tout étendu sur la nappe, semble regarder son image dans le reflet.

Et, dans l'île, six enfants sont disposés en corbeille.

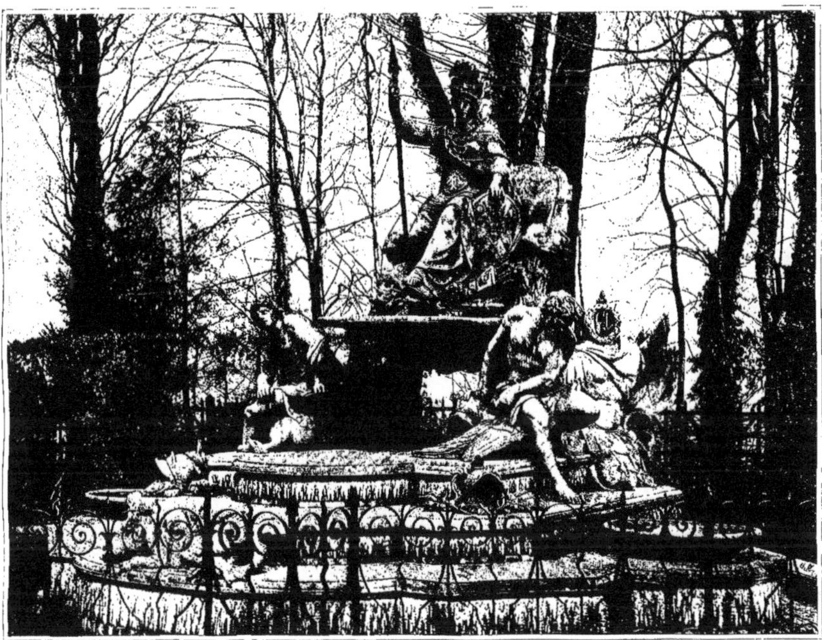

Photo P. d'Anjre.

FONTAINE DE LA FRANCE TRIOMPHANTE (LA FRANCE, L'ESPAGNE ET L'EMPIRE)
Bosquet de l'Arc de Triomphe
Sculpture de plomb achevée en 1683 sous la direction de Tubi, restaurée en 1883
(La figure de l'Empire est par Coyzevox)

Au milieu, dominant la scène, le plus beau du groupe est à genoux, tenant un nœud de ruban de sa main gauche et de la droite effeuillant une guirlande ; il sourit, amusé sous sa couronne, alors qu'à ses côtés un petit compagnon se penche, soulevant ses bras comme des ailes, pour le plaisir sans doute de battre l'air.

Aux extrémités de la rocaille, se faisant équilibre deux par deux, les autres enfants s'épanouissent comme des corolles. Leurs corps sont joints par le bas, tandis que s'écartent les têtes bouclées et rieuses. Les petits pieds frémissent sur le sol, les bras se courbent, les bustes se creusent de fossettes. C'est l'enfance heureuse et jolie, le sourire de ce bosquet désert et que l'on visite à peine, car beaucoup ignorent l'île fleurie des enfants joyeux.

On a ignoré aussi jusqu'à ce jour l'auteur de ce

chef-d'œuvre, éclos au seuil du XVIIIe siècle. Je puis le nommer avec certitude d'après les comptes du temps : c'est le bon maître Hardy, un des sculpteurs de l'admirable frise de jeux d'enfants, au Salon de l'Œil-de-Bœuf, qui a ajouté ce fleuron charmant au décor juvénile de Versailles.

Sur l'emplacement de l'ancien Théâtre d'Eau, ont été transportées quelques médiocres copies ou imitations de l'antique : Cérès, Pomone, un Faune dansant et une statue de la Santé. Du côté de l'Allée de Trianon, est un buste d'Adrien sur un admirable socle. A la sortie, par l'allée de Cérès, se voit le groupe de Ganymède et de l'aigle de Jupiter, copié par Joly pour le Roi, d'après l'antique de Florence. L'adolescent s'appuie sur l'oiseau royal, qui a ouvert ses grandes ailes pour envelopper le corps frêle à la ligne si pure. La tête de Ganymède est féminine ; les cheveux bouclés se couronnent de feuillage ; l'Olympe n'aura pas de dieu plus beau, et le nouvel échanson est digne de Jupiter. Le même antique se retrouve en une autre partie des jardins ; il était donc dans le goût de l'époque. Des générations toutes saturées de lectures grecques et d'éducation mythologique ne voyaient aucun inconvénient à multiplier ces images qu'un autre temps eût déclarées choquantes.

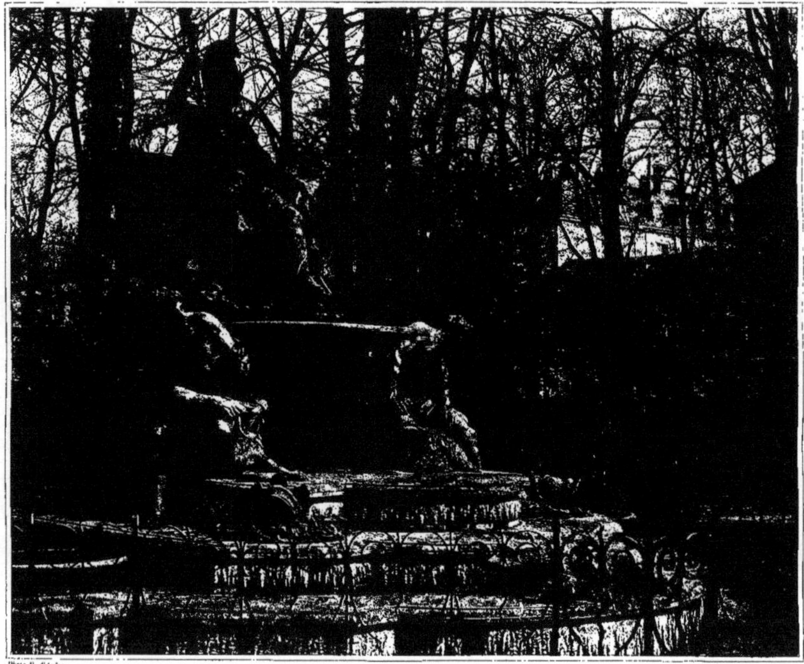

Photo P. d'Aujec.

FONTAINE DE LA FRANCE TRIOMPHANTE (LA FRANCE, L'ESPAGNE ET L'EMPIRE)
Bosquet de l'Arc de Triomphe
Sculpture de plomb achevée en 1683 sous la direction de Tubi

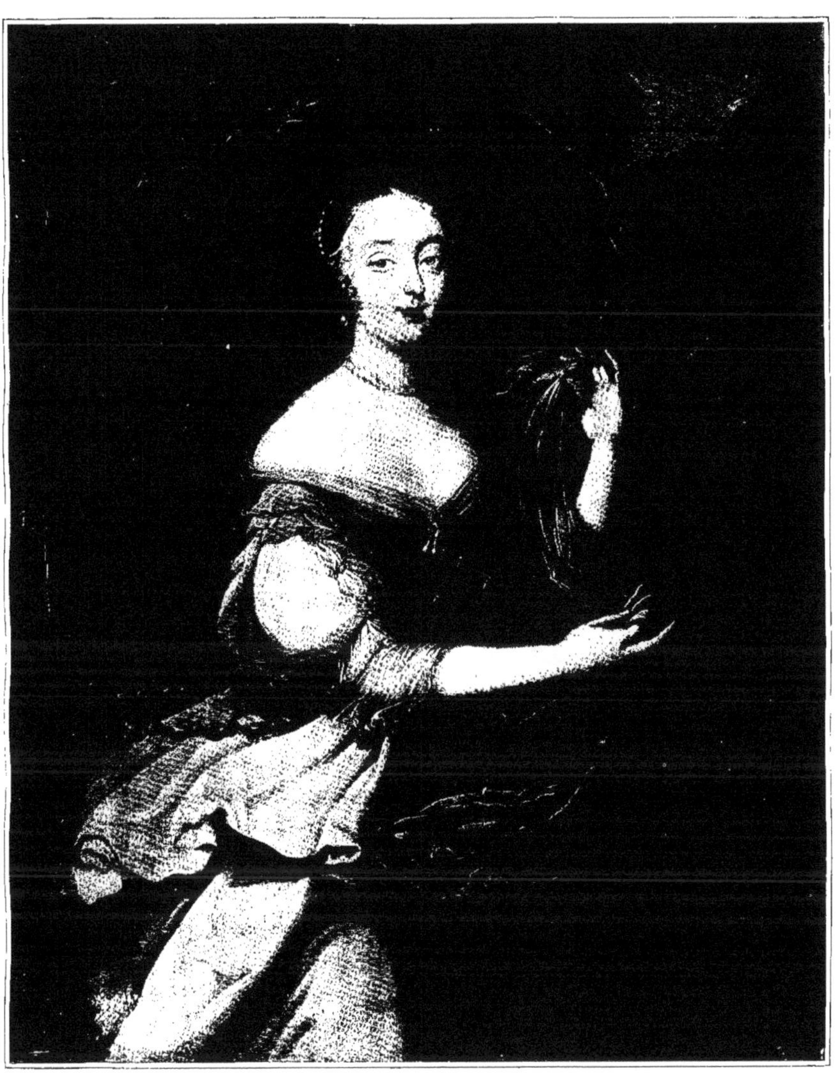

FRANÇOISE-ATHÉNAÏS DE ROCHECHOUART, MARQUISE DE MONTESPAN (1641-1707)
Peinture de l'École de Mignard

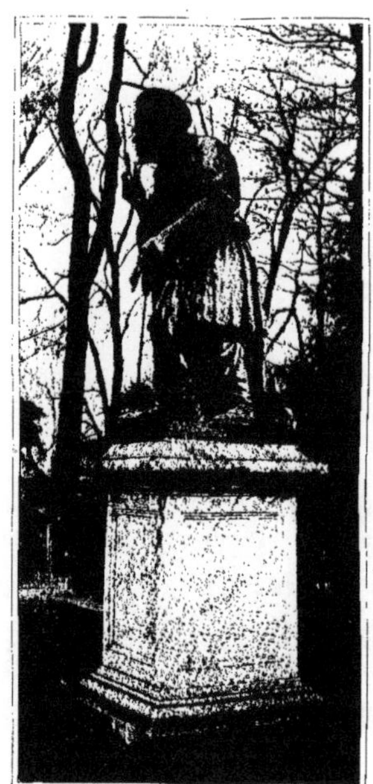

Photo P. d'Aujoc.
ÉSOPE LE PHRYGIEN
Jadis à l'entrée de l'ancien Labyrinthe, aujourd'hui au Bosquet de l'Arc de Triomphe
Figure de plomb par Le Gros (1673)

Le bosquet actuel des *Bains d'Apollon* ne date que de 1778; il a remplacé les deux bosquets du Dauphin et des Bains d'Apollon qui existaient sous Louis XV. Le second avait lui-même succédé, à la fin du règne de Louis XIV, au curieux bosquet primitif du Marais. C'est à ce moment que furent transportés, dans cette partie du jardin, le groupe d'*Apollon servi par les Nymphes*, qui avait été jadis, aux premiers temps de Versailles, l'ornement principal de la fameuse grotte de Téthys.

Après la destruction de cette grotte, le groupe d'Apollon et les chevaux du Soleil qui l'accompagnaient furent d'abord installés au bosquet des Dômes, que nous visiterons dans le bas des jardins. Ils y restèrent jusqu'en 1704, année où fut créé le premier bosquet des *Bains d'Apollon*. On les plaça sous des baldaquins dorés d'une certaine richesse décorative, que montrent les anciennes représentations, mais qui cependant ne furent jamais regardés que comme un abri provisoire. Le goût ayant changé au cours du siècle et le remaniement du parc ayant commencé avec le règne de Louis XVI, Hubert Robert dessina ici un fort beau jardin « anglais », au milieu de la création de Le Nôtre, et il imagina, pour y conserver les marbres anciens, une nouvelle et ingénieuse grotte de Téthys.

Elle est loin du goût louisquatorzien, cette grotte d'un pittoresque inattendu. Le bosquet de verdure, à l'ombre des grands arbres qui l'encerclent, offre un lieu de fraîcheur et de surprise, qui repose agréablement des aspects ordonnés et majestueux du reste des jardins.

La grotte, tout au fond, se dresse, creusée en haute arcade que soutiennent des colonnes qui semblent taillées dans le roc. De tous côtés, des arbres l'entourent. Au bas est une nappe d'eau envahie par des plantes aquatiques qui montent jusque sur les bords du rocher. A l'entrée de la mystérieuse retraite, dont la sombre profondeur fait ressortir le blancheur des marbres, Hubert Robert a disposé le groupe harmonieux d'Apollon et des Néréides.

Le dieu du Soleil, fatigué de la course du jour sur son char de lumière, vient se reposer chez la déesse des Mers. Les filles de Téthys s'empressent autour du glorieux fils de Latone, le baignent et le parfument.

Il est assis au milieu d'elles, abandonnant son jeune corps aux soins des mains diligentes. Sa tête fine et altière a de longs cheveux, que des fleurs couronnent. Son profil rappelle celui du Grand roi. Il appuie son bras sur la lyre et, avec grâce et nonchalance, tend sa main vers une nymphe pour qu'elle répande sur ses doigts le

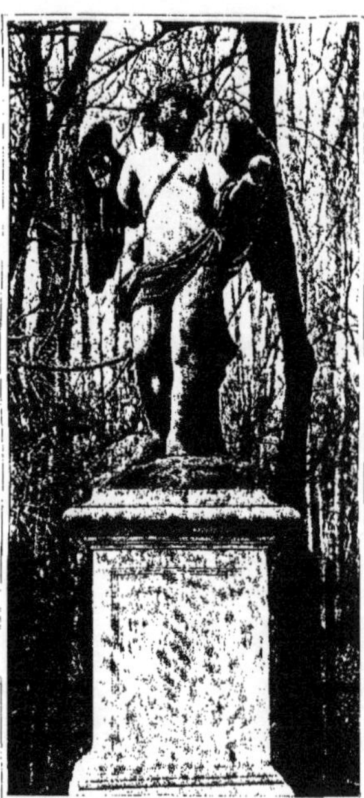

Photo P. d'Aujoc.
L'AMOUR TENANT LE FIL D'ARIANE
Jadis à l'entrée de l'ancien Labyrinthe, aujourd'hui au Bosquet de l'Arc de Triomphe
Figure de plomb par Tubi (1673)

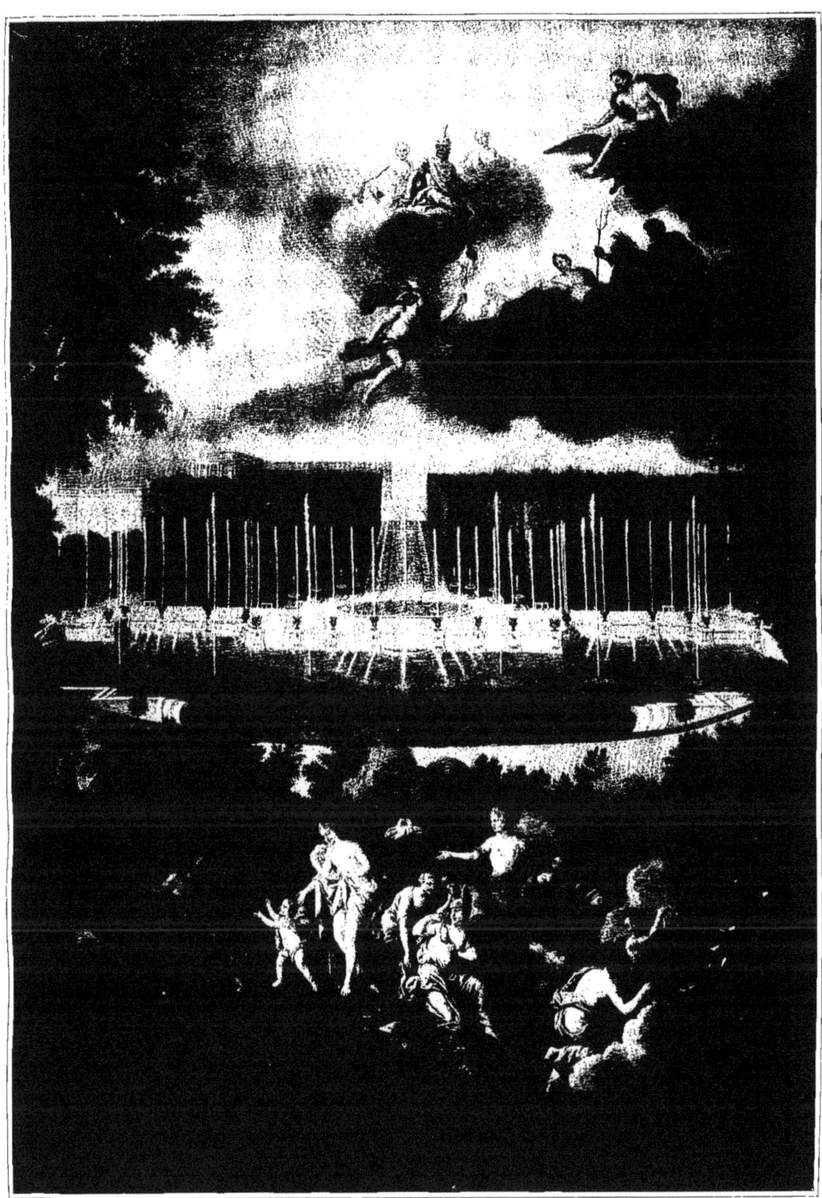

LE BASSIN DE NEPTUNE AU TEMPS DE LOUIS XIV

Au premier plan, scène mythologique représentant le Jugement de Pâris

Peinture de Jean Cotelle

parfum du flacon qu'elle incline. Elle est debout, à peine vêtue, montrant l'adorable rondeur d'un sein découvert, d'une épaule tombante et d'un bras élégant. Le petit visage est plein de noblesse ; ses lourds cheveux la coiffent en boucles ; de la main gauche, elle soutient un bassin où s'égoutte l'huile parfumée. C'est la plus jolie peut-être parmi ses gracieuses compagnes. Elles sont six filles de la Mer entourant Apollon : trois sur le premier plan, devant le jeune dieu, et trois plus en arrière encadrant la scène. Girardon est l'auteur principal du groupe, et la maîtrise du célèbre sculpteur n'a jamais surpassé tant de souplesse et de naturel. On lui doit, avec l'Apollon et la parfumeuse, les deux Néréides à genoux qui baignent et essuient les pieds divins.

L'une, d'un lent geste soumis, se penche avec un linge dans les mains. Son corps a cette ligne infléchie, si doucement caressante, des femmes inclinées qui prient. De sa taille à ses pieds, sa robe s'enroule en nombreux plis. Le buste se dégage nu et charmant, et montre la gorge délicate, le bras arrondi et le dos qu'effleure une longue boucle échappée. Sa petite tête, à l'expression candide, est coiffée de nattes qui se nouent sur les bandeaux ; elle est toute à son travail de servante amoureuse.

En face d'elle et sur la même courbe est celle qui verse l'eau dans le bassin ciselé. Elle repose sur un genou ; l'autre jambe est redressée et la robe retroussée retombe en draperie. La main gauche soutient l'anse de l'aiguière, sur laquelle est représenté un épisode glorieux pour Louis-Apollon, le passage du Rhin. La jeune fille détourne la tête ; sa nuque étroite est surchargée de lourdes boucles ; on aperçoit, exquise, la ligne qui va de l'épaule à la hanche ; en un si vivant morceau, le marbre palpite.

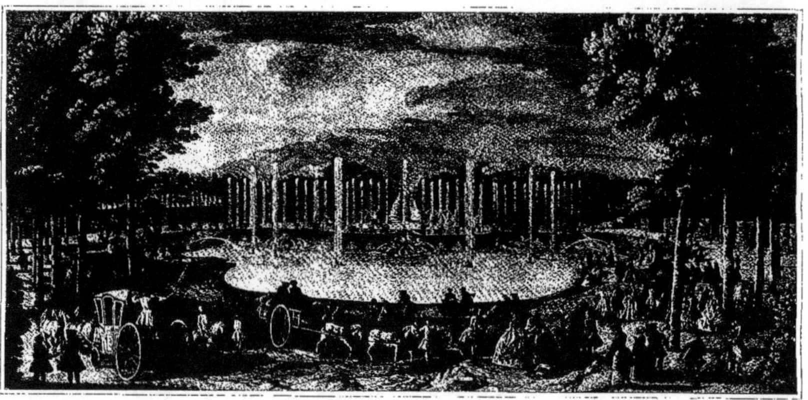

LE BASSIN DE NEPTUNE
Estampe de J. Rigaud

Et voici les trois autres nymphes, plus reculées, qu'a sculptées Regnaudin. Elles achèvent heureusement le cadre où s'alanguit la grâce du dieu lassé. Deux d'entre elles redressent le groupe, dont la composition s'étend encore, par la dernière Néréide, qui s'attarde au fond de la grotte. L'action est ainsi mouvementée et d'une vérité plus grande.

Regnaudin a vêtu ses figures, mais l'étoffe semble humide, tant elle s'adapte aux formes minces et longues. Il en est une qui va coiffer Apollon, et sur ses doigts légers glisse l'opulente chevelure. Elle est d'une coquetterie timide, joliment maniérée, en ce geste qui lui fait toucher les boucles emmêlées. Sa robe descend jusqu'aux pieds, prend sa taille et découvre l'épaule. Une écharpe vient encore l'envelopper ; cependant le joli corps se devine, si chastement voluptueux. La tête ronde, au profil à peine arrêté, est couronnée de nattes étroitement tressées qui s'enroulent à la grecque, puis retombent.

Après elle, et à gauche du maître, est la cinquième sœur, modeste et souriante. Son bras nu s'arrondit autour d'une amphore ciselée qu'elle appuie sur sa hanche. Le haut de sa poitrine se dévoile; sa fine beauté paraît menue auprès des membres plus amples du jeune dieu; la tête est d'un pur ovale; les cheveux frisés, en bandeaux, se divisent d'un ruban.

De l'obscurité de l'antre s'avance, blanche, la dernière des nymphes. La perspective rapetisse sa taille et prête à l'illusion de la réalité. Elle est auprès d'une colonne taillée dans le rocher. Sa robe la revêt tout entière; les plis dessinent ses formes; sa tête frisée porte un bijou sur le front; elle marche, sereine, soutenant un bassin des deux mains, vers la compagne

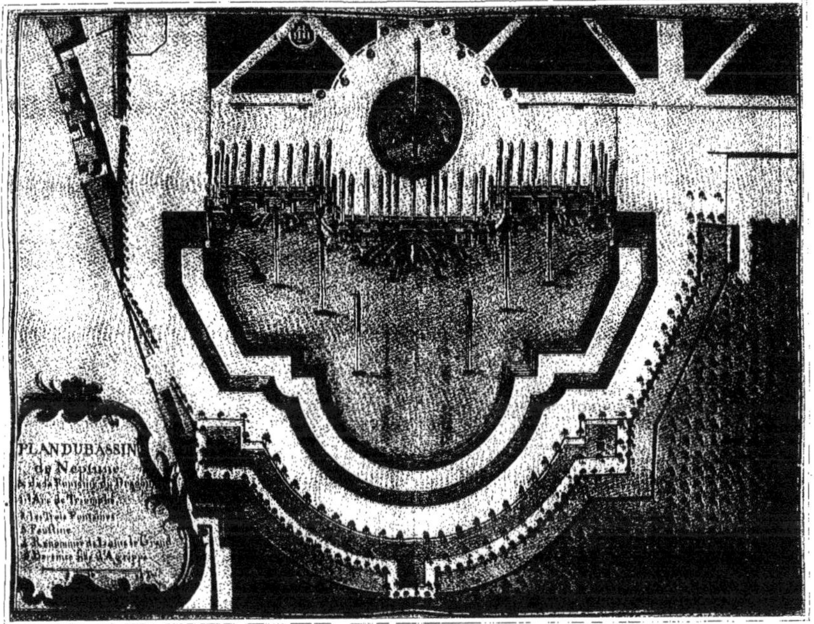

PLAN DU BASSIN DE NEPTUNE

Tiré d'un album, daté de 1747, ayant appartenu au Roi Louis XV

agenouillée qui l'appelle. La scène intime, d'une élégante interprétation, est d'un groupement cadencé, d'une parfaite vérité d'ensemble; chaque figure est par soi-même une œuvre d'art, où l'esthétique de Regnaudin et celle de Girardon ont donné toute leur mesure.

Il faudrait lire à présent les vers de La Fontaine pour savoir l'admiration que ce grand ouvrage a excitée au temps où il a été conçu. La moindre intention de l'artiste est comprise et développée par le poète; chacune des nymphes a son nom particulier et son geste se trouve caractérisé :

Ce dieu, se reposant sous ces voûtes humides,
Est assis au milieu d'un chœur de Néréides...
Doris verse de l'eau sur la main qu'il lui tend,
Chloé dans un bassin reçoit l'eau qu'il répand;
A lui laver les pieds Mélicerte s'applique;
Delphine entre ses bras tient un vase à l'antique;
Climène auprès du dieu pousse en vain des soupirs...
Rougit autant que peut rougir une statue.
Ce sont des mouvements qu'au défaut du sculpteur
Je veux faire passer dans l'esprit du lecteur.

La Fontaine ne manque point d'indiquer brièvement le sens symbolique de tout l'ouvrage; la course royale d'Apollon à travers le ciel est comparée par lui à l'activité bienfaisante du monarque, non moins digne que le dieu d'un noble repos :

> C'est ainsi que Louis s'en va se délasser
> D'un soin que tous les jours il faut recommencer...

Cette grande composition est complétée, comme elle l'était déjà dans la disposition primitive, par des groupes accessoires. Dans les excavations de la grotte, ont été placés les chevaux du Soleil. Ils sont d'une ardeur, d'une vie extraordinaire, et, suivant le mot de La Fontaine, qui décrit encore ces marbres en vers chaleureux,

> Ils semblent pantelants du chemin qu'ils ont fait.

A droite est l'œuvre de Gilles Guérin. Ce sont deux chevaux dételés du char d'Apollon. Les bêtes sont hardiment modelées, nerveuses et fringantes; les narines paraissent frémissantes, « flambantes », dit

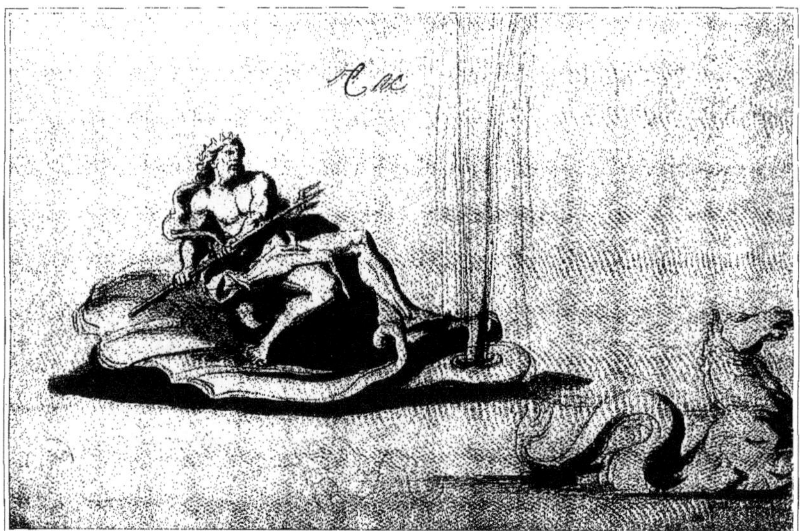

PROJET POUR LA FIGURE DE NEPTUNE
Dessin de Charles Le Brun

notre poète; les crinières sont fournies et ondulées, les queues longues et touffues.

L'un, penché sur une nappe d'eau, boit avidement; l'autre, la tête redressée, plonge ses naseaux dans une large coquille que soutient un triton; celui-ci en emplit une autre en même temps et semble, de la voix, inviter l'animal à se désaltérer. Il est placé entre les chevaux. Un deuxième triton, appuyé sur le flanc du cheval de droite, est, comme son compagnon, couronné de plantes marines. Leurs longues queues entortillées se terminent par des palmes écaillées; leurs muscles saillants disent leur force.

A gauche sont les chevaux des frères Marsy. L'œuvre nerveuse, sans convenu académique, est d'un merveilleux mouvement. Le cheval qui se cabre, sous les dents de celui qui le mord à la croupe, est d'une souple réalité. Il semble hennir de douleur; ses pieds de devant battent de leurs sabots le triton accroupi qui puise de l'eau pour le panser. Un autre serviteur calme de la voix et apaise de la main l'animal furieux;

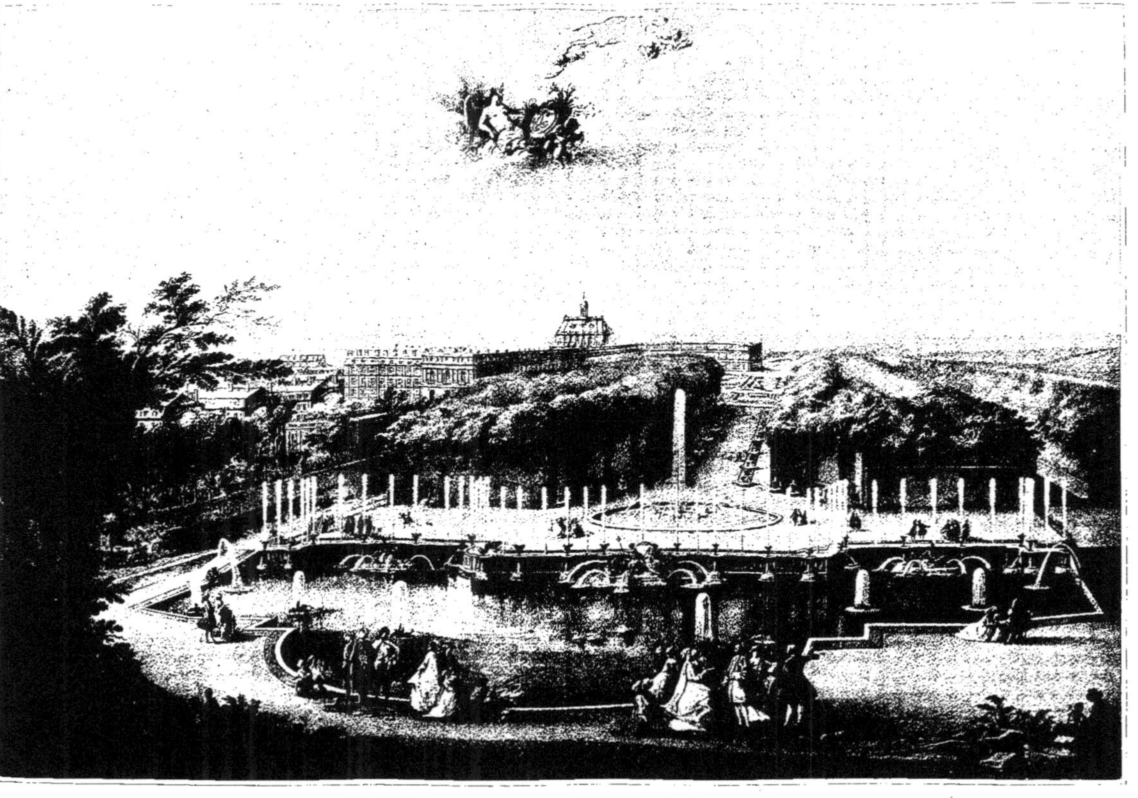

LE BASSIN DE NEPTUNE AU TEMPS DE LOUIS XV

Aquarelle peinte par Portail en 1750

les doigts se marquent dans la chair de la bête. La face bestiale des tritons montre leur rudesse, et leur torse est d'une vigueur admirable.

Toute cette œuvre sculpturale, dont on jouissait mieux autrefois, parce qu'on l'approchait de plus près, remonte à une époque assez éloignée. Les plâtres avaient été posés à l'ancienne grotte en 1672 ; les marbres furent définitivement payés en 1677. Mais La Fontaine avait déjà vu les modèles en 1668, puisqu'il les décrivait à cette date dans son livre des *Amours de Psyché*.

Au sortir du bosquet préféré de Marie-Antoinette, au carrefour de longues allées ombreuses, le bassin octogone de Cérès assemble autour de la déesse des enfants qui s'ébattent dans les blés. Cette œuvre de Regnaudin, composée avec un art savant, n'est complète cependant que sous le jet qui retombe en gerbe

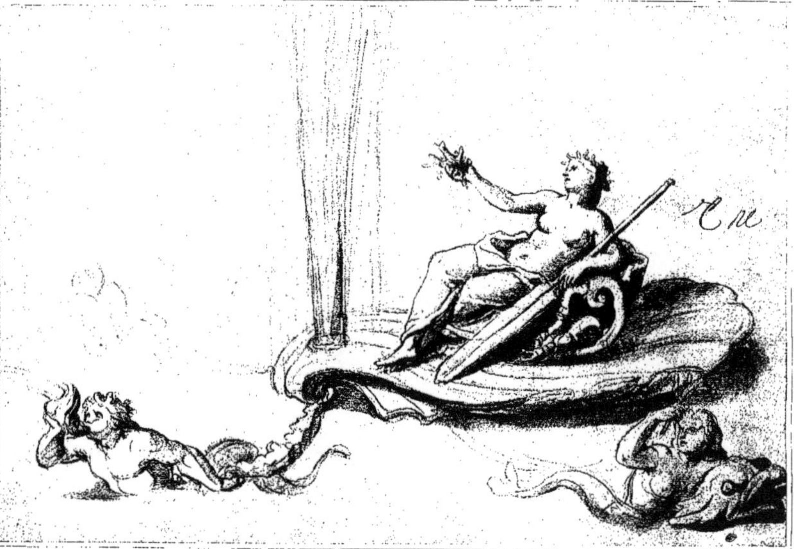

PROJET POUR LA FIGURE D'AMPHITRITE

Dessin de Charles Le Brun

sur le groupe joyeux et la récolte fleurie. Il faut aussi se rappeler qu'en ces quatre Bassins des Saisons, dessinés par Le Brun en 1672, toutes les figures et ornements de plomb étaient dorés, ce qui enrichissait singulièrement l'effet décoratif.

La Cérès, d'un modelé un peu lourd peut-être, est à demi renversée parmi ses présents, regardant avec béatitude la colonne liquide qui s'élève vers le feuillage. Sa robe la laisse découverte presque entière ; elle tient une faucille et sa tête est couronnée d'épis. Sur la moisson éparse où se mêlent les fleurs des champs, trois Amours nus sont couchés. Sous l'eau qui ruisselle, ils ont l'éclat des coquelicots jetés dans les prairies. Celui-ci abrite sa tête en soulevant son bras; cet autre, les ailes et les bras étendus, présente son dos et ses jambes rebondis à l'écume qui tombe ; et celui-là, gentiment émerveillé, ouvre dans sa joie ses menottes rondes.

Plus loin, au rond-point de l'Allée du Printemps, est le bassin circulaire de Flore. Bien que restaurée, la figure de plomb garde encore le joli mouvement de son corps, la ligne exquise des épaules, la tête à l'expression ravie couronnée de trois bouquets d'églantines. Toute la saison parfumée est dans cette île enguirlandée, où l'épouse de Zéphire semble la plus belle des fleurs.

Tubi l'a rêvée presque nue et comme frémissante sous la pluie qui l'inonde. Sa main s'appuie sur la corbeille d'où s'élance le jet et qui déborde de bleuets, d'anémones, de tournesols, de toutes les fleurs des vieux jardins de France. Des guirlandes de tous côtés s'enchevêtrent, retombent jusque dans l'eau du bassin, et l'on sait que cette richesse ornementale se trouvait plus abondante encore quand le bassin était dans tout son éclat.

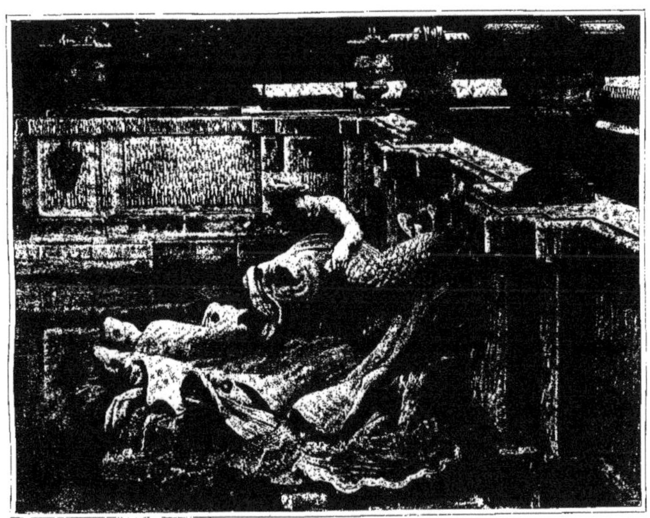

Photo P. d'Anjec.

LE DIEU PROTÉE
Groupe de gauche du Bassin de Neptune
Sculpture de plomb exécutée par Bouchardon en 1739

Les Amours jouent avec les fleurs tressées et s'en enlacent les uns les autres. C'est leur plaisir des heures du silence; mais comme le jeu est plus divin à l'instant de la pluie scintillante ! Les bustes ronds se redressent, les ailes palpitent sous l'averse ; le plus charmant, d'un geste délicieusement enfantin, pleure, la tête sous le

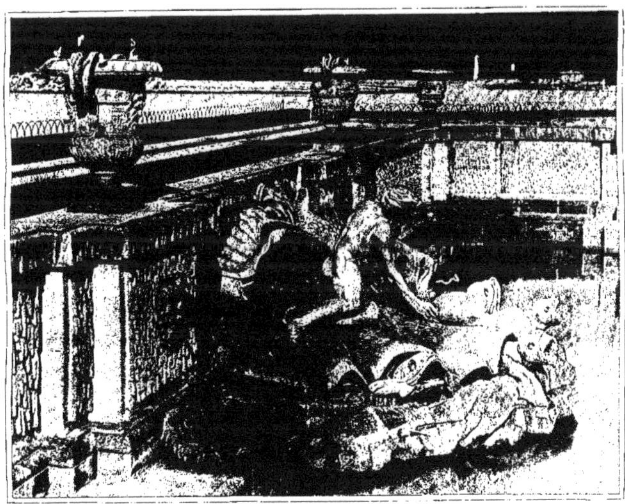

Photo P. d'Anjec.

LE DIEU PROTÉE
Groupe de gauche du Bassin de Neptune
Sculpture de plomb exécutée par Bouchardon en 1739

bras, car le jet rapide l'a sans doute aveuglé. Parmi les œuvres d'un grand artiste né et élevé en Italie, mais devenu tout français d'inspiration, celle-ci a la fraîcheur et l'éclat d'un bouquet de printemps.

A l'entre-croisement des allées qui rayonnent du Bassin de Flore, s'ouvre une des entrées du Bosquet de l'Étoile. Ce bosquet, dont le dessin n'est nullement compliqué, reçoit à tort, de quelques-uns, le nom de l'ancien Labyrinthe détruit sous Louis XVI, et qui se trouvait, d'ailleurs, de l'autre côté des jardins. Dans leur forme primitive, les allées de l'Étoile étaient bordées d'un treillage orné de pilastres, où montaient des pieds de chèvrefeuille; la corniche supportait des vases de porcelaine remplis de fleurs; des niches, sous lesquelles chantait un jet d'eau, rompaient la monotonie de ce treillage, dont l'usage fut à la mode assez longtemps dans les jardins à la française et qu'on assurait venir de Hollande.

Au centre de l'Étoile se trouvait, à l'origine, une fontaine de rocaille assez importante, dite la Montagne d'Eau, qui a disparu en 1704 et dont rien, à la surface du sol, ne rappelle le souvenir. Quelques antiques, comme les fouilles d'Italie en ont tant donné, médiocres débris rongés de mousse, achèvent de périr aux angles des charmilles; ce ne sont point, par bonheur, des œuvres de prix. Une aimable petite Minerve enfant, due au sculpteur Bertin, et qu'on apercevait des bords du Bassin de Flore, méritait naguère de retenir l'attention, avant qu'il fût devenu nécessaire de la mettre à l'abri des mutilations.

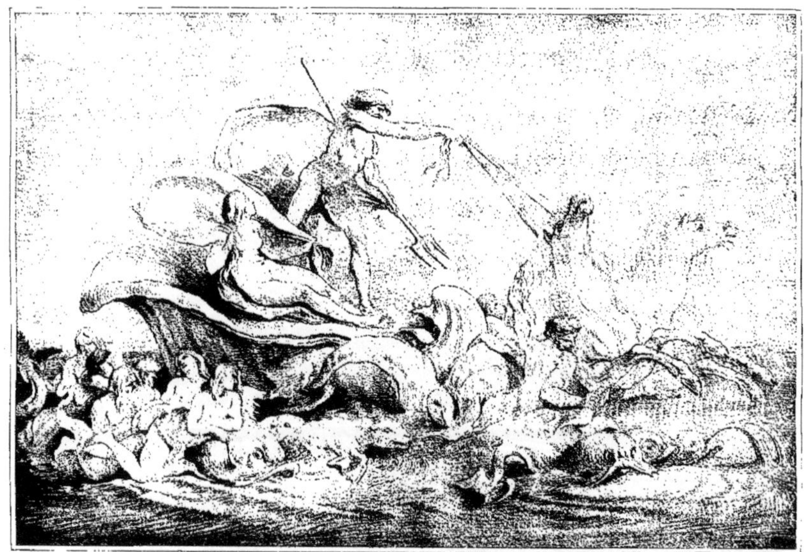

LE CHAR DE NEPTUNE ET D'AMPHITRITE
Dessin à la sanguine, par Bouchardon

On rencontre encore, placé de nos jours dans l'allée circulaire, un Apollon du dernier des Coustou, Guillaume le fils. L'élégance réelle du jeune dieu, représenté en inspirateur des arts, n'est pas exempte de mièvrerie. Que nous sommes loin du type composé par Girardon et qui atteignait à la noblesse de l'Apollon du Belvédère ! Ce marbre, signé simplement *Coustou 1753*, n'a d'ailleurs rien à voir avec la décoration ancienne de Versailles. Il était, en dernier lieu, à Saint-Cloud, et c'est, apparemment, l'Apollon que Madame de

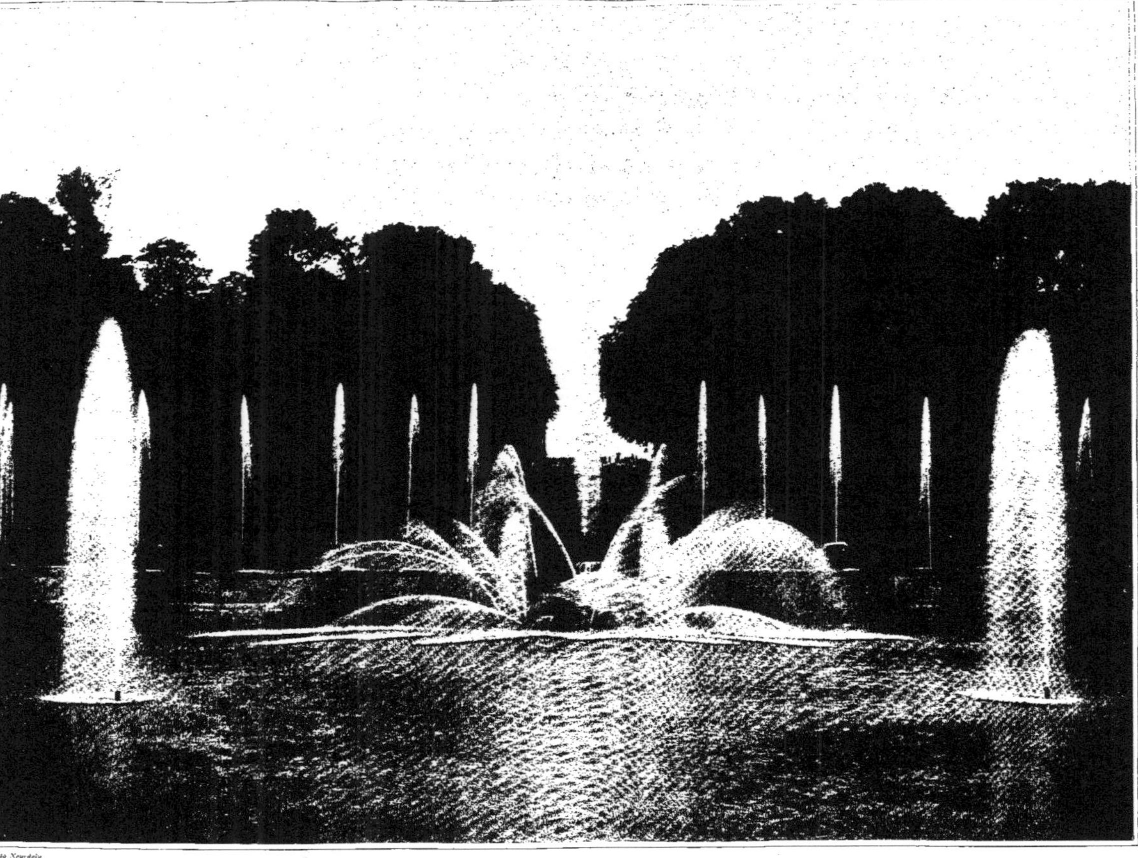

Photo Neurdein.

LE BASSIN DE NEPTUNE

Les effets d'eau du centre et le jet du Dragon à l'entrée de l'Allée d'Eau

Pompadour avait commandé à l'artiste pour ses bosquets de Bellevue.

La fontaine voisine, nommée l'Obélisque, occupe un vaste espace géométriquement découpé et entouré d'arbres magnifiques. On y vit jusqu'en 1704 le bosquet de la Salle des Festins ou Salle du Conseil, composition assez bizarre faite de gazon et de ces étroits canaux nommés « goulettes », dont l'entretien était fort difficile. Ce bosquet fut détruit en même temps que la Montagne d'Eau, à l'époque où les minuties décoratives de Versailles furent sacrifiées et simplifiées sur beaucoup de points.

On installa alors ce grand bassin surélevé, aux pentes gazonnées, ayant au centre, comme unique motif de plomb, un massif de roseaux. De puissants jets d'eau s'élèvent en forme de pyramide ou d'obélisque, ce qui a fait donner au bassin le nom sous lequel il fut anciennement connu et qu'ont souvent remplacé dans l'usage populaire les expressives dénominations de la « Gerbe » ou des « Cent-Tuyaux ».

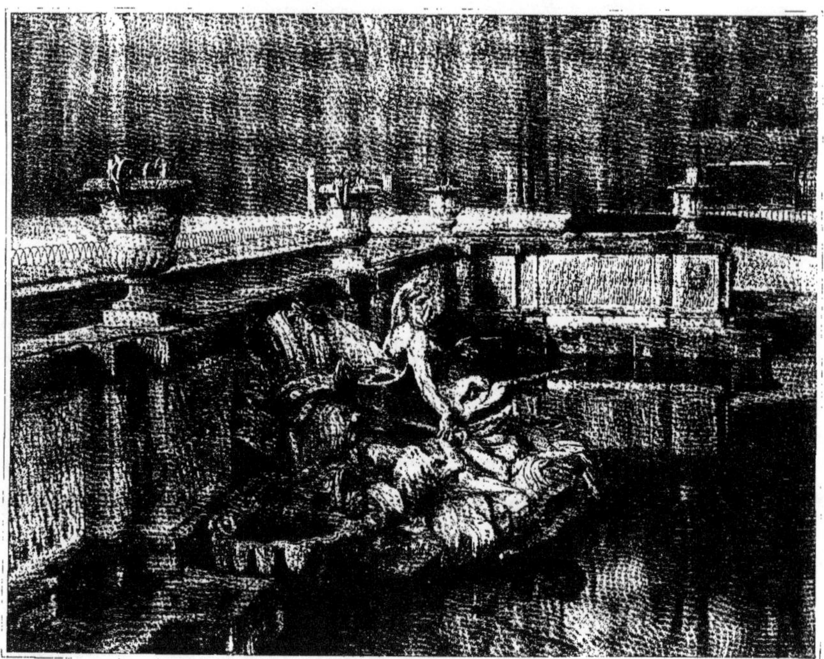

Photo P. d'Anjec.

LE DIEU OCÉAN
Groupe de droite du Bassin de Neptune
Sculpture de plomb exécutée par J.-B. Lemoyne en 1740

La très heureuse réfection de l'Obélisque date de peu d'années. Elle se rattache à ces importants travaux de restauration générale des bassins qui, commencée par celui de Neptune, s'est achevée par celui d'Apollon.

Il faut revenir à l'allée où sont les Bassins des Saisons, pour chercher, dans le massif où elle se cache, la grande fontaine de l'Encelade. Elle date de 1676. Les anciens guides décrivaient avec admiration le plomb de Marsy, enchevêtré dans les roches, le Géant, « accablé sous le mont Ossa et le mont Olympe, que lui et ses compagnons avaient entassés sur le mont Pélion pour escalader le ciel. Il sort de sa bouche un jet d'eau qui a 78 pieds de haut et qui est d'une grosseur extraordinaire. Ce qu'on voit de cette statue est quatre fois plus grand que le naturel et d'un parfaitement beau travail. La tête surtout est très belle, et si fort dans le goût de Jules Romain, que ce grand homme n'en désavouerait pas le dessin, s'il vivait. »

Il semblerait, en effet, que la grande fresque de la Chute des Titans, au palais du Té de Mantoue, eût inspiré ici Le Brun et Marsy. C'est, du reste, le seul point de la décoration de nos jardins où l'art français ait sacrifié, d'ailleurs de façon ingénieuse, au plus médiocre goût italien.

Le Bosquet des Dômes, qui est le plus voisin de l'Encelade et a été créé en même temps, a l'histoire la plus compliquée du monde.

Appelé d'abord « Fontaine de la Renommée », à cause d'une figure de Marsy qui y resta jusqu'en 1684, puis « Bosquet des Bains d'Apollon », quand on y installa, pendant une vingtaine d'années, les marbres fameux de la Grotte de Téthys, il tira son nom définitif des deux pavillons de marbre de couleur, revêtus de plombs dorés, qui en faisaient un des plus riches morceaux de Versailles.

C'est Jules Hardouin-Mansart, alors occupé à bâtir le château de Clagny, qui fut, en 1677, l'architecte de ces pavillons fameux, et ce fut apparemment son premier travail pour ce Versailles qu'il allait remplir de ses ouvrages. Le sculpteur Buirette avait fait le petit modèle d'un des « cabinets », car Louis XIV demandait toujours à voir en relief les constructions qu'il ordonnait; les marbriers du service des Bâtiments du Roi avaient réservé, pour les compartiments du pavé, les marbres les plus fins; et, afin d'accompagner le décor,

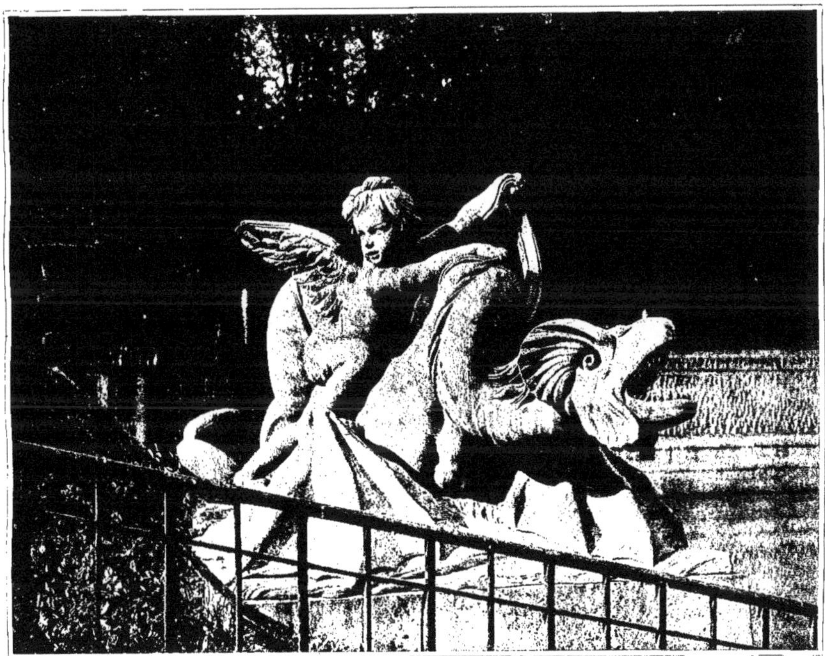

Photo P. d'Anjoe.

DRAGON MARIN CONDUIT PAR UN AMOUR

Bassin de Neptune

Sculpture de plomb, exécutée par Bouchardon

dont le Roi voulait jouir promptement, les modèles en plâtre de grandes statues prirent place sur huit piédestaux.

A ce moment, dans la vasque du bassin, la Renommée de plomb doré, le pied posé sur une sphère, soufflait verticalement dans une trompette d'où sortait un énorme jet d'eau. Ce détail, qu'on peut trouver d'un goût contestable, ne tarda point à être sacrifié au moment de l'installation du groupe d'Apollon servi par les Nymphes, parce que le jet le cachait aux visiteurs entrant dans le bosquet.

Le travail des « Cabinets des Dômes dura plusieurs années et de très bons artistes y travaillèrent. Au comble du premier, Le Hongre et Mazeline modelèrent les ornements de plomb et d'étain ; Buirette et Lespingola firent le même travail pour le second. Sur les cires de ces derniers artistes, Ladoireau, « orfèvre et fondeur de la garde-robe du Roi », fondit et cisela les trophées de bronze doré qui représentaient, en double exemplaire, les armes et emblèmes des quatre Parties du Monde. On peut se faire une idée de ce travail par les œuvres analogues du même Ladoireau, qui sont à l'intérieur du Château ; c'est lui qui a pris la plus grande part aux grands trophées et « chutes d'armes » de la Galerie des Glaces et des Salons de la Guerre et de la Paix, et c'est par ces spécimens admirables d'un art arrivé à sa perfection qu'on doit se rendre compte de la beauté des ouvrages placés jadis en cette partie des jardins.

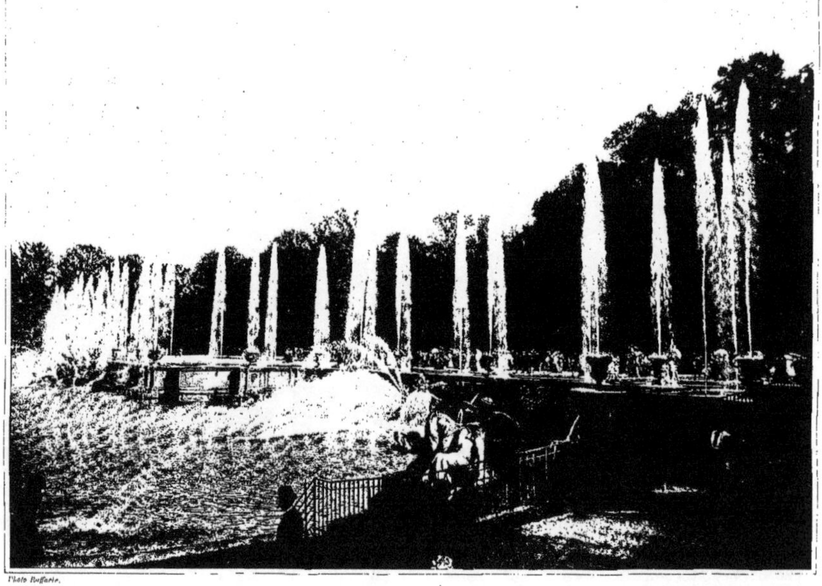

Photo Baffarie.

LES EFFETS D'EAU

Côté droit du Bassin de Neptune

Louis XIV aimait s'y rendre en compagnie des dames, et y faisait servir la collation, tandis qu'on entendait un air de musique. La chronique de la Cour mentionne souvent les divertissements du Bosquet des Dômes ou des Bains d'Apollon. Dangeau nous parle par exemple, le 15 mai 1685, de celui qui suivit un grand souper de dames chez Monseigneur : « Le Roi

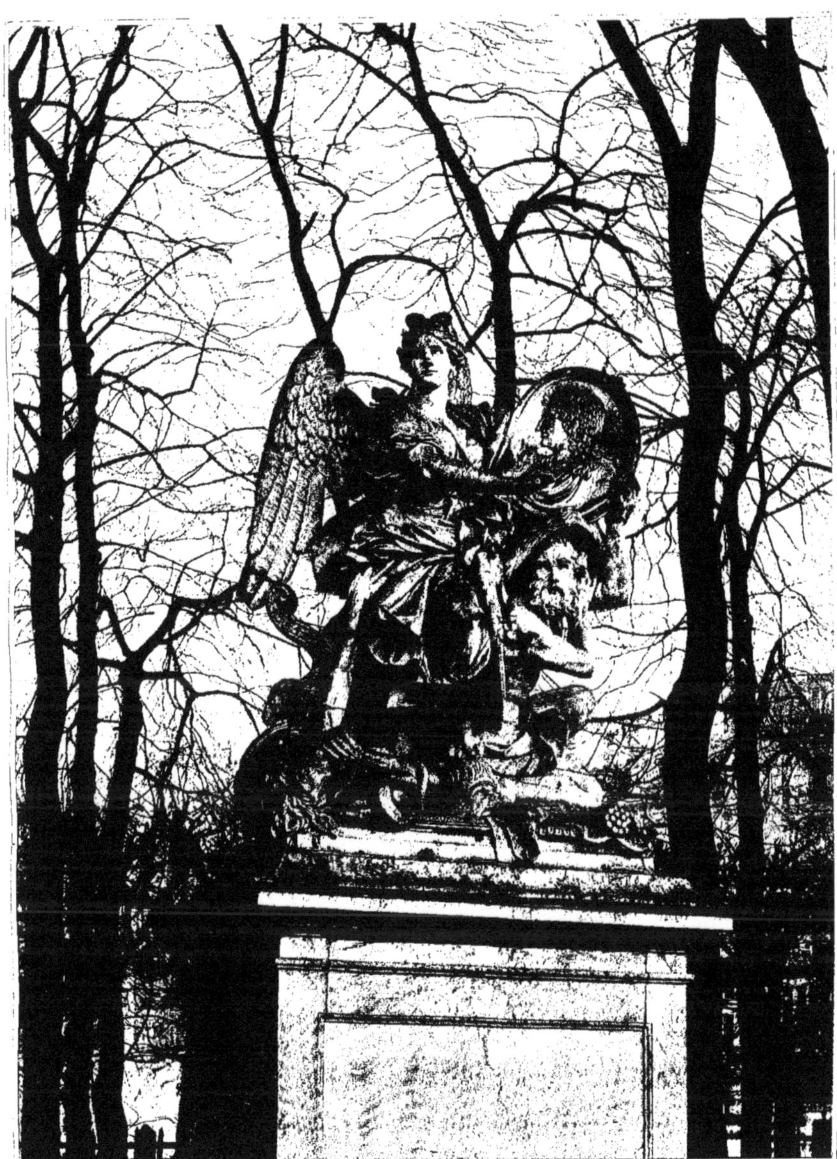

Photo P. d'Aujer.

LA RENOMMÉE DE LOUIS XIV

Pourtour du Bassin de Neptune

Groupe en marbre exécuté à Rome par Domenico Guidi, d'Urbino, et terminé en 1686

alla avec les dames dans les jardins, et nous trouvâmes les Bains d'Apollon allumés et, dans les pavillons, il y avait les hautbois ; on y dansa même, et Mademoiselle de Nantes finit le bal par y danser une damegigonne le plus joliment du monde. »

Tout ici enchantait les yeux. Les deux cabinets sont décrits par un nouvelliste du *Mercure,* comme « aussi riches que galants. Ils sont de marbre blanc et ornés chacun de huit colonnes de marbre de couleur et de pilastres taillés dans le marbre blanc. Les montants des petits pans dans les encoignures sont remplis de trophées de bronze qui représentent les armes dont se servent plusieurs nations. Il y a aussi de semblables trophées en dehors, entre les pilastres. Les dômes sont enrichis de plusieurs ornements de métal et terminés par un vase. » Les fondations carrées de ces édicules sont encore visibles, et d'importants fragments de leur décoration sont conservés dans les magasins du Château. Ils n'ont disparu qu'au XIXe siècle, faute d'entretien, et la perte en est à jamais regrettable.

L'effet en reste évoqué, en quelque mesure, par le double exèdre récemment restauré qui entoure le bassin. L'une des balustrades a été refaite en marbre rouge, avec les balustres de plomb doré ; l'autre est de marbre blanc, avec les balustres de marbre rouge. On peut critiquer, au point de vue de l'histoire, ces choix qui ne correspondent pas exactement aux états anciens ; mais l'aspect général est vraiment heureux et dans l'esprit du décor de Le Nôtre.

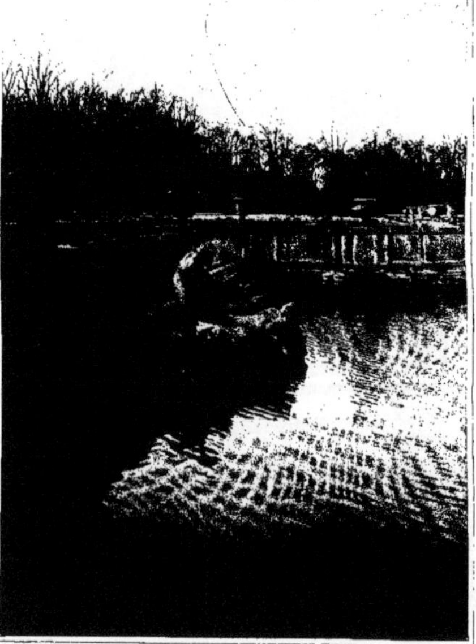

Photo P. d'Anfre.

LE DIEU PROTÉE
Groupe de gauche du Bassin de Neptune
Sculpture de plomb, par Bouchardon en 1739

Voici, pour les curieux, des renseignements précis sur les changements subis par cette architecture. Lors de la visite faite à Versailles par les ambassadeurs de Siam, en 1686, la relation du *Mercure galant* indiquait la balustrade la plus élevée comme étant de marbre blanc avec les balustres de bronze doré, et la seconde tout entière de métal : « Le bassin est entouré d'une balustrade de bronze doré d'un autre dessin que celui de la terrasse. Sur chacun des piédestaux, que l'on y voit d'espace en espace, s'élève un jet en bouillon d'eau qui fait une rigole autour de la balustrade, dont l'eau, en se répandant, forme tout autour une nappe. » Un tableau de Cotelle est le plus précieux document pour l'état de cette époque. Le métal doré, qui s'y trouve indiqué pour les balustres de la première clôture et pour l'ensemble de la seconde, disparut en 1705.

A la fin du règne de Louis XIV, les descriptions, par exemple celle de Demortain accompagnant l'estampe, nous assurent que « la balustrade circulaire et celle qui est octogone sont de marbre du Languedoc et de marbre blanc ». La première a les appuis de marbre blanc et les balustres de marbre rouge, et la disposition est inverse dans la seconde : « L'allée circulaire, dit expressément La Martinière, est bordée d'une balustrade dont les pilastres, les appuis et les socles sont de marbre blanc ; les balustres sont de marbre du Languedoc. Au-dessous est le bassin octogone de la fontaine, entouré d'une balustrade ; le socle et l'appui sont de marbre du Languedoc ; les pilastres et les balustres sont de marbre blanc. » Il eût été possible de restaurer ce second état de l'époque Louis XIV.

Les œuvres d'art s'accumulent encore en ce lieu choisi, malgré les destructions qui s'y accomplirent. C'est d'abord la blanche vasque, œuvre de Girardon, qui a remplacé celle d'où s'élevait, à l'origine, la fameuse Renommée de plomb doré ; elle rappelle, en motif de marbre, la délicieuse « Pyramide » de

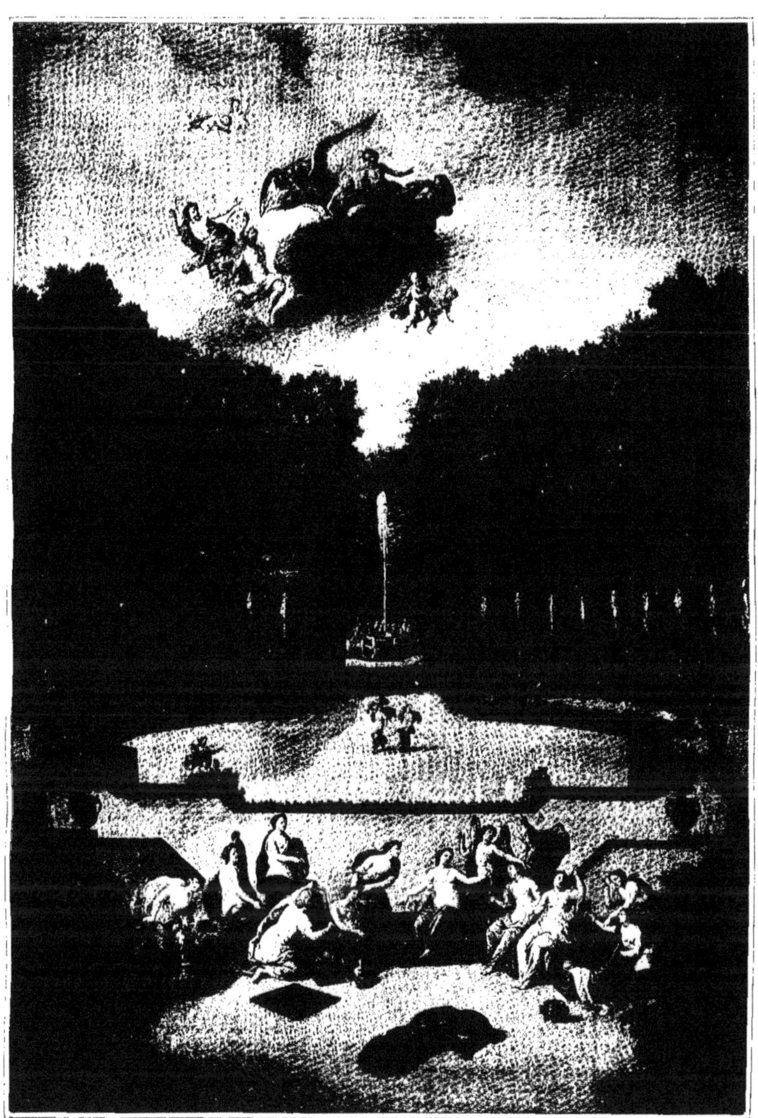

UN BOSQUET DÉTRUIT : LE BOSQUET DU THÉATRE D'EAU

Au premier plan : La Toilette de Vénus

Peinture de Jean Cotelle

plomb du même maître. Elle est portée par quatre dauphins à la gueule entr'ouverte, enchâssés en de souples consoles et dont l'énorme tête soutient l'ensemble. Sous l'écume blanche qui ruisselle de son jet, l'élégante coupe déborde sans cesse, tandis que des bouillons légers jaillissent, comme autrefois, d'un canal creusé sur l'appui même de la balustrade de marbre rouge.

Un large banc de marbre, coupé par les quatre ouvertures des degrés, s'adosse à la balustrade de marbre blanc. Des compositions en très bas relief, que le temps et les nettoyages n'ont pas altéré, apparaissent ici sur toutes les surfaces; ce sont quarante-quatre morceaux de Girardon et de ses élèves, exécutés en 1678 et tous empruntés à des motifs de décoration militaire. Ils furent payés 10.600 livres, et représentent, comme les bronzes détruits de Ladoireau, « les armes dont toutes les nations se servent dans les combats ».

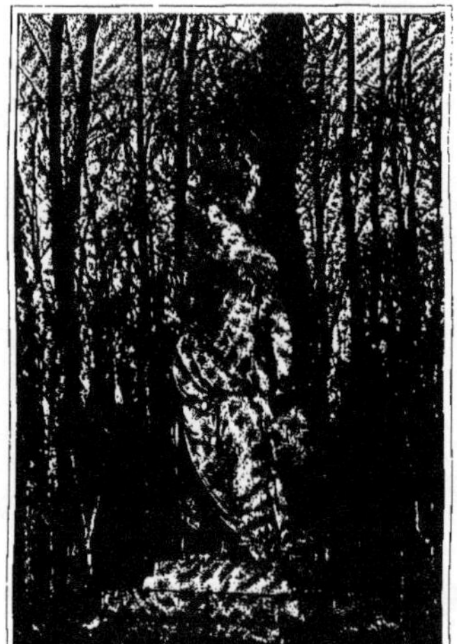

MINERVE ENFANT
Marbre de Berlin

La variété en est extraordinaire : on voit s'y associer, de la façon la plus imprévue, épées, lances, hallebardes, carquois, étendards, casques, boucliers, faisceaux, tridents, trompettes, massues, haches, insignes surmontés de l'aigle ou du croissant, yatagans et cimeterres de toutes formes, avirons et proues. Quelques boucliers antiques portent dans leur ciselure des travaux d'Hercule ou des Renommées; celles-ci rappellent la primitive désignation du bosquet, justifiant les imaginations guerrières qui le remplissent et qu'on est étonné d'y rencontrer.

Lorsque le bosquet a été restauré de nos jours, on y a rétabli, sur leur même piédestal, les statues qui l'ornaient à la fin du règne de Louis XIV. Le roi Louis-Philippe les avait fait retirer, en 1844, pour les mettre à Saint-Cloud, autour du bassin en fer à cheval. Cet acte déplorable a été réparé, et les statues remises en place forment une réunion de morceaux d'un choix exquis. Il y manque seulement une *Amphitrite,* d'après les Anguier, emprisonnée aujourd'hui dans une salle du Louvre et qui n'a pu encore rejoindre ses sœurs.

La plus ancienne et la plus délicate est peut-être la *Galatée,* façonnée par Tubi pour orner la Grotte de Téthys. La blanche nymphe paraît sortir des flots et demeure comme en extase dans la lumière. Plus spirituelle qu'une Vénus antique, aussi vivante qu'une de nos contemporaines, elle se laisse deviner tout entière en s'enveloppant dans ses voiles. Penchée sur le côté, une jambe repliée, le coude appuyé sur un roc, ses pieds frôlent les dauphins qui l'accompagnent. D'un geste précieux, ses mains retiennent son écharpe et les boucles de ses cheveux; son front est couronné de fleurs et ses yeux semblent chercher Acis, dont la chanson vient jusqu'à elle.

Il est là, en effet, le rival heureux de Polyphème, appuyé sur un tronc d'arbre et jouant de la flûte pour la nymphe aimée. Et vraiment on prendrait le berger pour le frère de son amoureuse, tant sa tête ronde a la grâce pareille, avec les mêmes fleurs dans les cheveux. Aucun marbre de l'époque de Louis XIV n'a mieux exprimé la souplesse d'un corps d'adolescent.

Magnier a sculpté l'*Aurore,* qui sépare les deux figures de Tubi. La jeune déesse, qui ouvre les portes de l'Orient en semant des roses, est d'une délicatesse presque enfantine. Elle sourit sous sa couronne et, dans sa ceinture, tient encore des fleurs. Son vêtement flotte au vent qui la caresse. Ses bras, son sein, sa jambe sont nus; elle glisse sur les nuages, légère comme le premier rayon du jour.

Comme pendant à cette idéale image, Le Gros nous donne le *Point du Jour* en ce jeune homme qui porte un flambeau. Il marche sur des nuées et sa tête est levée vers le soleil. Une large écharpe flotte autour de lui; son corps est presque nu; ses cheveux sont jetés en boucles; sa main gauche est étendue; il semble appeler l'Aurore.

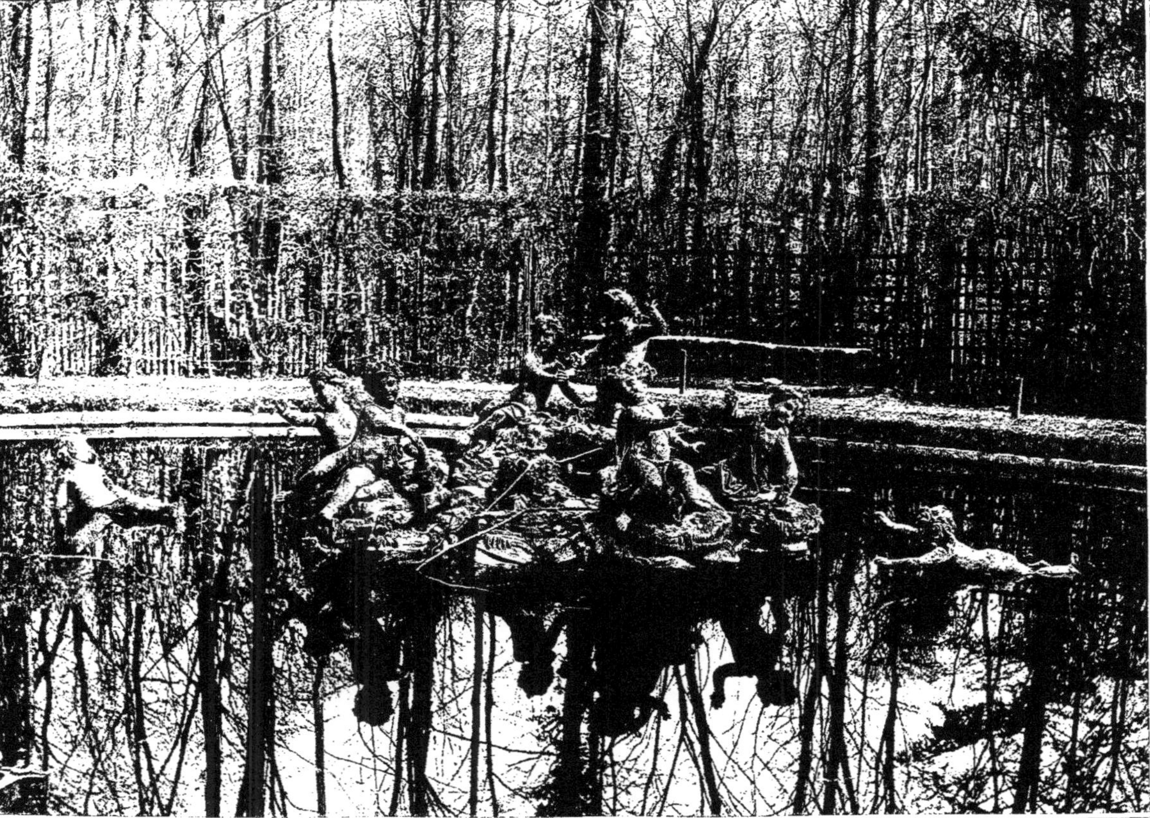

Photo P. d'Augé.

L'ILE DES ENFANTS

Sculpture de plomb exécutée par Hardy en 1710

Cette longue jeune femme, appuyée sur un aviron et coiffée de perles, est Ino, reine de Thèbes, devenue déesse marine sous le nom de Leucothéa. On l'appelait, au XVIIe siècle, *Leucothoé*. Rayol l'a faite nue jusqu'au-dessous de la ceinture. La poitrine menue, la ligne des hanches effacée allongent son buste ; la robe tombe jusqu'à ses pieds. Près d'elle est un vaisseau, symbole de sa puissance, car les marins des mers antiques l'invoquent dans le péril des flots.

Voici maintenant une *Nymphe de Diane,* fière comme la déesse elle-même, par Flamen. Elle s'avance d'un gracieux élan, que suit la levrette qu'elle caresse ; malgré la mutilation du marbre, le mouvement est à peine altéré. La tête petite, le buste court, les jambes longues lui donnent une élégance toute française en son motif d'antique. Sa robe, que la marche applique

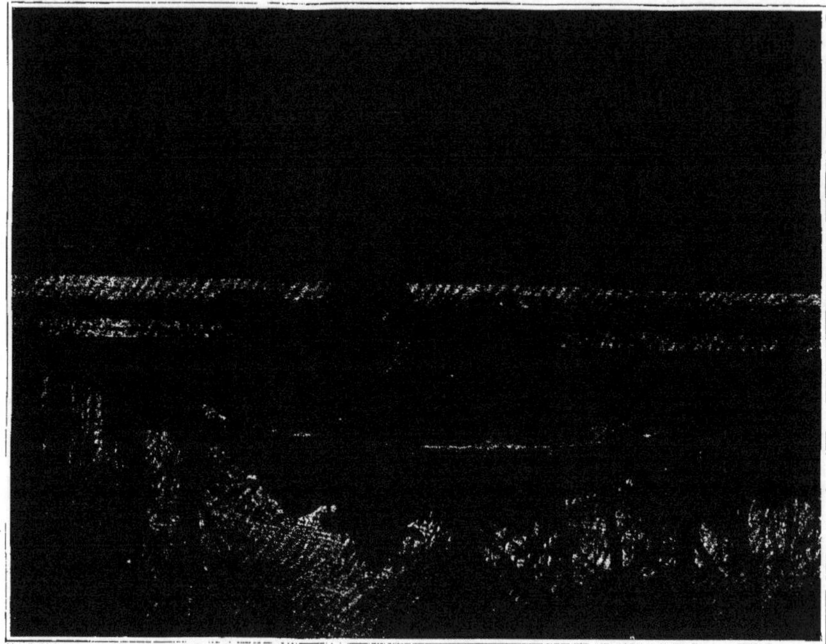

Phot. P. d'Aujcs.

LA FONTAINE DE CÉRÈS OU DE L'ÉTÉ

Sculpture de plomb par Thomas Regnaudin, mise en place en 1674

à son corps, s'arrête aux genoux ; une ceinture étroite enserre sa taille ; le bras est nu ; les pieds sont chaussés de sandales. Les cheveux se coiffent en nœud près du front et sur l'épaule sont jetés les filets de la chasseresse.

Le dernier piédestal porte *Arion,* qui joue de la lyre, l'air douloureux, les pieds sur un dauphin. Le beau musicien a supplié en vain les matelots de Sicile, qui vont le jeter à la mer ; son harmonieuse lyre n'a pu toucher ces forcenés ; mais, flottant sur les vagues avec son instrument chéri, de ses doigts enchanteurs il en tire des sons si doux, que les dauphins attentifs se laissent charmer et le portent jusqu'au rivage. Raon a compris à sa façon le héros émouvant de la légende grecque ; sa robe brodée cache à moitié son corps, qui est celui d'un éphèbe ; sa bouche entr'ouverte, ses yeux de prière donnent un caractère expressif à sa jeune tête encadrée de boucles tombantes.

Quatre de ces marbres étaient commencés dès 1686 : « Le premier, annonçait le *Mercure,* est le Point du Jour, représenté par un jeune homme, qui tient un flambeau et qui a des nuages à ses pieds et un hibou qui paraît fuir ; il est aussi accompagné d'un zéphire qui souffle. Dans le second de ces groupes paraîtra l'Aurore, répandant des fleurs et descendant de son char. Le troisième représentera Arion invoquant les cieux et monté sur un dauphin. On verra, dans le quatrième, Leucothoé recevant les offrandes des nautoniers. » Ces figures restèrent longtemps dans l'atelier des sculpteurs et ne furent installées que beaucoup plus tard. Le Gros a daté le marbre de son *Point du Jour* de l'année 1696, et Magnier n'acheva son *Aurore* qu'en 1704, date placée également à côté de sa signature.

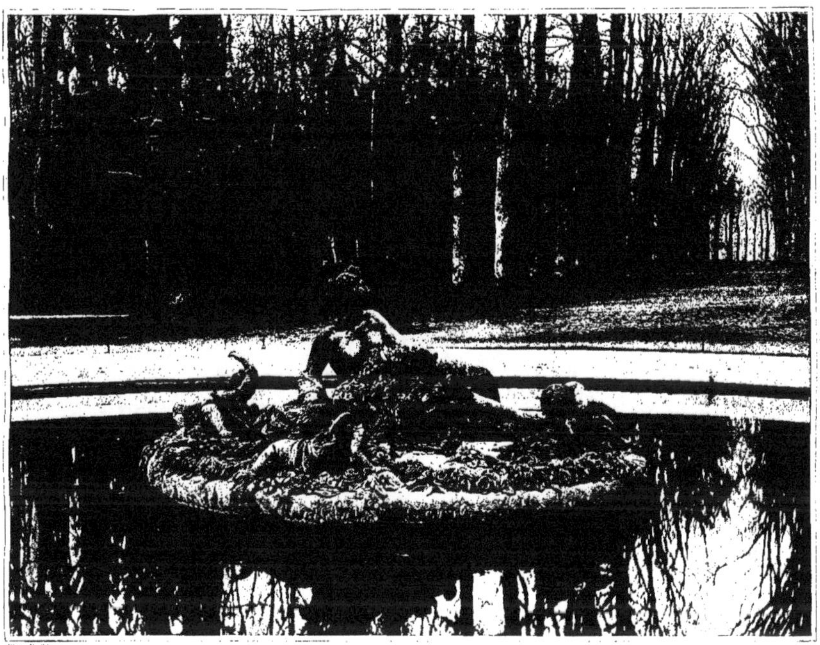

Photo P. d'Augec.

LA FONTAINE DE FLORE OU DU PRINTEMPS

Sculpture de plomb par J.-B. Tubi, mise en place en 1675

Il peut être intéressant de noter, en passant, le prix payé à ces excellents artistes pour des œuvres aussi précieuses aujourd'hui pour l'art français. Magnier reçut 2.190 livres et Le Gros 3.700 livres. Il faut remarquer, à ce propos, que d'autres statues, d'importance en tout semblable, celles qui font partie des grandes séries du Parterre d'Eau et du Parterre du Nord, avaient été payées en moyenne 4.500 livres. Telle était la somme que Magnier et Le Gros eux-mêmes touchaient alors pour leurs figures. Le Hongre, pour la statue de l'*Air,* Gaspard Marsy, Guérin, Buyster, recevaient jusqu'à 5,000 livres.

A la fin du règne, les conditions avaient changé :

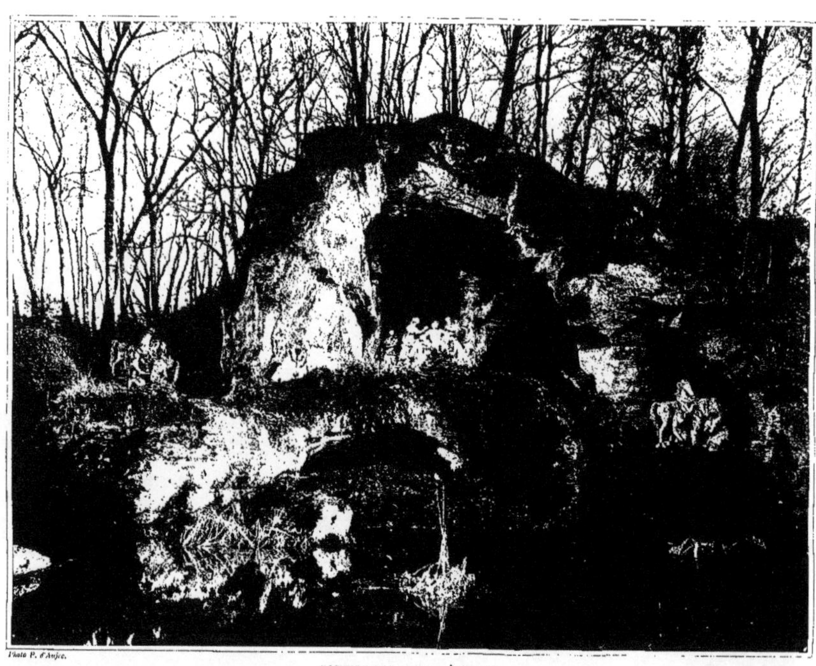

Photo P. d'Anjou.

BOSQUET DES BAINS D'APOLLON

Disposition faite en 1775 des groupes de marbre de l'ancienne Grotte de Téthys

l'état des finances de Sa Majesté ne lui permettait plus les libéralités qu'elle aimait faire aux artistes, au temps de la création de Versailles et de la florissante administration de Colbert.

Quittons le bosquet par la même grille (l'autre nous conduirait au Tapis-Vert) et cheminons dans la direction du Parterre de Latone, que nous aborderons par le bas. Les trois bassins, celui de Latone et ceux des Lézards, où s'achève la métamorphose des méchants paysans de Lycie, sont étincelants de leur dorure neuve. D'éclatants massifs encadrent les tapis de gazon. Aux degrés qui forment le fond de l'amphithéâtre s'étagent des vases de marbre, que les jardiniers continuent de remplir de fleurs; c'est ici le triomphe de leur art, leur domaine préféré depuis les origines du jardin, et les sculpteurs eux-mêmes leur cèdent le pas.

Il y a pourtant ici une erreur assez grave qu'il importe de signaler, dût-on n'y point porter remède. Les ifs taillés qui longent les rampes, de chaque côté du Parterre, semblent une partie nécessaire de son décor, et le public est si bien habitué à les voir tels qu'ils sont qu'il admettrait avec peine l'idée de les modifier et de les réduire. Il faudrait pourtant s'y résoudre, si l'on voulait rester dans le sentiment de Le Nôtre et des jardiniers de Louis XIV. Jamais ne s'est présentée à l'esprit de ces grands artistes l'idée de ces masses lourdes et sombres, d'une ligne aussi malheureuse, qui dissimulent par endroits les marbres du Parterre, alors qu'il est visiblement conçu pour que toutes ses beautés soient embrassées du même coup d'œil.

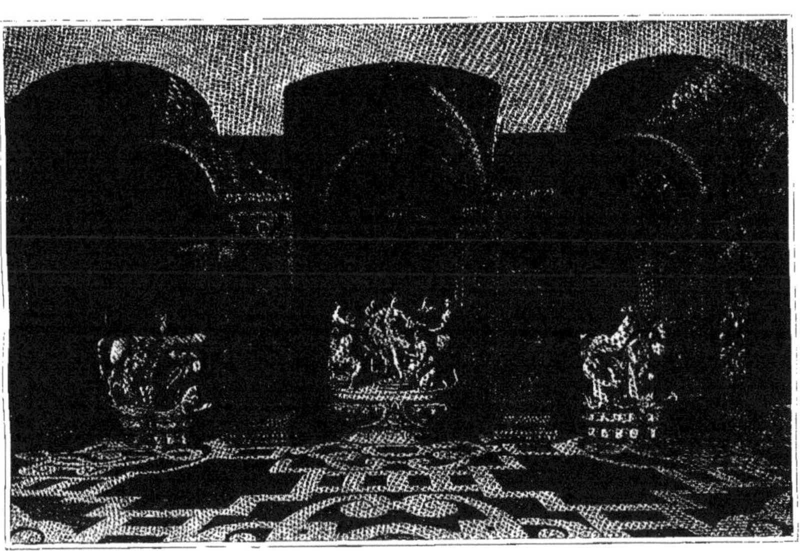

LA GROTTE DE TÉTHYS
Décoration de rocaille achevée en 1667, détruite en 1686. Les modèles en plâtre y furent placés en 1672
Estampe de Le Pautre, montrant la disposition primitive des groupes

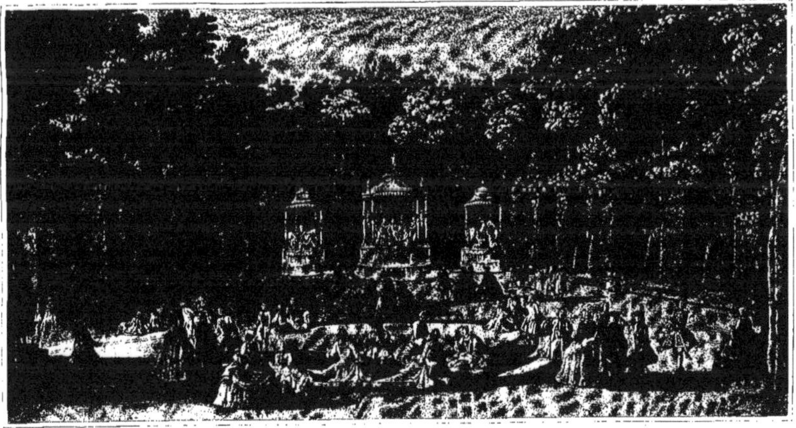

LE BOSQUET DES BAINS D'APOLLON VERS 1730
Estampe de J. Rigaud, montrant la disposition des groupes sous des baldaquins dorés, telle qu'elle fut de 1705 à 1775

Les tableaux anciens, les estampes, les dessins de jardinage de l'époque nous apprennent clairement que les dimensions actuelles des ifs de Versailles, qu'on respecte comme traditionnelles, n'ont pu être tolérées qu'à l'état d'exception. Pour ce qui est du Parterre de Latone, les vues du recueil de Demortain, aussi bien que celles de Rigaud, montrent toujours des arbustes élégants, développés plutôt en hauteur et surtout de proportions restreintes, n'écrasant point, comme le font ceux d'aujourd'hui, le décor sculptural.

S'il faut une preuve matérielle pour justifier cette critique, n'est-elle pas fournie par les ifs qui terminent chaque rangée à la hauteur du Parterre d'Eau ? A côté d'eux sont les grands vases de Dugoulon et de Drouilly. Ces beaux marbres sont entourés et comme étreints par le feuillage démesurément développé ; au lieu de

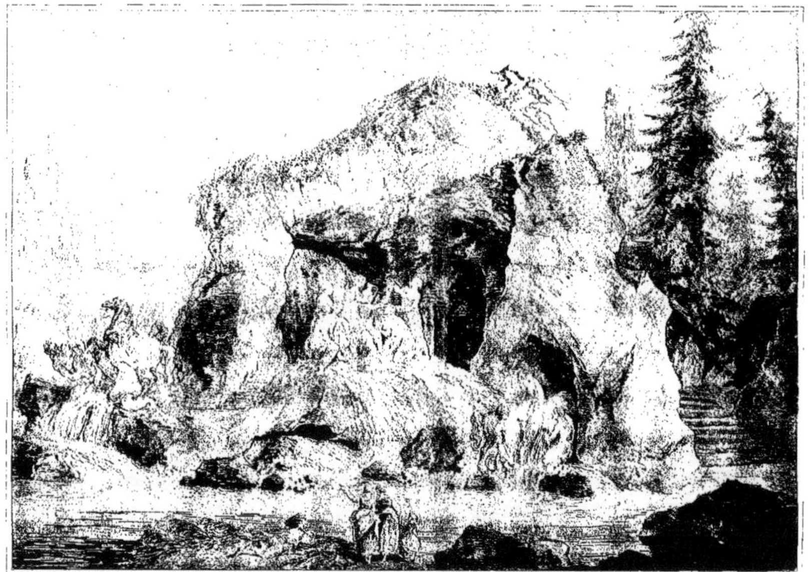

PROJET POUR LA NOUVELLE GROTTE DES BAINS D'APOLLON (1775)

Dessin de Hubert Robert

(Le dessin original coupé en deux parties, l'une au Musée de Versailles, l'autre à M. H. Lemonnier, se trouve rétabli intégralement ici

s'enrichir d'un heureux contraste, leur effet se trouve fâcheusement diminué par un voisinage aussi indiscret, qui n'avait été prévu en aucun moment par ceux qui ont planté les arbustes.

Il conviendra donc, quelque jour, de ramener à des proportions plus raisonnables des arbres encombrants et parmi lesquels, d'ailleurs, la vieillesse commence à faire des ravages. On se rapprochera ainsi de l'idée primitive, à laquelle il faut toujours se reporter, que l'oubli des générations, les changements du goût, le travail même de la nature ont contribué de tant de façons à obscurcir.

Nous ne saurions espérer, il est vrai, qu'on reconstitue jamais en son intégrité et avec tous ses caractères propres la création de Le Nôtre. Un de ses éléments essentiels, par exemple, qui furent les hautes palissades de charmille, a depuis longtemps disparu, et c'est seulement par les anciennes peintures, dont plusieurs sont reproduites en ce livre, qu'on en peut admirer l'ordonnance puissante et singulière.

Quelques jardins, en France et hors de France, ont été plus heureux que ceux de Versailles, ayant conservé ces charmilles, qui sont tout à fait dans l'esprit du temps. Ces grands murs rectilignes convenaient admirablement aux marbres auxquels ils servaient de fond ; ils ajoutaient, en même temps, de la majesté aux promenades d'une cour, qui semblait cheminer en des palais de verdure.

On aperçoit, du bas du Parterre de Latone, mettant régulièrement leur blanche silhouette derrière le rideau entr'ouvert des ifs en pyramide, la suite un

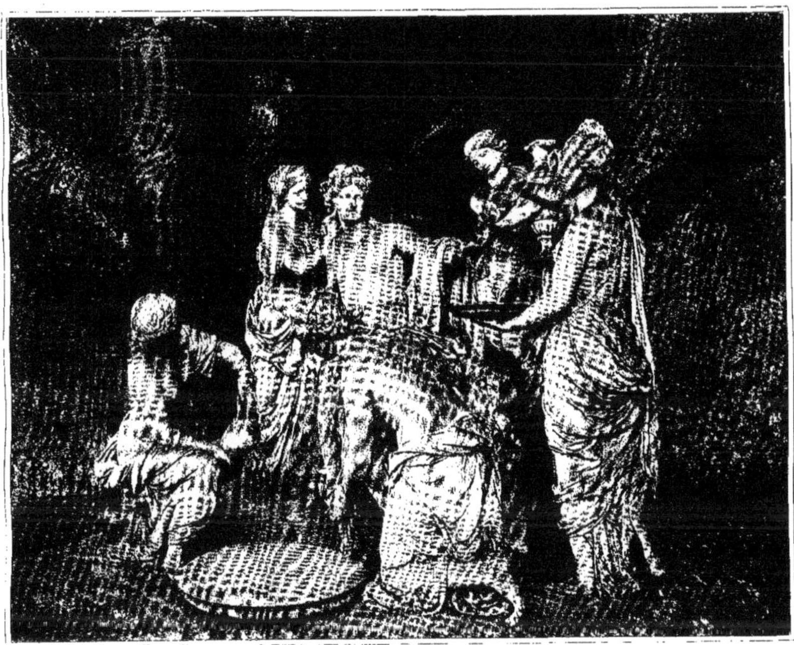

Photo P. d'Anjou.

APOLLON SERVI PAR LES NYMPHES

Bosquet des Bains d'Apollon

Groupe de marbre par Girardon et Regnaudin, achevé en 1675 pour l'ancienne Grotte de Téthys

peu froide des figures antiques copiées, presque toutes en Italie, par les élèves de l'Académie royale.

Les œuvres les plus fameuses, les plus admirées à l'époque de Louis XIV, se retrouvent en cette noble assemblée réunie ici pendant les années 1687 et 1688. Ce sont Ganymède, Uranie, Hercule Commode, l'impératrice Faustine en Cérès, le Bacchus de Florence, le Faune à la flûte, du Louvre, les deux Prisonniers Daces, du musée de Naples, l'Antinoüs du Belvédère, la Vénus Callipyge, le Silène portant Bacchus, un Mercure, de Rome, et enfin l'Apollon du Belvédère. L'Uranie et l'Antinoüs se trouvent répétés, mais sans inconvénient, car la plupart de ces figures sont peu regardées.

Elles ne laissèrent pas de choquer, dès leur installation, les prudes de la Cour. Les mentions qu'on peut relever dans les Comptes des Bâtiments nous apprennent que le sculpteur Bertin fut chargé, en 1689, de leur poser « des draperies et feuilles de vigne », et l'on trouve également le sieur Fontelle occupé à faire « des feuilles de sculpture pour mettre devant les nudités des figures du jardin ».

Dans le haut, parmi les antiques, ont été placées trois compositions modernes : *le Poème lyrique*, de Tubi, qui voisine avec *le Point du Jour; le Feu*, de Nicolas Dossier; *le Mélancolique*, de Michel La Perdrix; ces marbres font partie des séries des Poèmes, des Éléments et des Tempéraments de l'Homme, dont les meilleurs morceaux se rencontrent ailleurs.

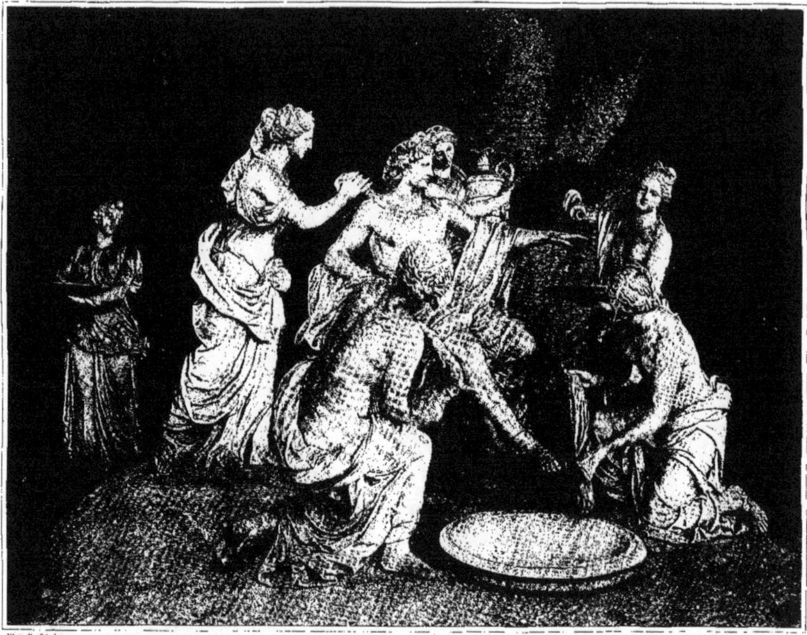

Photo P. d'Anjre.

APOLLON SERVI PAR LES NYMPHES

Bosquet des Bains d'Apollon

Groupe de marbre par Girardon et Regnaudin, achevé en 1675 pour l'ancienne Grotte de Téthys

Il y a eu autrefois des projets plus considérables pour la décoration du Parterre de Latone. Le mur de soutènement, tapissé de charmille, qui fait un fond de verdure derrière le bassin, devait recevoir des niches, des sculptures et des fontaines, dont les dimensions auraient été en diminuant avec la pente du terrain. On aperçoit cette disposition, représentée comme réalisée, dans l'estampe d'Israël Silvestre reproduite en ce livre; mais le projet n'a jamais été mis à exécution. J'ai pu reconnaître en quelques dessins aquarellés de Le Brun, les motifs de cette ornementation, qui aurait été fort belle et que son étendue même a empêché d'entreprendre.

Nos jardiniers ont repris depuis peu une habitude heureuse de leurs prédécesseurs et garnissent de

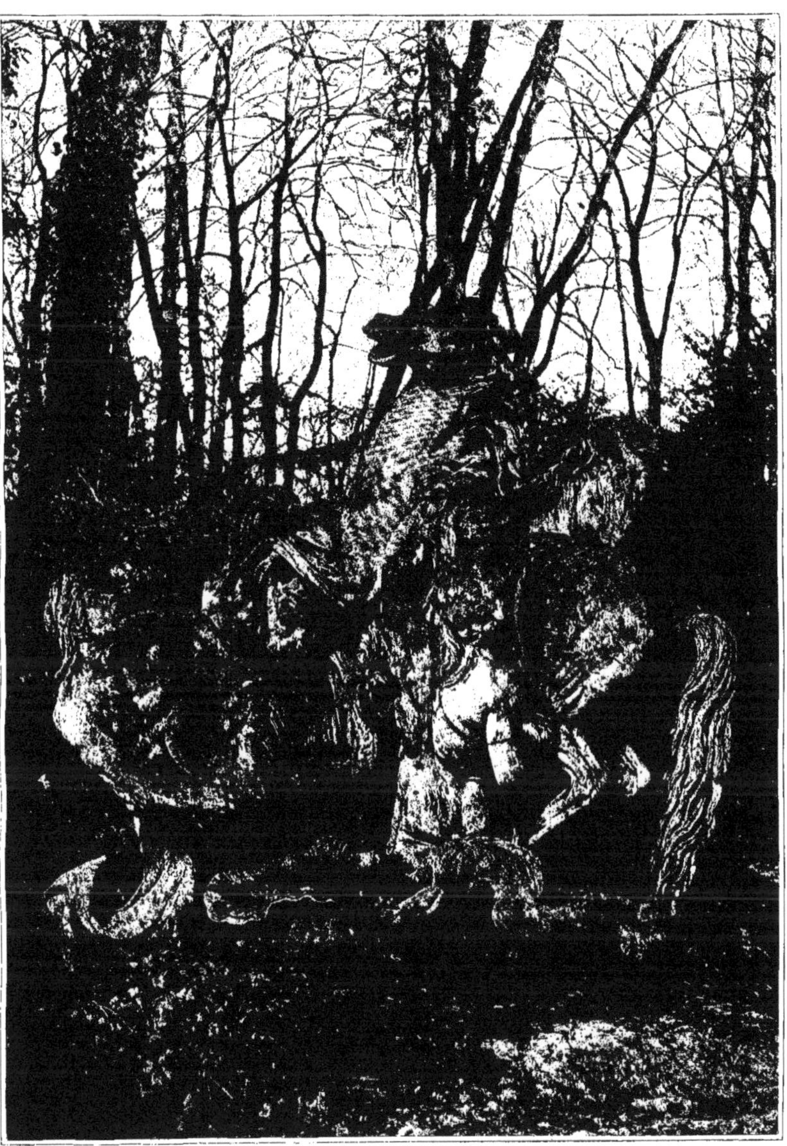

Photo P. d'Anjou.

LES CHEVAUX D'APOLLON PANSÉS PAR DES TRITONS

Bosquet des Bains d'Apollon

Groupe de marbre par les frères Marsy, achevé en 1675 pour l'ancienne Grotte de Téthys

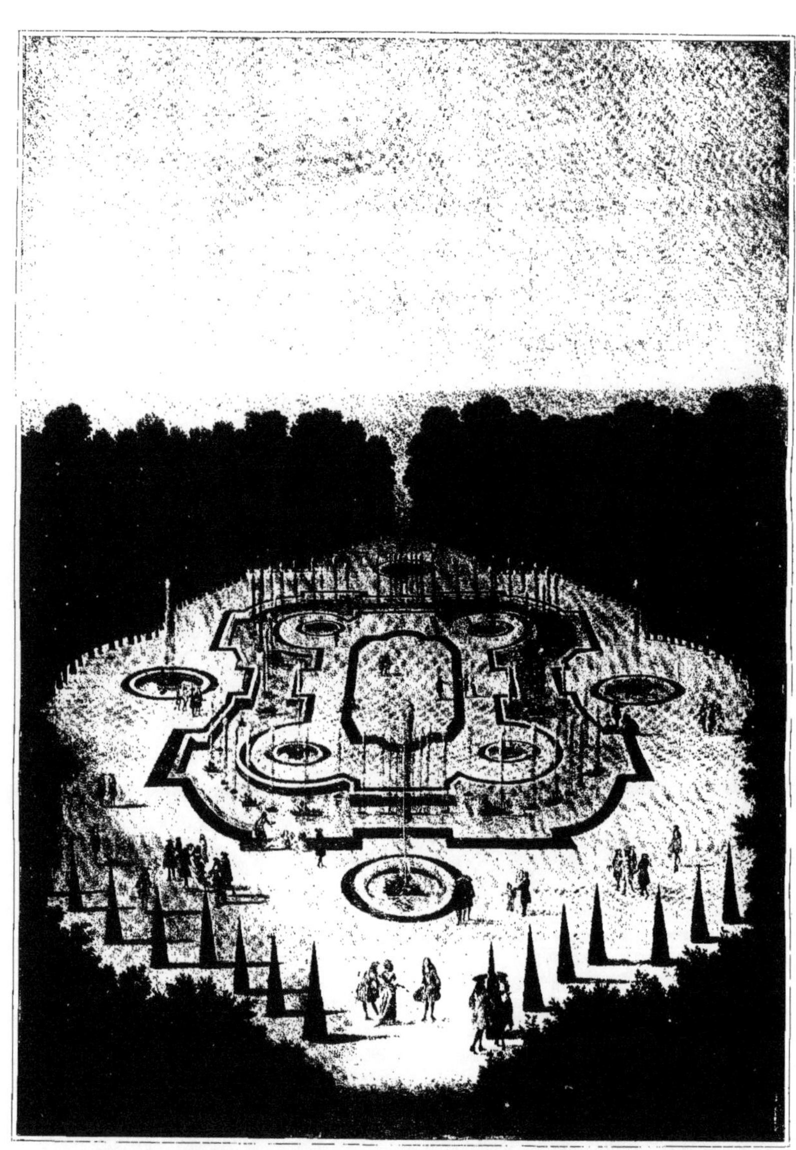

UN BOSQUET DÉTRUIT : LA SALLE DES FESTINS OU DU CONSEIL.

Construite en 1672, détruite en 1706

Peinture de J.-B. Martin

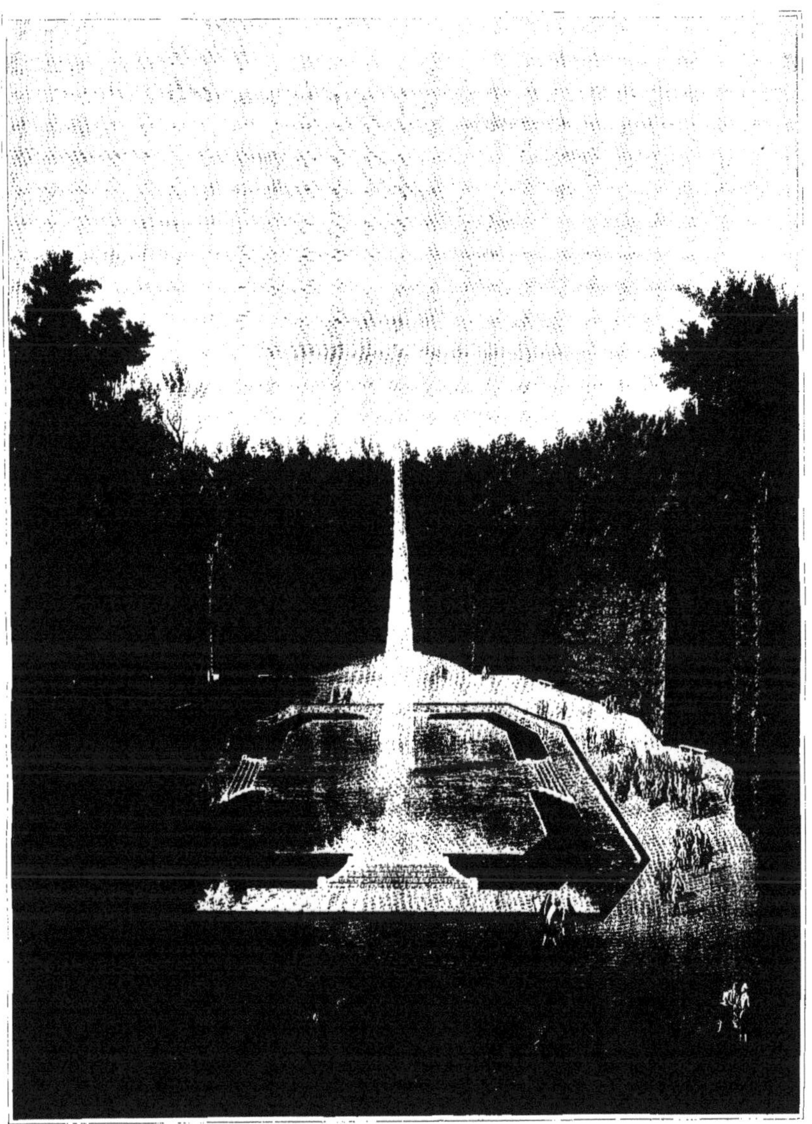

LA FONTAINE DE L'OBÉLISQUE

Construite en 1706 sur l'emplacement de la Salle des Festins, restaurée en 1890

Peinture de P.-D. Martin

fleurs, dans la belle saison, les vases de dimensions moyennes placés entre les deux perrons et sur divers points du Parterre. On y trouve des œuvres d'art véritables, qui pourraient même se passer, pour retenir l'attention, de toute parure florale.

Deux sont des créations originales de l'art du XVIIe siècle, et les bas-reliefs qui les décorent, et qui représentent l'enfance du dieu Mars, offrent d'ingénieuses allégories à la gloire de Louis XIV. Commandés par Louvois en 1684, ils ont été exécutés d'après un dessin de Mansart, et des branches de lis largement épanouis entourent le bas de la coupe.

Prou est l'auteur du vase où Mars, nu et casqué, est assis sur des trophées et entouré des génies de la guerre; ils sont douze, tous enfants comme leur maître, qui jouent avec des armes, des casques, des drapeaux; l'un d'eux tient un bouclier sur lequel est ciselé le lion d'Espagne.

Le bas-relief du vase de Hardy montre Mars enfant assis sur un char traîné par des loups. Un génie le couronne de lauriers, et derrière marchent de petits captifs enchaînés de guirlandes, tandis que plus loin est représenté un sacrifice à l'antique, toujours par un groupe enfantin. Des génies vont devant le char; il en est qui s'amusent avec le casque du dieu décoiffé; l'un folâtre avec un loup vautré sur un amas de cuirasses

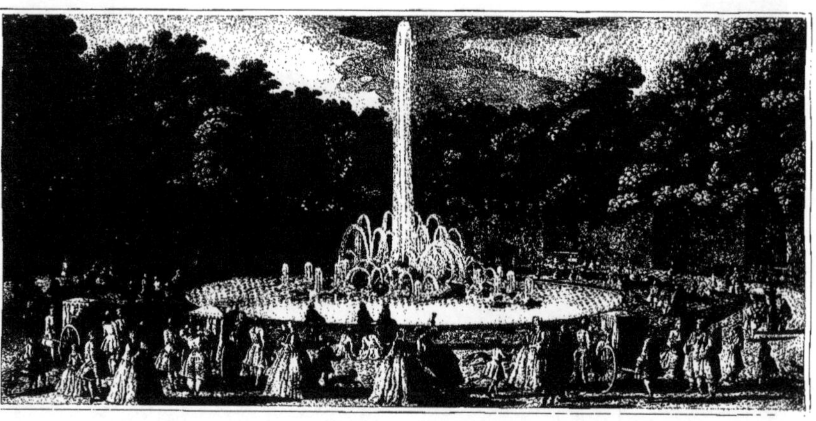

LA FONTAINE D'ENCELADE
Estampe de J. Rigaud

et de carquois, où l'on voit aussi un bouclier avec le lion espagnol; un autre porte un drapeau où se reconnaît, dans les plis, l'aigle de l'Empire. Nous retrouvons ici des symboles bien des fois répétés sur les marbres des jardins, comme dans les plafonds du Château.

Six autres vases avoisinent ceux de Prou et de Hardy, dans la partie centrale du Parterre; ce sont des copies faites par Cornu pour Colbert, d'après deux vases célèbres de l'antiquité, le Vase Médicis et le Vase Borghèse. Le premier représente le sacrifice d'Iphigénie, le second une bacchanale; chacun est ici à trois exemplaires. Au palier qui domine le bassin sont quatre autres vases d'après l'antique, « faits à l'Académie de Rome, par Grimaud et plusieurs autres étudiants ». Deux sont ornés de masques sur les flancs et sous les anses, avec une branche de vigne autour du col; les deux autres portent quatre masques de faune réunis par des guirlandes de lierre.

Ce n'est là qu'un choix décoratif fait pour rappeler, au milieu des jardins de Louis XIV, les motifs qu'on trouvait en ceux des empereurs romains; il vient logiquement compléter la série des statues antiques reproduites par les pensionnaires du Roi le long des rampes de ce parterre. Mais c'est au bas du Parterre que les principales sculptures sont groupées, et d'abord les admirables termes tournés vers le Château.

Les grands termes de Versailles sont, sans doute,

les plus beaux qu'on ait conçus depuis l'antiquité. Ils n'ont point cette rigidité de la gaine surmontée d'un visage inattendu; la moitié du corps y apparaît; le vêtement entoure les hanches et retombe en nombreux plis très bas sur le piédestal. Les expressions sont d'une vie étonnante, et ces marbres, bien qu'inspirés de l'art romain, sont animés en leur originalité d'un sentiment tout moderne.

Tout au long des Allées de l'Été et de l'Automne, les termes se succèdent, et c'est d'abord *Diogène*, par Lespagnandel. Le philosophe de Sinope n'est point ici le « cynique » de la tradition. La tête est allongée, la

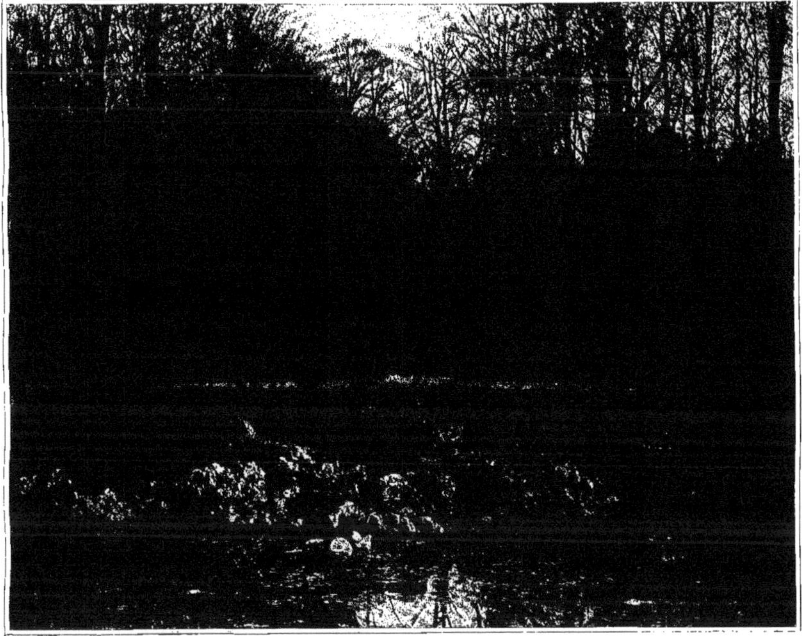

Photo P. d'Anjou.

LA FONTAINE D'ENCELADE

La figure de plomb du Titan a été exécutée par Gaspard Marsy en 1676

barbe courte et frisée comme la chevelure; les yeux songent, la main tient un rouleau; un manteau brodé, jeté sur l'épaule, l'enveloppe élégamment. On pourrait s'étonner d'une mise aussi soignée chez celui qu'on définissait « un Socrate qui serait fou ». Mais nous sommes dans les jardins de Louis XIV, et Diogène lui-même ne saurait l'oublier.

En face de ce marbre est une *Cérès* de Poulletier. Elle a l'air d'une matrone romaine, dans sa robe serrée à la taille et qui retombe en draperie. Sa tête sereine est enguirlandée d'épis; elle tient une gerbe et une couronne de fleurs.

En des notes que je citerai plus loin, le sculpteur, qui se piquait de littérature, a raconté lui-même l'installation de son œuvre. L'anecdote est assez piquante, car elle montre en scène Louis XIV en personne, causant avec ses artistes : « Sa Majesté, raconte Poulletier à propos de sa *Cérès*, eut la bonté d'en paraître satis-

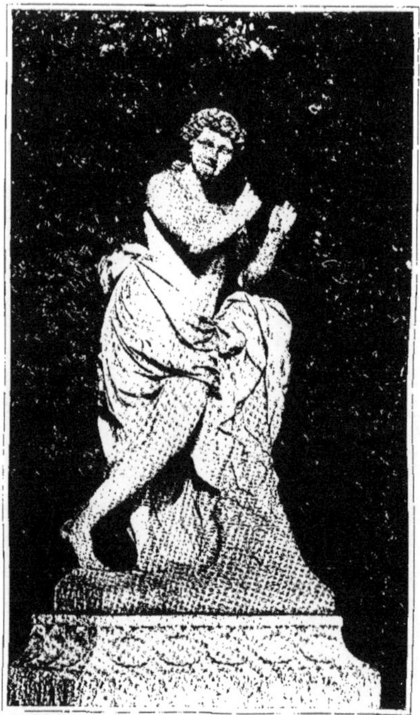

Photo P. d'Anjou.

LE BERGER ACIS
Bosquet des Dômes
Marbre exécuté par J.-B. Tubi pour l'ancienne Grotte de Téthys

faite, lorsque je la posai, et elle se récria par plusieurs reprises : « Voilà une belle femme ! Il est rare d'en « trouver de semblables. » Il est vrai encore que le Roi me témoigna sa satisfaction par une gratification proportionnée au mérite qu'il trouvait dans mon ouvrage. »

Le voisin de Diogène est un *Faune*, par Houzeau. Le visage du dieu champêtre est rieur et grimaçant. Il a la barbe longue, la bouche fendue, de grandes oreilles, et, parmi le pampre de la couronne, deux petites cornes pointent sur le front. Le buste semble ajouter de l'ampleur à sa taille. D'une main, il presse une grappe; le vin coule dans le vase qu'il soutient. Ses hanches sont entourées d'une peau de bélier et, sur le côté, pend la tête de la bête.

Près du Faune se dresse la plus délicieuse des *Bacchantes*, par Jean Dedieu. Le buste svelte, aux harmonieuses proportions, se cambre en une fierté de jeunesse; il supporte une petite tête rieuse, aux cheveux épars. Les bras se recourbent pour jouer du tambour de basque. Une peau de lion sert de vêtement; les pattes retombent sur la gaine.

Un *Hercule* suit, d'une forte stature, les traits accentués, l'expression énergique. Il appuie la massue sur son épaule; les pommes d'or du jardin des Hes-

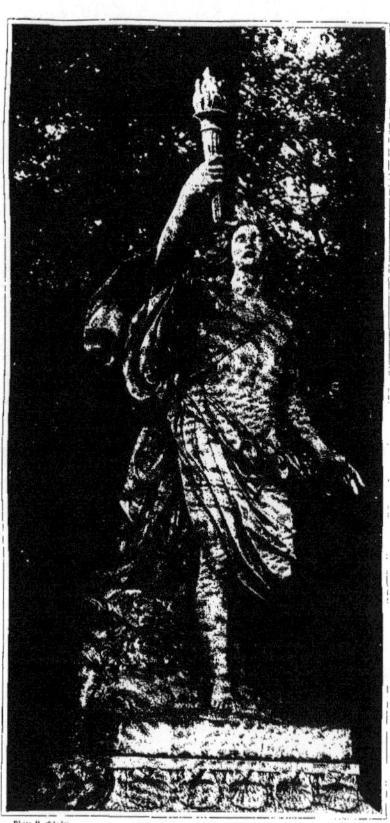

Photo P. d'Anjou.

LE POINT DU JOUR
Bosquet des Dômes
Marbre exécuté par P. Le Gros en 1696

pérides sont dans sa main ; il a jeté sur son dos la dépouille du lion de Némée, qui se noue autour de sa taille et dont la tête revient sur son front. Louis Le Conte a su rajeunir ici, de façon intéressante, le type d'Hercule.

Autour de la demi-lune qui précède le Tapis-Vert, quatre groupes se présentent. Ce sont des morceaux antiques, de valeur fort inégale, et auxquels on attachait autrefois une importance qu'ils ne sauraient tous mériter. La tradition érudite leur attribuait aussi des désignations, dont l'explication remplit les vieux guides et qui figurent encore dans les ouvrages récents. Le lecteur doit apprendre à la fois l'état de l'information archéologique au sujet de ces compositions trop

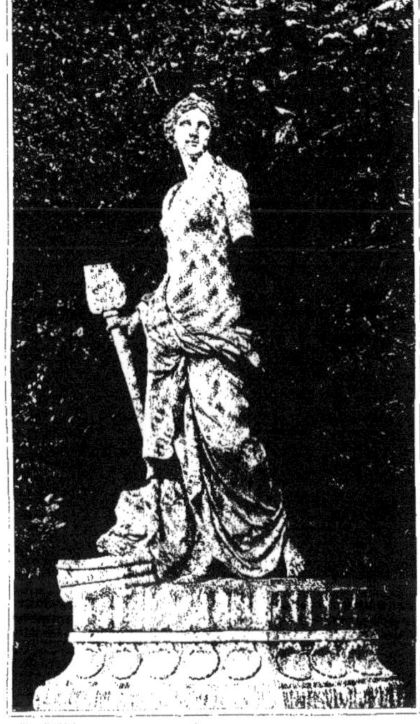

Photo P. d'Aujec.

INO, DÉESSE MARINE

Bosquet des Dômes

Marbre de Rayol

fameuses, et ce que les générations anciennes en ont si longtemps pensé.

Le premier groupe était connu comme celui de *Papirius et sa mère*, copié par Martin Carlier d'un antique de la Villa Ludovisi. Les visiteurs ont toujours eu besoin d'une explication pour s'intéresser à cette œuvre sans grande expression et, de plus, fâcheusement transportée, au XIXe siècle, sur un piédestal trop large pour elle.

Elle représente une femme penchée sur un enfant, et l'on voyait en elle l'épouse du sénateur Papirius, questionnant son fils, suivant un récit d'Aulu-Gelle. L'adolescent hésite : il revient du Sénat, où il assistait

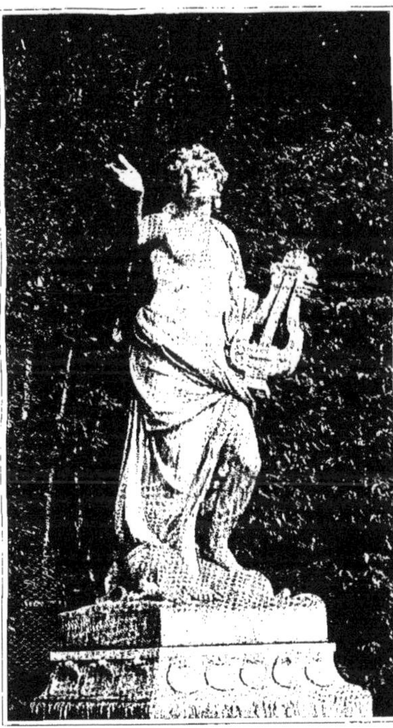

Photo P. d'Aujec.

ARION

Bosquet des Dômes

Marbre exécuté par Jean Raon en 1695

à la séance avec son père, et le sujet qu'on a traité doit être tenu secret. La mère insiste et l'enfant s'en tire par un mensonge : « On a délibéré, dit-il, sur ce point : Serait-il plus important à la République de donner deux femmes à un mari que de donner deux maris à une femme ? » Ce fut un amusant tumulte parmi les matrones romaines; les sénateurs en rirent et, pour récompenser la discrétion du jeune Papirius, déclarèrent qu'il serait le seul enfant ayant ses entrées au Sénat.

L'anecdote, que se répétait le XVIIe siècle, n'a rien à voir avec le marbre Ludovisi, aujourd'hui au Musée des Thermes à Rome. Ce morceau, qu'on attribue à l'époque d'Auguste, et qui est signé de Ménélaos, représente tout simplement la scène funéraire traditionnelle, analogue à celle qu'on retrouve sur un si grand nombre de stèles attiques.

Le deuxième groupe est le *Laocoon*. Bien que toutes les copies du célèbre morceau rhodien restent loin de l'original du Vatican, celle de Tubi, placée d'abord à Trianon, peut compter parmi les meilleures. Dans les replis des deux serpents marins, le prêtre Laocoon et ses deux fils, sur l'autel même où ils sacrifiaient, luttent contre les deux monstres envoyés par Apollon. Ce marbre n'offre ici d'autre intérêt que d'être d'un ciseau du XVIIe siècle.

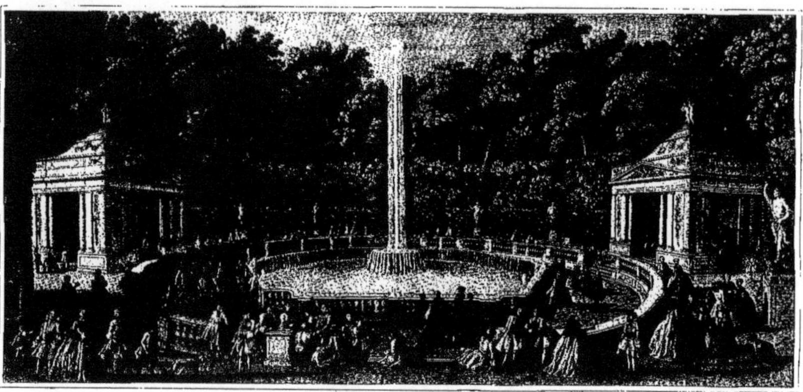

LE BOSQUET DES DÔMES VERS 1730
Estampe de J. Rigaud

François Lespingola est l'auteur du suivant, que l'on croyait un groupe romain, et que l'on désignait comme celui de *Pœtus et Arria*. On admirait le mouvement du Romain enfonçant l'épée dans sa poitrine, tandis que de l'autre main il soutient Arria, sa femme, affaissée et morte d'avoir essayé l'arme sur elle-même. « Pœtus ! » a-t-elle dit en expirant, pour encourager le condamné, « cela ne fait pas de mal. »

Nous savons aujourd'hui que l'antique copié pour le Roi « dans la vigne Ludovisio », et qui est maintenant au Musée des Thermes, est un marbre exécuté en Asie Mineure et appartenant à l'école de Pergame. Il représente un Gaulois et une Gauloise, pendant une déroute infligée par les Grecs aux envahisseurs barbares ; plutôt que d'abandonner à l'ennemi sa femme vivante, le Gaulois lui a donné le coup mortel et se frappe à son tour en jetant au vainqueur un regard de défi.

Le prétendu *Gladiateur mourant*, du Capitole, est aussi, comme on sait, un Gaulois, et provient de la même origine que le groupe Ludovisi ; on veut même voir en ces marbres des reproductions de bronzes perdus de l'ex-voto monumental d'Attale, roi de Pergame. Louis XIV eût été fort surpris d'apprendre qu'il introduisait en ses jardins des images commémoratives de très anciennes défaites nationales.

Le quatrième groupe est celui que l'on nomme *Castor et Pollux*. Coyzevox a signé sa copie et l'a datée de 1712. Les guides font remarquer la beauté des

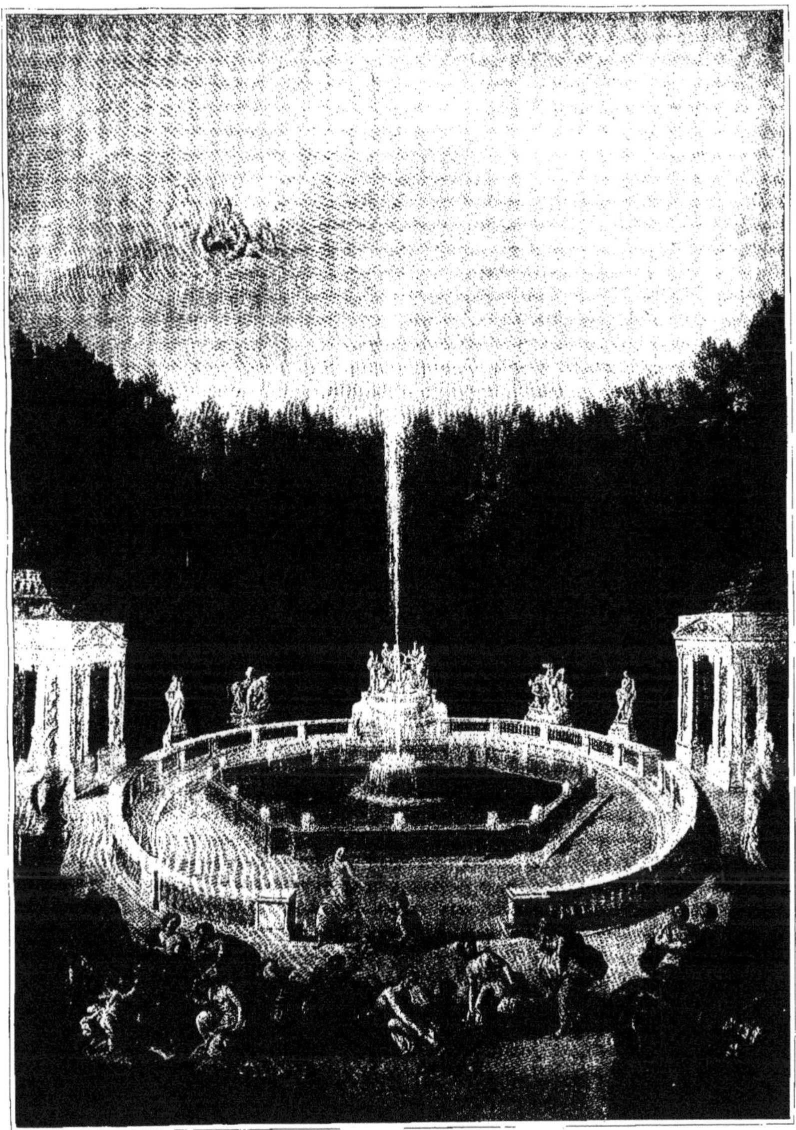

LE BOSQUET DES DOMES, DIT ALORS LE BOSQUET DES BAINS D'APOLLON

Disposition des groupes de l'ancienne Grotte de Téthys de 1686 à 1705

Peinture de Jean Cotelle

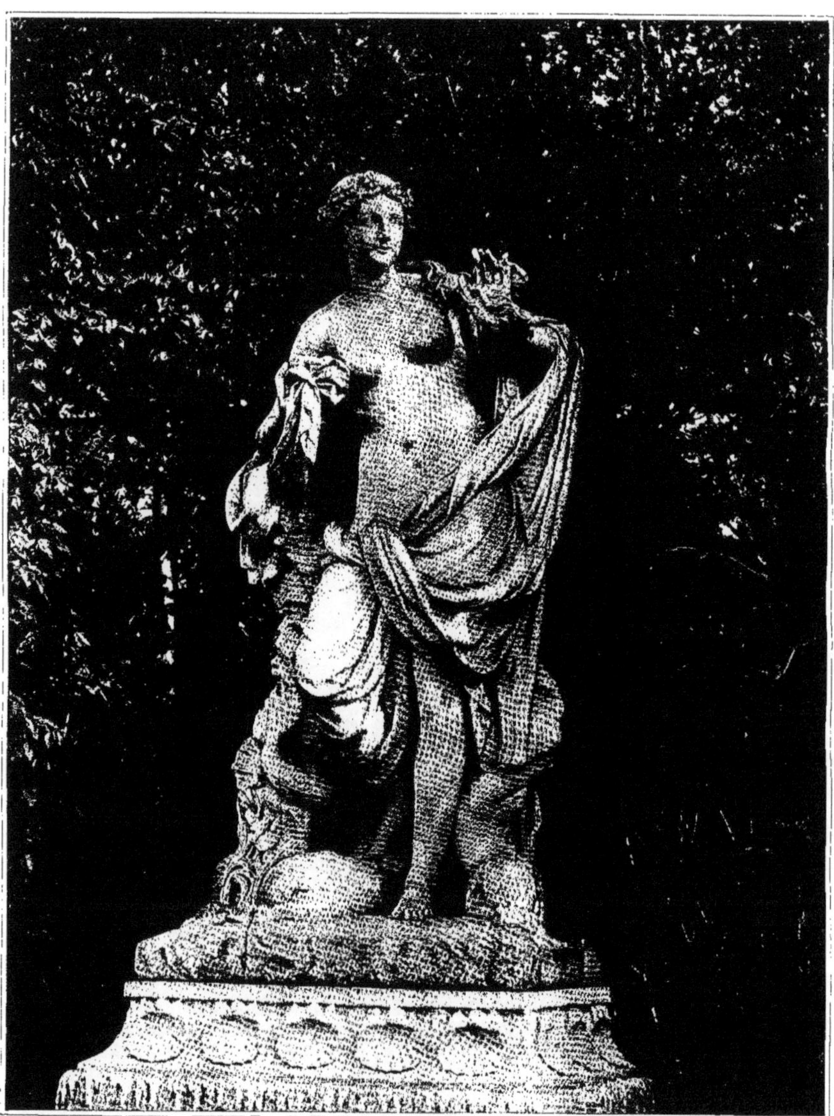

Photo P. d'Anjer.

LA NYMPHE GALATÉE ÉCOUTANT ACIS

Bosquet des Dômes

Marbre exécuté par J.-B. Tubi pour l'ancienne Grotte de Téthys

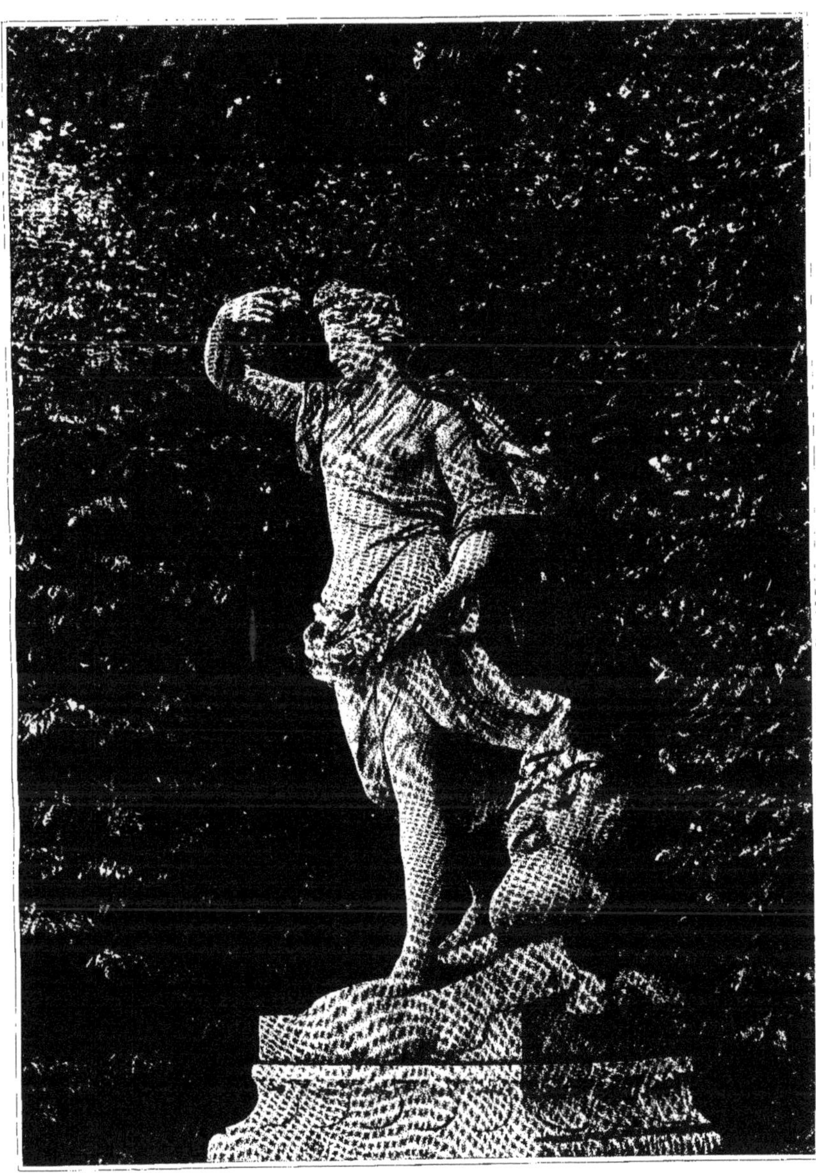

L'AURORE JETANT DES FLEURS

Bosquet des Dômes

Marbre exécuté par Magnier en 1704

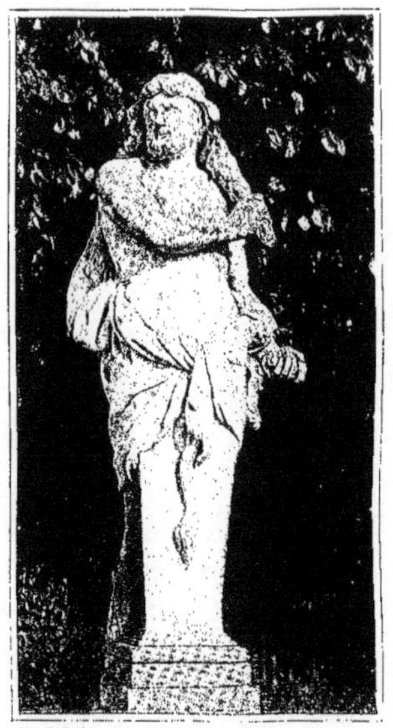

Photo P. d'Anjer. LE TERME D'HERCULE
Parterre de Latone
Marbre de Le Conte

adolescents nus et couronnés de fleurs qui sacrifient à la Terre. Sur l'autel enguirlandé, Pollux a posé une torche allumée et en tient une autre sur son épaule; Castor a l'encens dans la main gauche, et, de son bras droit, enlace tendrement son frère. La Terre serait représentée sous la forme d'une femme présentant un œuf, signe de sa fécondité ou symbole de la génération des enfants de Léda. Winckelmann rejetait déjà ces diverses suppositions et pensait voir ici Oreste et Pylade.

L'archéologie moderne a diminué l'intérêt de ce groupe du Musée du Prado, en constatant que les attributs sont des restaurations arbitraires et que les jeunes gens ne peuvent être désignés. C'est un pastiche de basse époque, composé de modèles connus dans l'art antique : le jeune homme de droite est une réplique affadie d'un type d'athlète de Polyclète; celui de gauche rappelle certaines statues praxitéliennes. Quant à la figure archaïsante de Coré, qu'on a prise pour la Terre, elle semble indiquer un sacrifice offert aux divinités souterraines. On ne connaît plus le morceau désormais que sous le nom de « groupe de San Ildefonso », du château royal d'Espagne où il fut autrefois conservé.

Le marbre de Coyzevox est le seul de ceux de la demi-lune qui soit demeuré en place depuis l'époque de Louis XIV. Celui de Lespingola a été changé de côté; il occupait le piédestal qui porte aujourd'hui le groupe du pseudo-Papirius. A la place du Laocoon et des deux Gaulois se trouvaient, à l'origine, les chefs-d'œuvre de Puget, qui ont été transportés au Louvre au siècle dernier : le *Persée délivrant Andromède* et le *Milon de Crotone*.

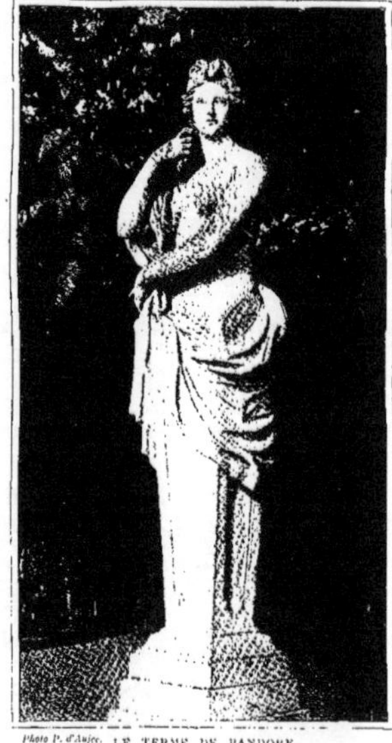

Photo P. d'Anjer. LE TERME DE PANDORE
Parterre de Latone
Marbre de Le Gros

Ces morceaux étaient réputés parmi les plus beaux de Versailles. Louis XIV les montrait aux visiteurs avec une prédilection particulière. Le *Milon* est daté de 1682 sur le marbre; le *Persée*, de 1684. Ce dernier groupe, payé 15,000 livres, était arrivé par mer de Marseille au Havre en 1685, et avait été installé aussitôt sur le piédestal de droite. Le *Milon*, placé à gauche, figure sur le tableau d'Hubert Robert, où l'on voit la Reine Marie-Antoinette en promenade à l'entrée de l'Allée Royale.

On n'aurait pas une idée complète des richesses sculpturales des jardins de Versailles, si l'on n'y rétablissait par la pensée les admirables groupes du maître marseillais. Le siècle qui les y posa savait qu'il y amenait des chefs-d'œuvre. Les connaisseurs discutaient seulement leurs préférences; « le feu Roi », raconte un d'eux sous la Régence, « paraissait pencher pour *Milon* ». On s'accordait à rendre hommage à la noblesse du caractère de Puget, qui lui avait fait repousser les offres de Louis XIV, ainsi que celles de la République de Gênes : « Le Roi ayant su qu'il avait fait deux merveilleux groupes de marbre, les

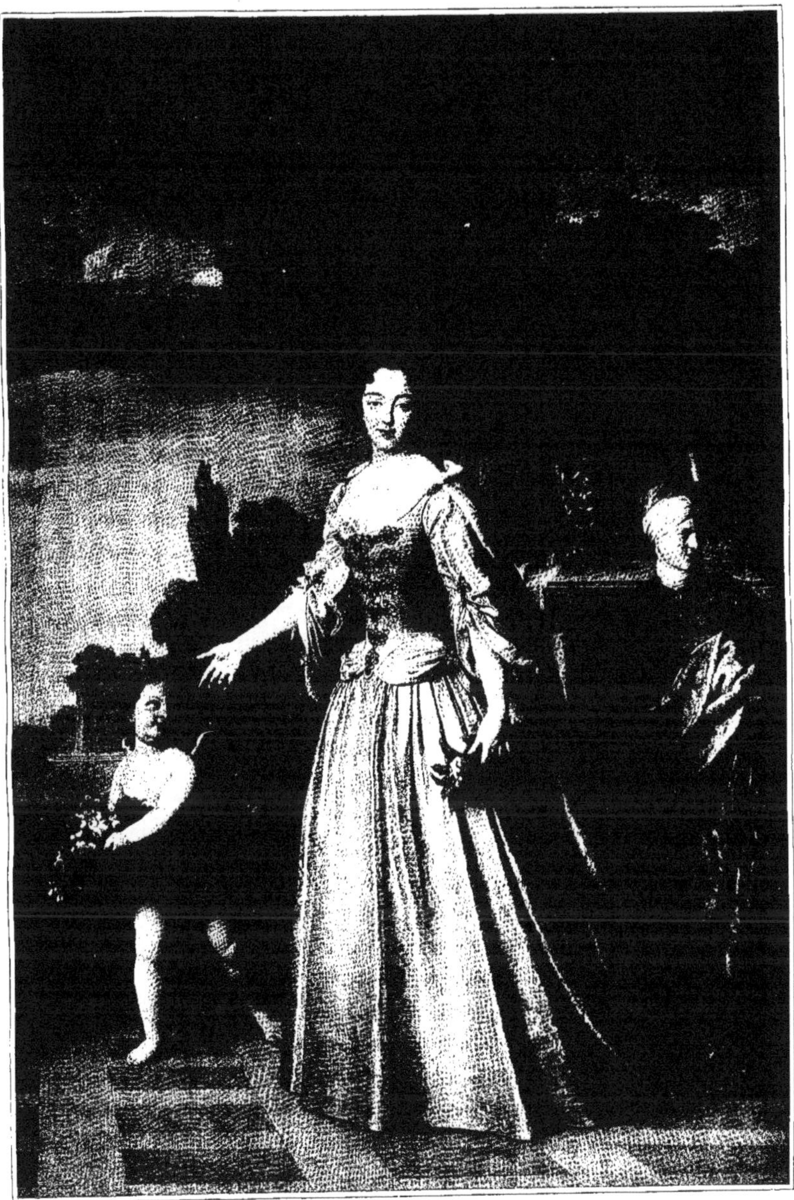

MARIE-ADÉLAIDE DE SAVOIE, DUCHESSE DE BOURGOGNE (1685-1712)
Peinture de J.-B. Santerre

10

fit acheter. M. Puget vint à Paris pour la première fois et les fit placer à l'endroit où vous les voyez. La Cour fit tous ses efforts pour l'arrêter ; rien ne put ébranler sa philosophie. Aussi désintéressé à Versailles qu'à Gênes, il ne fut sensible qu'à sa liberté ; il courut se recacher dans sa province et mourut paisiblement dans le sein de sa famille. Heureux celui à qui Dieu donne une si grande sagesse et qui peut la conserver jusqu'à sa mort ! »

Le long de l'Allée de l'Automne, une nouvelle série de termes commence par l'*Achélos*, de Simon Mazière. Le fleuve de la mer Ionienne, d'une tranquille puissance, au torse vigoureux, est couronné de fleurs. Sa tête épaisse a une longue barbe. Une écharpe flotte

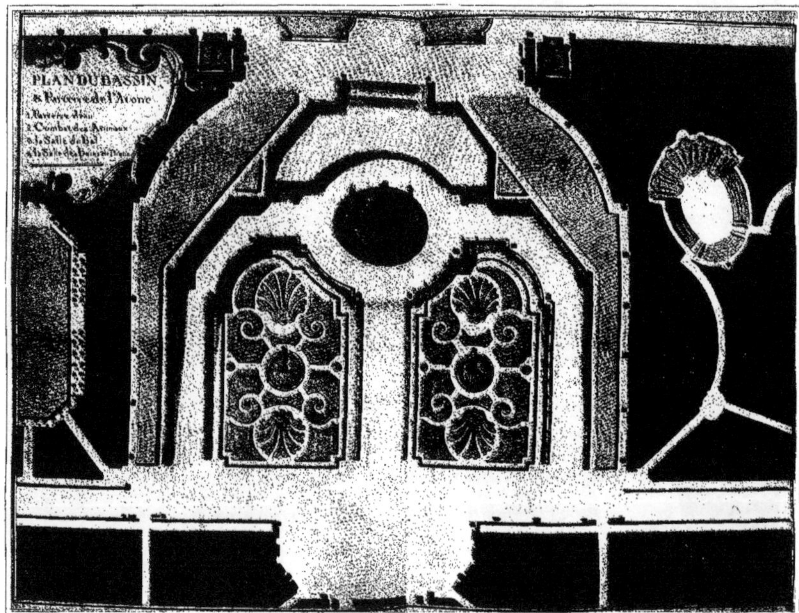

PLAN DU PARTERRE DE LATONE
Tiré d'un album exécuté en 1747 pour le Roi Louis XV

sur son dos ; il tient dans ses mains la corne d'abondance, qui lui fut arrachée du front par Hercule, alors que celui-ci, convoitant Déjanire, sut vaincre ainsi le fils de l'Océan. On voit encore, par ce nouvel exemple, comment nos sculpteurs tiraient parti des moindres détails mythologiques.

C'est *Pandore* qui suit, aussi belle que Vénus, aussi sage que Pallas, et éloquente comme Mercure. Sa nudité fière se dégage du piédestal ; sa tête, aux longs cheveux, a ce charme de belle jeunesse si fréquent dans les figures de Le Gros. De ses doigts, elle soulève ses lourdes boucles ; la main gauche, qui revient sur la poitrine délicate, porte la boîte fatale aux humains. Insoucieuse des maux qu'elle va répandre, l'égale des divinités, la première Femme, garde l'espérance au fond du coffret.

Van Clève semble moins heureux que Le Gros dans le *Mercure*, qui vient après Pandore. Le dieu aux multiples fonctions est coiffé du pétase ; le caducée et la bourse sont dans ses mains ; ses yeux levés vers le ciel semblent y chercher l'inspiration.

Le quatrième terme, *Platon*, est une sculpture de Rayol. La tête du philosophe grec se profile grave et sévère sous les boucles courtes des cheveux ; la barbe est aussi frisée. Il tient à la hauteur de son cœur un médaillon représentant Socrate, son maître; sur son front est une flamme, « marquant l'élévation de son génie ».

En face de lui est *Circé*, faisant pendant à la *Cérès* située à l'autre extrémité de l'allée. La fille du Soleil se dresse altière sur son fût de marbre, un sourire astucieux aux lèvres. Sa tête fine se couronne de longs cheveux et sa robe la revêt de plis souples et tombants. L'évocation de la magicienne homérique est due au ciseau de Magnier, de qui est encore la robuste copie voisine, ce *Gaulois mourant*, du Musée du Capitole, qu'on appelait alors le *Gladiateur*, placée à l'entrée du Parterre.

En symétrie avec cette figure couchée, s'en aperçoit

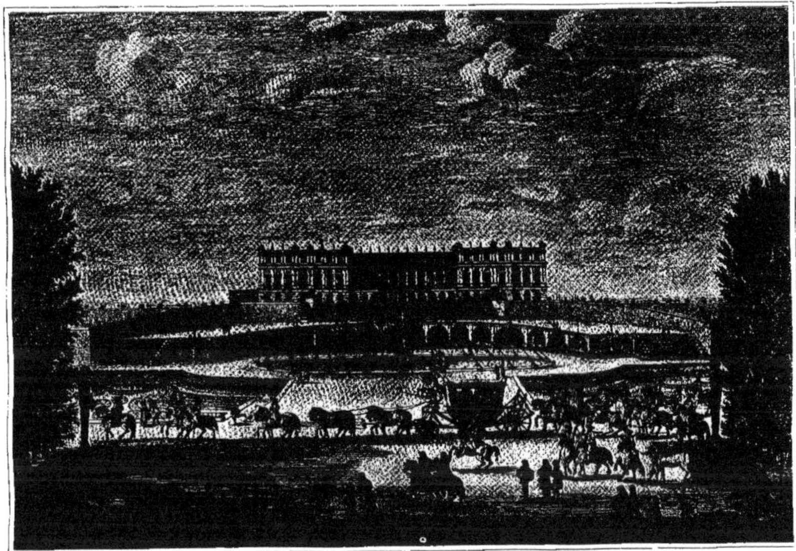

LE PARTERRE DE LATONE ET LE CHATEAU EN 1674
Estampe d'Israël Silvestre
(Cette vue montre le projet d'une décoration de niches et de statues autour du Bassin)

une autre, la *Nymphe à la Coquille*, de Coyzevox, vers laquelle nous revenons et qui est une des plus séduisantes de Versailles. Ce n'est, à vrai dire, qu'une copie un peu amollie de l'interprétation originale, qui se trouve maintenant au Louvre, à l'abri des intempéries dont elle avait eu à souffrir trop longtemps en nos jardins.

On admire encore la courbe adoucie du corps penché, la gorge tendue et ronde, la tête pure. Entre ses jolis doigts, l'adolescente tient la coquille avec laquelle elle puise l'eau de l'urne coulant à ses côtés. C'est là tout le sujet, mais l'expression en est exquise. Cette figure est la plus aimée du Parc, la plus connue, la plus populaire. Coyzevox l'a empruntée à l'art grec. Il s'est, en effet, inspiré d'un motif célèbre plusieurs fois reproduit par l'antiquité. L'esthétique des Anciens s'affirme dans la perfection des lignes; l'élégance et l'esprit du sourire font cependant bien française la nymphe juvénile, qui semble le gracieux génie de la « cité des eaux ».

Il faut s'arrêter à l'entrée du Tapis-Vert, dans l'axe

de la célèbre Allée Royale et des Allées de l'Été et de l'Automne. Là se trouve ce que les anciens guides de Versailles appellent le « Point de vue », et c'est de cet endroit, lorsque les eaux jaillissent, qu'on aperçoit le mieux, de tous les côtés, l'effet de leurs jeux.

Louis XIV lui-même a indiqué l'intérêt de ce coup d'œil circulaire, dans un des itinéraires écrits de sa main, où il marquait les curiosités de ses jardins et l'ordre dans lequel il les fallait visiter :

« On ira droit au point de vue du bas de Latone... On y fera une pause pour considérer les rampes, les vases, les statues, les Lézards, Latone et le Château ; de l'autre côté, l'Allée Royale, l'Apollon, le Canal, les gerbes des Bosquets, Flore, Saturne ; à droite, Cérès ; à gauche, Bacchus. »

Les « Bosquets » dont parlait le Roi n'ont plus de « gerbes » et ont été remplacés par deux quinconces, de chaque côté du Tapis-Vert, dont le seul ornement est une série de termes de petites dimensions et d'un caractère fort différent des autres marbres de Versailles. Un certain nombre proviennent du château de Vaux-le-Vicomte, où le Roi les acheta, en 1683, au prix de 1,800 livres l'un. Ce sont ceux qu'avait composés à Rome Nicolas Poussin, pour le surintendant Foucquet.

Le grand peintre français avait lui-même exécuté en terre les modèles que les praticiens italiens firent passer dans le marbre. Il y a, dans la série dont Versailles a hérité, quelques figures admirables de sobriété décorative, le Morphée, par exemple, la Minerve ou le Pan ; mais elles ne sont pas en accord avec les proportions et le style de nos jardins.

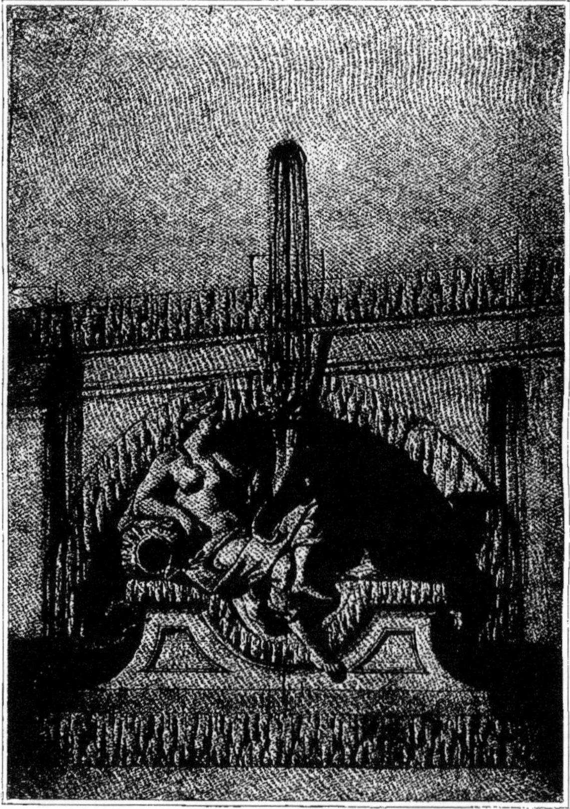

PROJET D'UN DES MOTIFS DU POURTOUR DU BASSIN DE LATONE, NON EXÉCUTÉ

Dessin de Charles Le Brun

L'Allée Royale déroule à présent son large tapis de gazon et, parmi les grands arbres qui l'ombragent, le long des palissades de verdure, continue le défilé des blanches statues. Mêlées à quelques copies de l'antique, ce sont des œuvres originales, de noblesse et d'élégance toutes françaises.

Nous traversons la demi-lune et, passant devant *Laocoon*, nous nous arrêtons devant la figure svelte et longue, dont le sourire faux inquiète et retient. C'est la *Fourberie*, par Le Conte. Son corps de jeune chasseresse est vêtu d'une robe grecque qui le dessine ; la jupe relevée montre jusqu'au-dessus du genou la ligne flexible de la jambe. Le profil délicat et rusé s'accentue des cheveux roulés bas en torsade ; sur le sommet de la tête, un nœud en serpent. La femme s'appuie sur un tronc d'arbre et tient en ses mains un masque ; un renard symbolique est à ses pieds.

Cette statue, ainsi que la *Fidélité*, qui lui fait face et qu'on jugeait fort inférieure, avaient été composées sur un dessin de Pierre Mignard. C'est en effet Mignard, devenu Premier Peintre du Roi, qui avait assumé la « conduite » des figures de marbre, dirigée avant lui par Le Brun ; mais les artistes semblent lui avoir reconnu une autorité beaucoup moins grande qu'au créateur du décor de Versailles.

On a fait une *Junon* d'une figure antique de femme, trouvée à Smyrne et tout entière vêtue, dont la tête et les bras sont refaits par Mazière. Deux grands vases la séparent d'une copie, par Jouvenet, du marbre du Vatican appelé *Hercule et Télèphe*. Hercule serait sous les traits de l'empereur Commode ; l'artiste romain

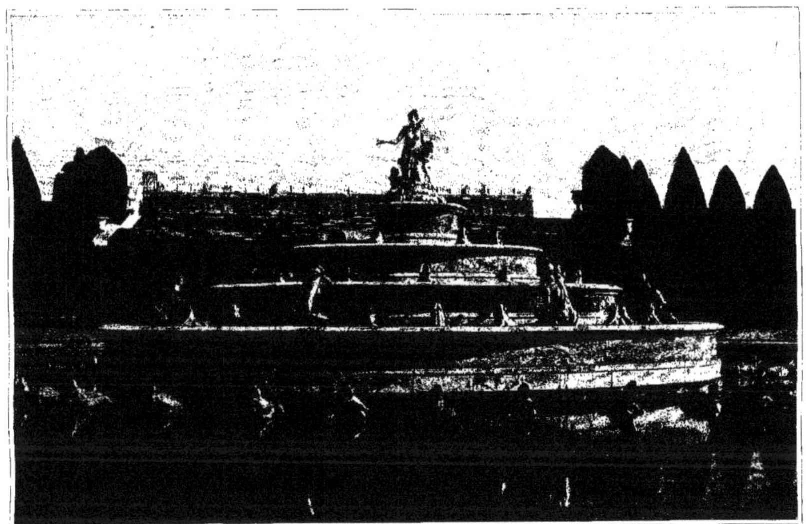

Photo P. d'Avjec.

LE BASSIN DE LATONE

Sculpture de marbre et de plomb doré, exécutée par les frères Marsy de 1668 à 1671

lui a mis dans les bras un enfant, celui qu'aimait le fils d'Alcmène et que les nymphes lui ravirent. La figure symbolise la force unie à la bonté.

Nous traversons l'Allée du Printemps pour trouver, en la *Vénus de Médicis*, un antique plus fameux encore. Il était facile à Frémery de traduire pour le goût français une statue athénienne. On connaît la Vénus qui sort de l'onde, timide d'être au grand jour dans toute sa splendeur. Son buste doucement s'infléchit, sa jambe droite se replie, sa tête fine se penche un peu et, de ses mains, elle tâche de cacher sa beauté dévoilée. La crainte paraît sur les jolis traits ; des yeux, elle interroge la solitude. La statue de la Tribuna de Florence passait, d'après une inscription regardée aujourd'hui comme douteuse, pour l'œuvre du sculpteur Cléomène. Elle a été reproduite en bronze par les Keller, en 1687, d'après un moulage qui a peut-être servi à Frémery pour sa copie de 1686.

L'art des sculpteurs du temps de Louis XIV reste

en harmonie avec les œuvres où nous venons de goûter, sous le ciel de Versailles, le rêve des maîtres antiques. Comme tous ses contemporains, Anselme Flamen était trop nourri de l'art des Anciens pour n'avoir pas créé sa statue de *Cyparisse* dans le sentiment où ils l'eussent conçue. Le jeune favori d'Apollon tua un jour par inadvertance le faon apprivoisé qu'il aimait tendrement ; son chagrin fut si grand qu'il voulut mourir, et Apollon le changea en cyprès. On nous le montre comme un jeune homme souriant, à la tête frisée, habillé d'un long manteau jeté sur son épaule, le carquois au dos. Il est penché sur la jolie bête, qui dresse la tête et le regarde, pendant qu'il l'enguirlande de roses.

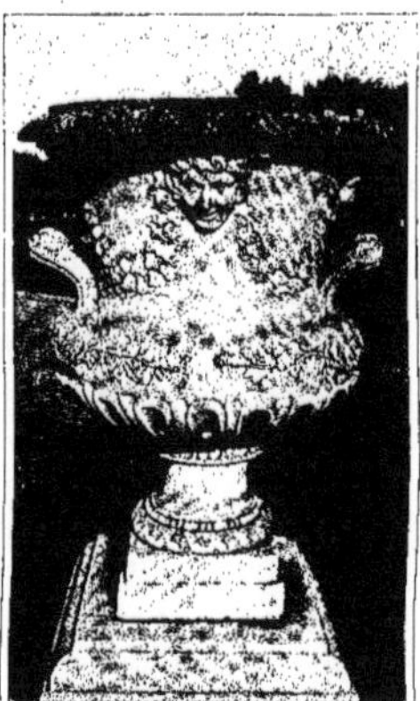

Photo P. d'Aujac. VASE DE MARBRE
Parterre de Latone
Sculpté à Rome par les pensionnaires du Roi

Desjardins a terminé, après la mort de Le Fèvre, une statue d'*Artémise*. La robe traînante de la reine de Carie découvre la poitrine et les bras ; elle tient une coupe et s'apprête à boire le breuvage où sont dissoutes les cendres de son époux Mausole, à qui elle fera élever le magnifique et fameux tombeau, septième merveille du monde. Certes, un sculpteur d'Athènes eût donné à l'œuvre un autre caractère, mais c'est beaucoup qu'auprès d'authentiques évocations de l'art grec, elle ne détonne point.

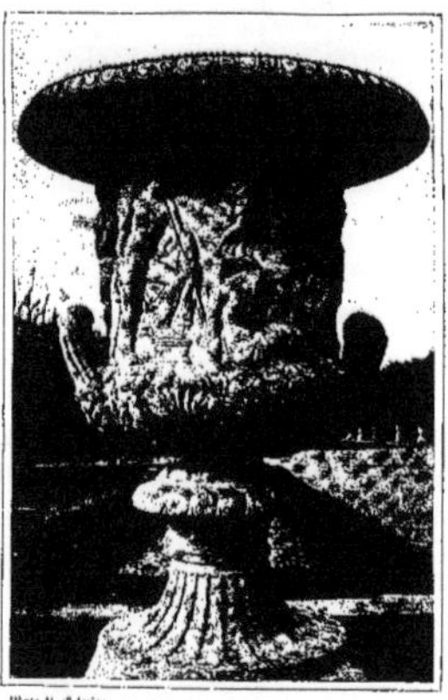

Photo P. d'Aujac. VASE DE MARBRE
Parterre de Latone
Copie sculptée par Cornu du Vase Médicis
(Le bas-relief représente le sacrifice d'Iphigénie)

Un dernier vase de marbre sépare Artémise du groupe d'*Aristée et Protée*, qui se trouve au bas du Tapis-Vert, dont nous avons suivi un des côtés. L'Allée Royale s'achève ici comme elle a commencé, en une demi-lune qu'ornent symétriquement termes et statues.

Le groupe d'angle, daté sur le marbre de 1723, a été exécuté par S. Slodtz, d'après une composition de Girardon. Ce morceau, un peu massif, représente Aristée liant sur un rocher Protée, pour l'obliger à prédire l'avenir ; car le fils de l'Océan n'annonce le temps futur que si on lui arrache ses secrets par la force. Aristée est un berger vigoureux dont le jeune corps n'est recouvert que d'une écharpe qui flotte au vent de mer ; ses cheveux abondants et bouclés sont retenus par une couronne de ruban. Vaincu, mais non consentant, le gardien des troupeaux de Neptune se débat et tâche de rompre ses liens. Deux veaux marins soutiennent par le bas l'ensemble, qui est fait d'un seul bloc de marbre.

Les termes qui sont autour du Bassin d'Apollon ont moins d'originalité que ceux du Parterre de Latone. Dans le quart de lune de droite, le premier est *Syrinx*, par Simon Mazière, daté de 1689. La nymphe d'Arcadie, compagne de Diane, a la sveltesse de la Chasseresse. Ses yeux levés au ciel semblent implorer Jupiter, alors qu'elle se jette dans le Ladon pour échapper à Pan qui la poursuit. Elle sera aussitôt métamorphosée en roseaux et, de ces roseaux, le dieu des bergers et des prairies fera la flûte appelée du nom de la chaste nymphe. Elle apparaît ici nue sous l'écharpe qui effleure son dos et tenant en ses mains la plante de la légende.

Le *Jupiter* et la *Junon* qui l'avoisinent sont de Clérion ; ces figures ne sont que des interprétations de l'antique. *Ver-*

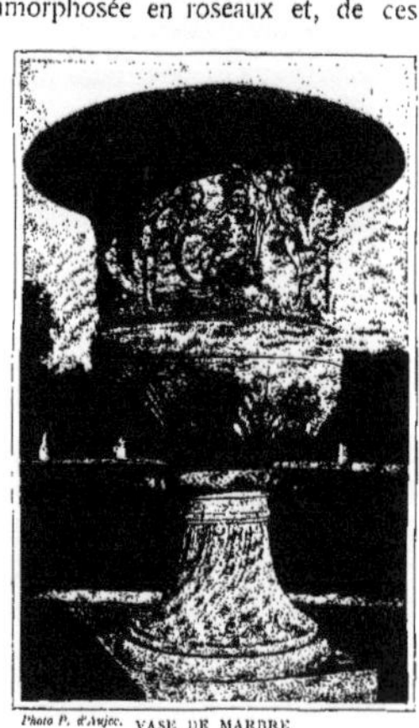

Photo P. d'Aujac. VASE DE MARBRE
Parterre de Latone
Sculpté par Prou d'après un dessin de Mansart
(Le bas-relief représente Mars enfant)

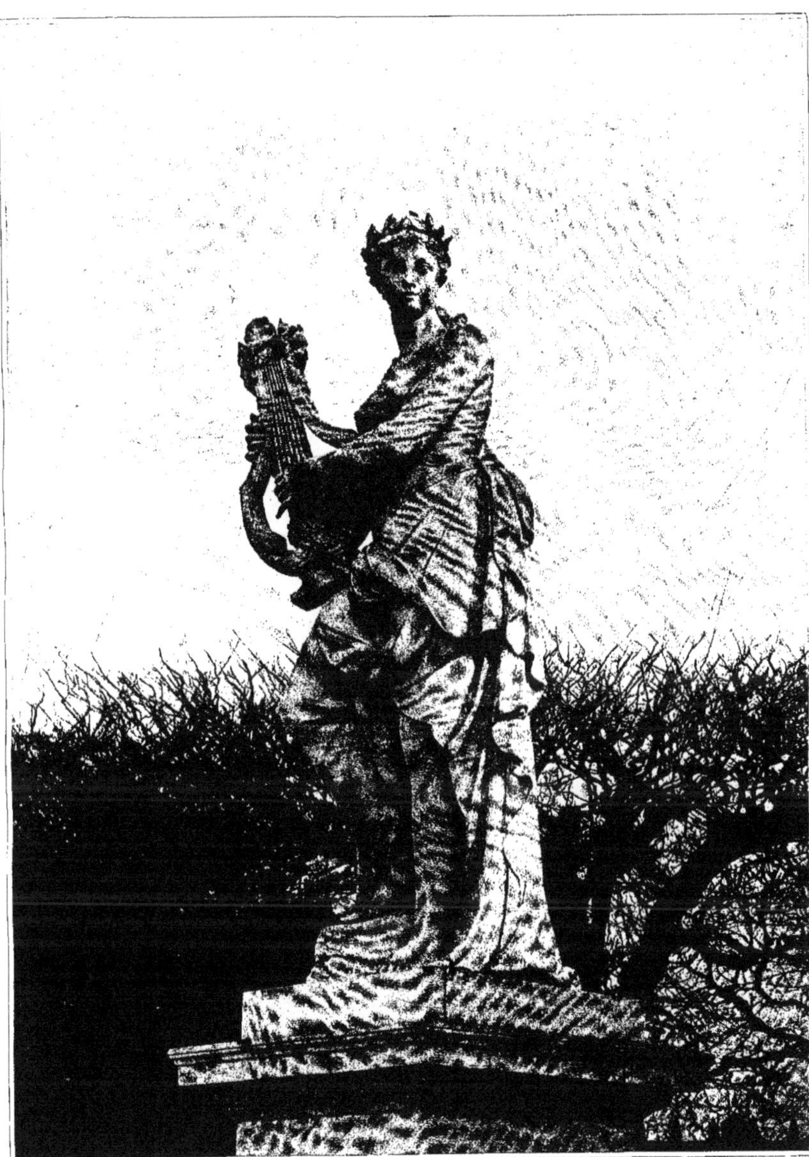

Photo P. d'Aujou.

LES POÈMES : LE POÈME LYRIQUE

Rampe du Parterre de Latone

Marbre sculpté par J.-B. Tubi en 1680

tumne, qui vient ensuite, par Le Hongre, porte une corbeille de fruits. Le buste est nu, l'expression amoureuse, la tête couronnée. Il fut le dieu des vergers et l'époux de Pomone, qui longtemps se laissa désirer.

Les marbres se terminent de ce côté par la statue de *Silène portant Bacchus*. Le charmant antique est trois fois répété dans les jardins de Versailles. Silène nu tient délicatement dans ses bras le petit dieu qui se débat et joue avec la barbe du père nourricier; celui-ci, tendrement penché sur l'enfant, lui sourit; il est couronné de raisins et s'appuie sur un tronc d'arbre enroulé de pampres.

Nous laissons de côté les marbres, en très mauvais état, qui s'alignent dans la direction du Canal et occupent, sur les anciens piédestaux, la place d'œuvres meilleures qui s'y dressaient jadis; et, passant derrière le quadrige d'Apollon charriant le Soleil, qui s'élance des eaux du grand bassin, nous allons chercher, à l'autre extrémité de la courbe gracieuse, le *Bacchus* antique qui fait pendant au Silène. Cette statue a été refaite au XVIIe siècle dans la partie supérieure, mais de la façon la plus heureuse. Le corps de l'adolescent est frêle comme celui d'une femme; il sourit sous sa couronne de raisins retenue par une ferronnière. Penché à gauche, d'un joli mouvement, il soulève son bras et, de la main, presse une grappe dont le vin s'égoutte dans une coupe.

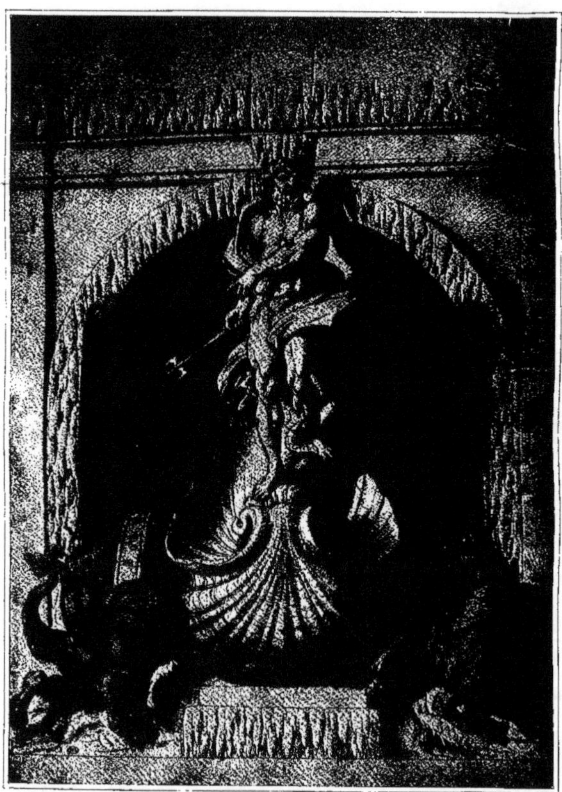

PROJET D'UN MOTIF DU POURTOUR DU BASSIN DE LATONE, NON EXÉCUTÉ
Dessin de Charles Le Brun

Le terme qui fait pendant à Vertumne, placé de l'autre côté de la demi-lune, est *Pomone* couronnée de fleurs, portant de ses deux mains une longue guirlande de pommes. Cette œuvre charmante est aussi de Le Hongre.

Le *Bacchus*, de Raon, est bien froid, si on le compare à la statue du jeune dieu que nous venons d'admirer. Le buste nu sort de la gaine enveloppée d'une peau de bête; sa tête est couronnée de raisins; il tient un thyrse à la main.

Le *Printemps*, commencé par le sculpteur Arcis et signé de Mazière en 1699, est représenté par une jeune femme couronnée de roses, avec un bracelet de fleurs et une lourde guirlande qu'elle tient des deux mains. Elle est vraiment un délicat symbole de la saison fleurie sous cette jonchée printanière : son jeune buste se détache sur le fût de marbre, la tête est fière,

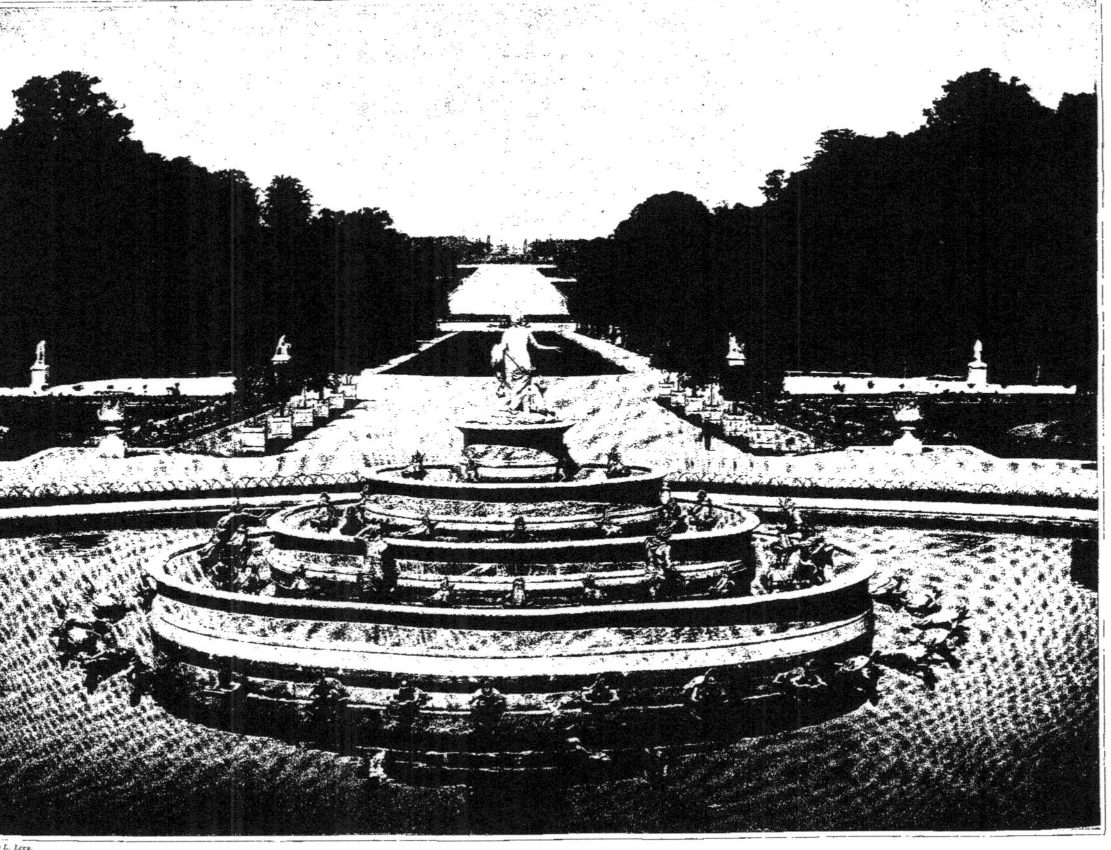

Photo L. Lévy.

LE BASSIN DE LATONE ET LA PERSPECTIVE DU TAPIS-VERT

Sculpture de marbre et de plomb doré, exécutée par les frères Marsy, de 1668 à 1671

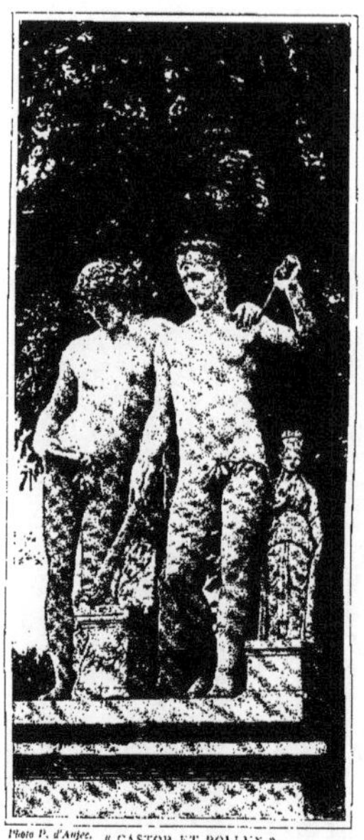

Photo P. d'Angee. « CASTOR ET POLLUX »
Groupe copié de l'antique par Coyzevox en 1712

une boucle de cheveux descend sur l'épaule.

Près d'elle est le dieu *Pan,* de Mazière encore, d'après Girardon. Couronné de roseaux, il joue de la syrinx ; le buste est nu et nerveux, la tête expressive ; autour des hanches se noue une peau de panthère qui retombe sur la gaine de marbre.

Nous retrouvons un groupe important à l'entrée du Tapis-Vert, le marbre d'*Ino et Mélicerte,* de Pierre Granier, d'après une cire de Girardon. On a vu la même Ino divinisée sous le nom de Leucothoé, dans un marbre du Bosquet des Dômes. Ici, encore simple mortelle, elle se jette à la mer avec son fils, pour échapper à la fureur d'Athamas, roi de Thèbes. Ils ont tous les deux un beau geste en avant ; les bras d'Ino se lèvent comme pour battre l'air et, penchée vers l'enfant qui répond à son courage, elle va se plonger avec lui dans les flots, où Jupiter les métamorphosera en dieux marins.

La composition de ce grand morceau est excellente, et les détails s'y regardent sans ennui. La reine Ino est vêtue de longues draperies qui flottent au vent ; son manteau brodé traîne par derrière ; les manches sont relevées par des bijoux ; un diadème de perles la couronne ; ses pieds sont chaussés d'étoffe ouvragée. Le jeune Mélicerte a une écharpe jetée sur une sorte de cotte de mailles ; ses jambières très hautes sont retenues par un cercle d'orfèvrerie ; il regarde sa mère et pose la main sur son cœur en signe d'obéissance. Sur le roc d'où le couple

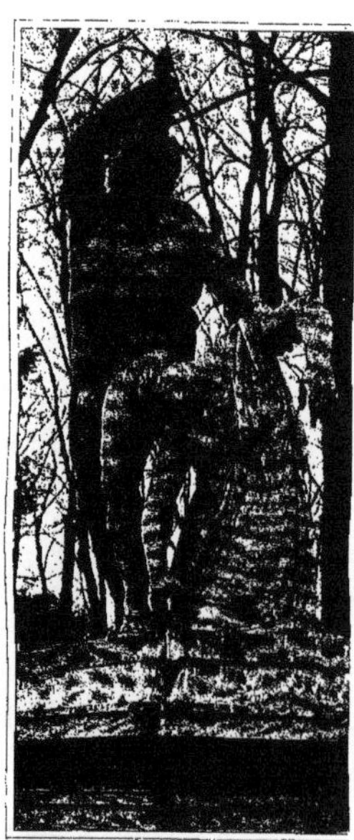

Photo P. d'Angee. « PŒTUS ET ARRIA »
Groupe copié de l'antique par Lespingola

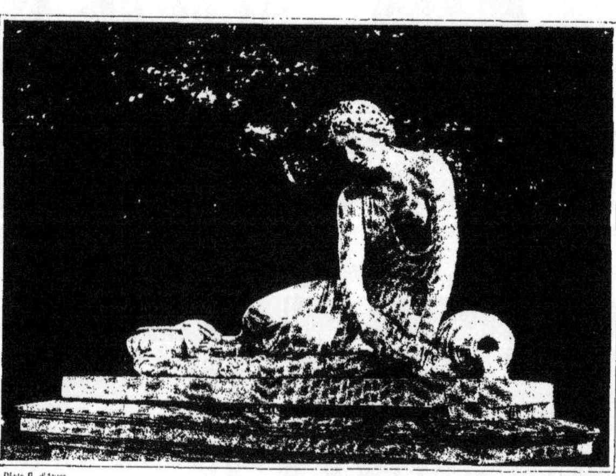

Photo P. d'Angee.
LA NYMPHE A LA COQUILLE
Rampe du Parterre de Latone
Copie, par Suchetet, du marbre imité de l'antique par Coyzevox en 1687

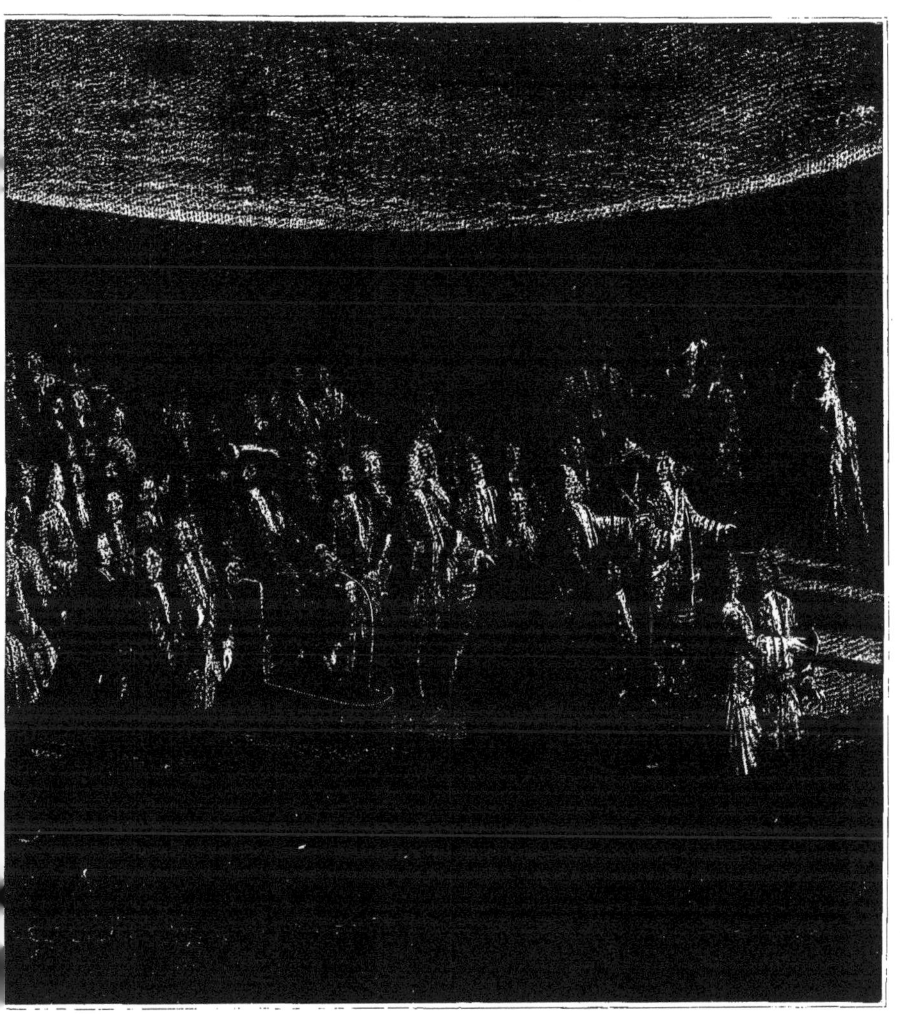

LOUIS XIV, LE DAUPHIN ET LES PRINCES EN PROMENADE DANS LES JARDINS DE VERSAILLES

Détail d'un tableau de P.-D. Martin représentant le Bassin d'Apollon

prend son élan, se dessinent des fleurs marines et un dauphin.

Au milieu de tous ces marbres qui l'entourent, le large bassin d'eau tranquille, qui semble amener au milieu des jardins les flots du Grand Canal, porte le groupe de plomb le plus important de Versailles, le *Char d'Apollon*. L'art souple et délicat de Jean-Baptiste Tubi, s'est élevé ici à une singulière puissance de composition.

Le plomb fut autrefois doré et, des fenêtres du Château, le groupe apparaissait étincelant; l'or revêtait tout naturellement le semeur de lumière. Faut-il rappeler une fois de plus qu'Apollon, si souvent répété dans ces jardins, où ses divers mythes se rencontrent sans cesse, avait une place exceptionnelle dans l'imagination des contemporains? N'était-il pas le Roi-Soleil, ce Louis XIV qui portait comme emblème la tête rayonnante du jeune dieu? Les artistes prêtèrent souvent à celui-ci les traits et le port majestueux du souverain, jamais cependant en une œuvre plus forte et plus complète que celle qui nous arrête ici.

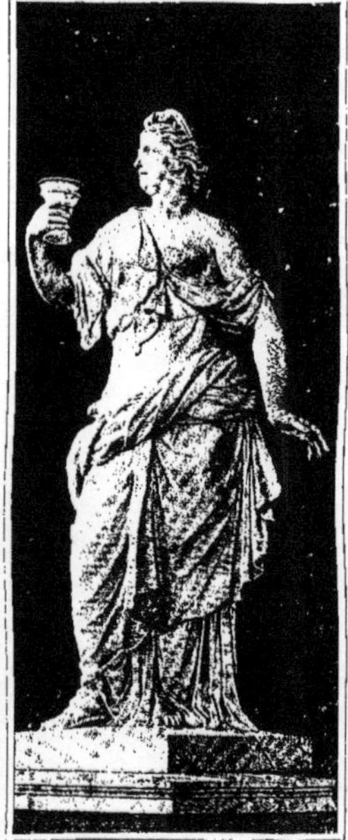

Photo P. d'Anjou. ARTÉMISE
Tapis-Vert
Marbre sculpté par Le Fèvre et Desjardins en 1695

Le matin est venu; Apollon, reposé, quitte la grotte marine de son épouse Téthys. Le voici qui sort des eaux sur son char lumineux, jetant devant lui des rayons. Il est bien le dieu du jour dans sa splendide jeunesse et tient d'une seule main les rênes de ses quatre chevaux. La Fontaine, qui a connu le modèle de Tubi, s'ingénie à les décrire :

> Les coursiers de ce dieu com-
> [mençant leur carrière
> A peine ont hors de l'eau la croupe
> [tout entière ;
> Cependant on les voit impatients
> [du frein :
> Ils forment la rosée en secouant
> [leur crin...

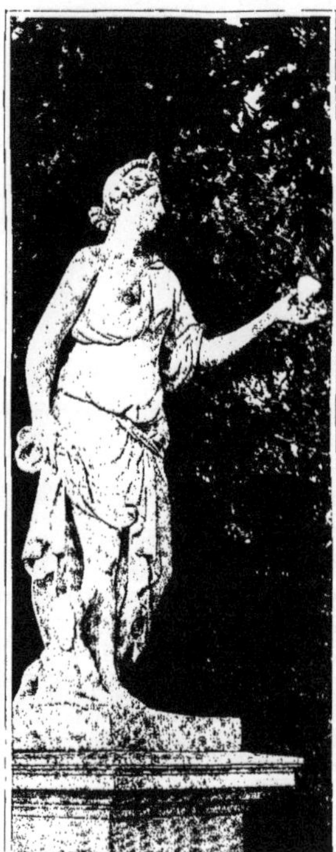

Photo P. d'Anjou LA FIDÉLITÉ
Tapis-Vert
Marbre sculpté par Le Fèvre en 1685

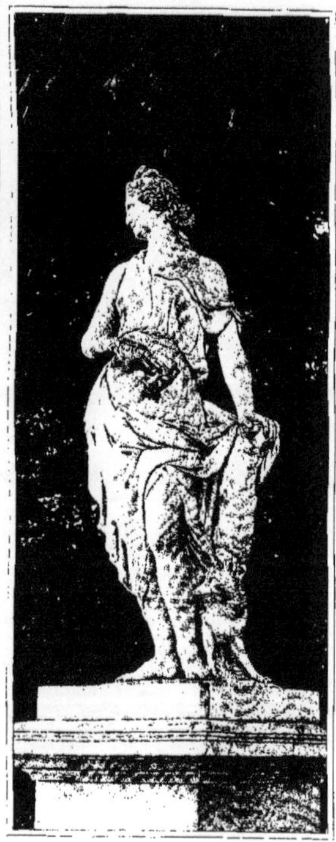

Photo P. d'Anjou. LA FOURBERIE
Tapis-Vert
Marbre sculpté par Le Conte

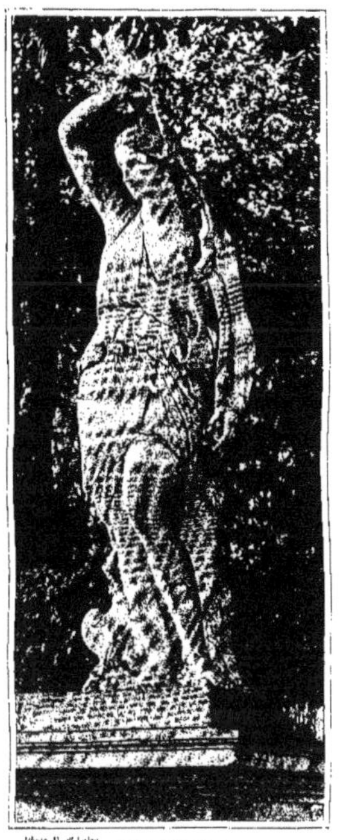

Photo P. d'Anjec.
UNE AMAZONE
Tapis-Vert
Marbre copié de l'antique par Buirette en 1694

Vu de face, le mouvement des groupes est en éventail; les chevaux se partagent deux par deux; en avant, un triton les sépare; des tritons nagent encore à droite et à gauche et en arrière; ils sonnent éperdument de la conque, annonçant par le monde la venue du jour; des baleines suivent, la tête seule au-dessus de l'eau.

Le char ciselé est traîné par deux roues plus qu'à moitié hors de l'onde. Apollon est assis, le bras droit étendu pour conduire, les doigts de la main gauche légèrement appuyés sur le bord du char. Son corps nu, penché en avant, offre la ligne pure et vigoureuse de son buste, de ses jambes et de ses bras déliés. Une écharpe flottante l'enveloppe; à ses côtés, un Amour, souriant et couché, tient une coupe.

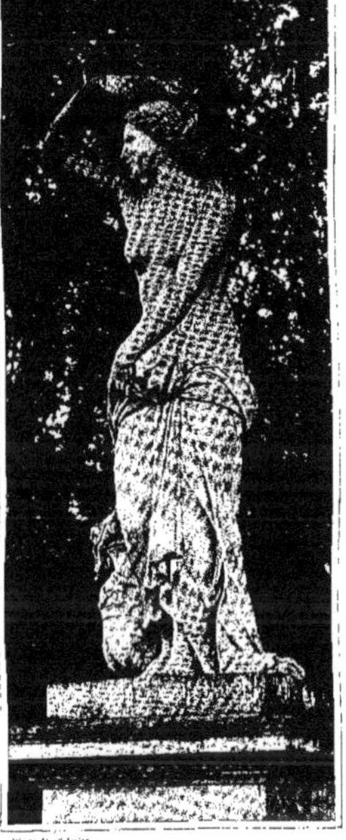

Photo P. d'Anjec.
VÉNUS SORTANT DU BAIN
Tapis-Vert
Marbre imité de l'antique par Le Gros en 1694

L'énergique tête, penchée sous les longs cheveux couronnés de lauriers, suit des yeux attentivement la marche des coursiers. Ceux de gauche redressent le col, ivres d'espace et de clarté, hennissant sous la main ferme qui les maîtrise. Ceux de droite, aussi indomptés, baissent la tête et, de leurs jambes recourbées, battent le flot.

Un colossal triton est en avant, la queue sous l'eau, le torse raidi, nageant d'un bras, les joues gonflées sur la conque. Les deux autres, qui forment la garde du dieu, se soutiennent de leur queue et, formidables, claironnent le passage de la divinité. Tout à l'arrière, un autre géant des eaux annonce aux humains la venue désirée du jour nouveau, alors que, d'un mouvement fougueux, s'élance le char éblouissant qui s'en va éclairer la Terre. Tel le groupe puissant se reflète dans le changeant miroir,

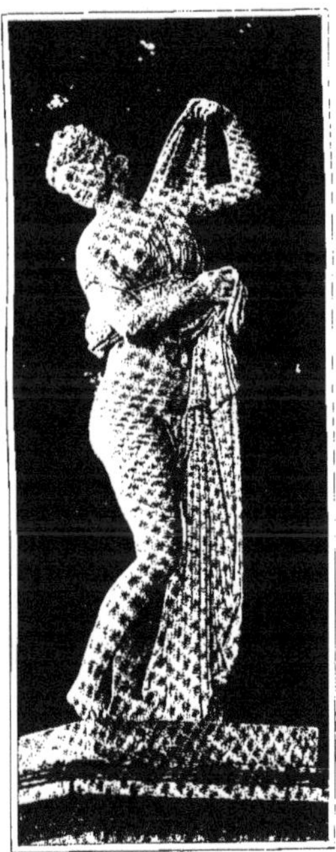

Photo P. d'Anjec. VÉNUS CALLIPYGE
Rampe du Parterre de Latone
Marbre copié de l'antique par Clérion en 1686

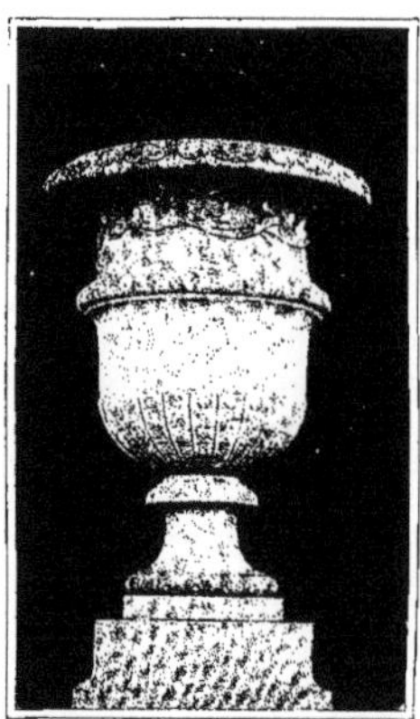

Photo P. d'Augee.
VASE COLOSSAL DU TAPIS-VERT
Marbre sculpté par Legeret

dont la nappe se colore de toutes les lueurs du ciel, tandis qu'alentour la masse des arbres dresse son tranquille mystère.

Il faut voir aussi, en hiver, ce même Char d'Apollon, lorsque les glaçons enserrent l'attelage et le font plus frémissant encore en cette prison blanche qui semble immobiliser l'impétuosité des coursiers divins. Les patineurs qui se hâtent vers les divertissements du Grand Canal, renouvelés de ceux de l'ancienne Cour, ne se doutent guère qu'ils passent devant un des plus nobles spectacles de Versailles.

Les grilles séparent ici les jardins de l'ancien « Petit Parc », qui a conservé presque intact son mur de clôture et qui couvre une superficie de 1738 hectares, alors que le « Grand Parc », le parc de chasse, dépassait 6600 hectares. Le Petit Parc est traversé par le Canal, qui pénètre dans les jardins par une pièce d'eau octogone. Un large degré de plusieurs marches marque la place abandonnée où la Cour, pendant trois règnes, s'embarquait pour se promener sur l'eau.

Tracé dans l'axe du Château et des jardins, dont il prolonge la perspective, le

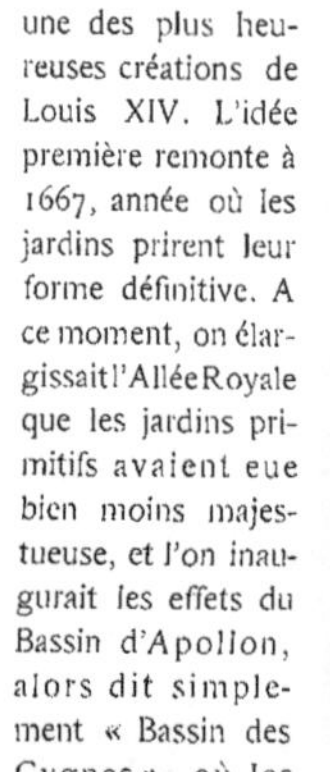

Grand Canal est une des plus heureuses créations de Louis XIV. L'idée première remonte à 1667, année où les jardins prirent leur forme définitive. A ce moment, on élargissait l'Allée Royale que les jardins primitifs avaient eue bien moins majestueuse, et l'on inaugurait les effets du Bassin d'Apollon, alors dit simplement « Bassin des Cygnes », où les eaux jaillissantes venaient d'être amenées. Le Roi songea naturellement à étendre la vue déjà fort belle dont on jouissait des fenêtres de son petit château, et le creusement du canal fut suggéré par la présence des eaux, toujours gênante et malsaine, dans les bas terrains.

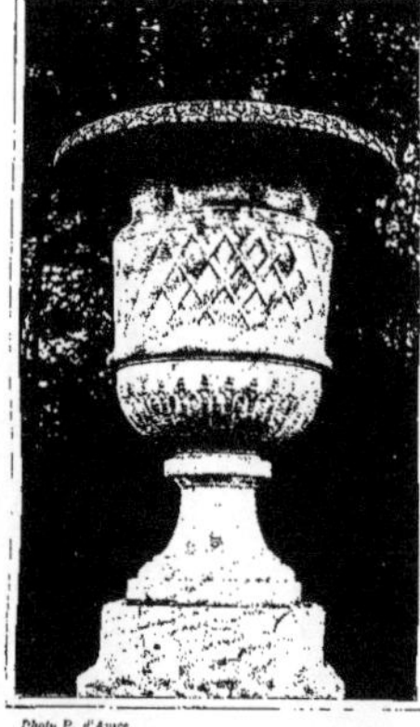

Photo P. d'Augee.
VASE COLOSSAL DU TAPIS-VERT
Marbre sculpté par Herpin

L'opération, sur laquelle Messieurs de l'Académie des Sciences furent consultés, fut aussi bien une œuvre d'assainissement de la plaine que d'embellissement pour le Parc. Le Canal, d'abord creusé en des proportions modestes, fut agrandi à partir de 1671 et prit en peu d'années la forme grandiose que nous lui voyons aujourd'hui.

Il a 1520 mètres de longueur sur 120 mètres de largeur. La pièce d'eau qui en élargit l'extrémité, et où l'on projeta longtemps d'édifier une construction à

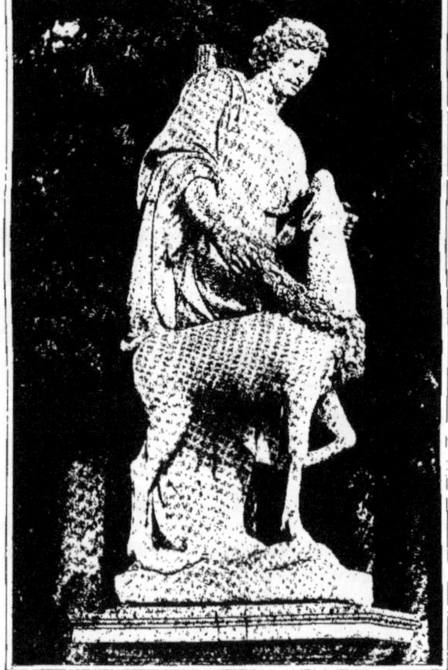

Photo P. d'Aujec.
LE BERGER CYPARISSE
Tapis-Vert
Marbre sculpté par Anselme Flamen en 1696

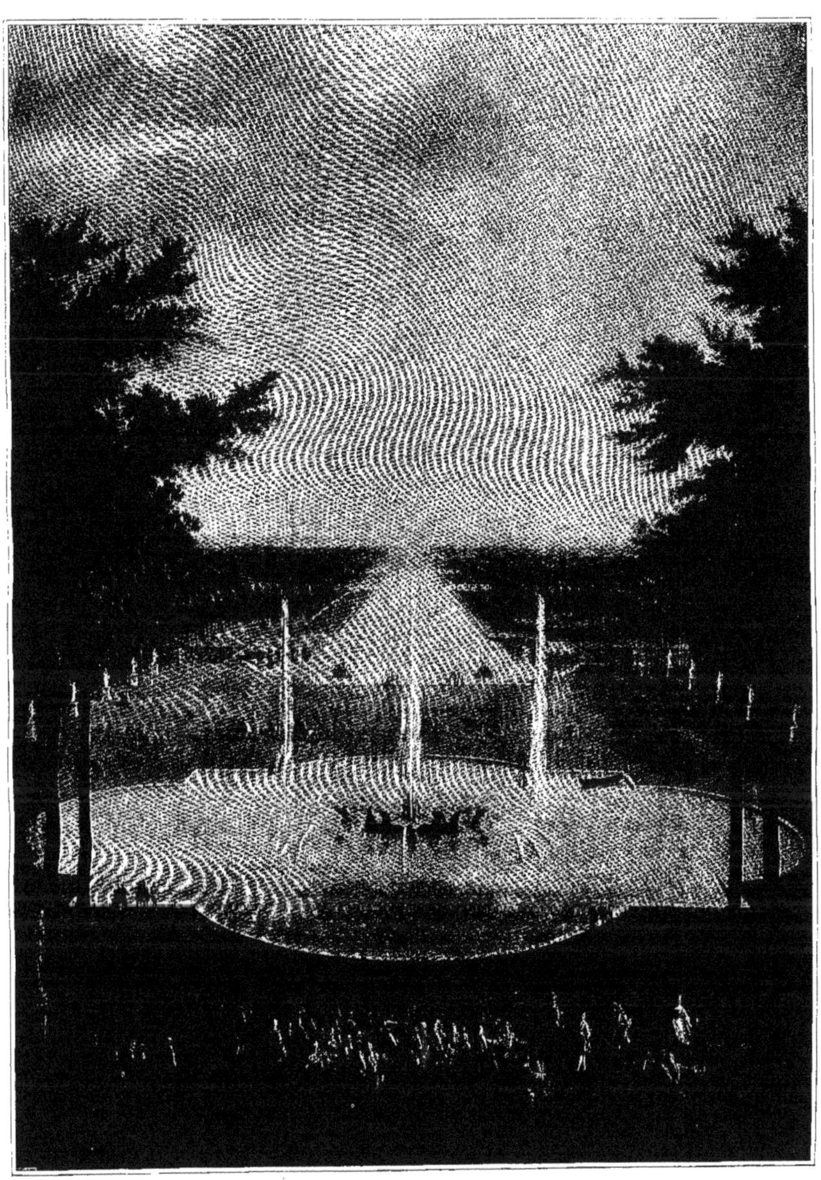

LE BASSIN D'APOLLON ET LE GRAND CANAL
Peinture de P.-D. Martin

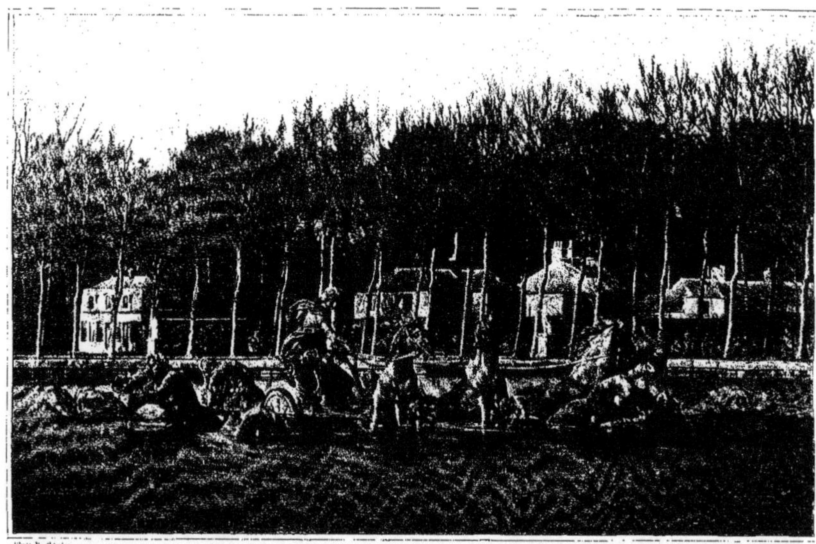

Photo P. d'Aujec.

LE CHAR D'APOLLON

Groupe de plomb par J.-B. Tubi, mis en place en 1670-1671

(Dans le fond, les bâtiments de la Petite Venise où logeaient les matelots du Grand Canal)

colonnades, a 195 mètres de largeur. La « traverse du Canal », qui le coupe vers le milieu et donne à l'ensemble la forme d'une croix, est longue de 1013 mètres et va de Trianon à l'emplacement de l'ancienne Ménagerie. Tout le pourtour était jadis bordé d'une tablette à fleur de terre, supportée par le mur de soutènement. La pièce d'eau voisine du Bassin d'Apollon formait le port des bateaux réunis sur le Canal.

Cette flottille, qui a été entretenue jusqu'à la Révolution, se composait, au temps de Louis XIV, de navires de toute espèce, élégantes réductions de chaloupes, de galiotes et même de frégates, construites par les ingénieurs de la marine royale. Plus d'une fois, des essais de formes nouvelles furent tentés sur le canal de Versailles, où travaillèrent les meilleurs charpentiers du port de Dunkerque. Tourville, Duquesne, le marquis de Langeron furent appelés à donner des dessins et à surveiller les constructions.

Si la flottille de Versailles tient une petite place dans l'histoire de notre marine, elle en a une aussi dans l'histoire de l'art français. Les charmantes embarcations furent toujours sculptées et décorées par les meilleurs artistes, tels que Tubi, Mazeline, les Marsy et surtout Philippe Caffiéri, le chef de la lignée célèbre des sculpteurs de ce nom.

Les frères Keller avaient fondu, à l'Arsenal, toute la petite artillerie d'un vaisseau de guerre en miniature, dont un des canons tirait à poudre. Le plus beau navire était la « grande galère », avec ses écussons et ses sculptures, ses tentures de soie frangées d'or, ses flammes, ses banderoles, ses cordages de soie aurore et cramoisie. Elle rappelait la *Réale,* sculptée par Puget pour la Méditerranée, dont elle reproduisait les dispositions essentielles.

La République de Venise avait offert au Roi, pour son « Grand Canal », de magnifiques gondoles dorées, dont les premières étaient arrivées à Versailles en 1674. Elles étaient conduites par des gondoliers vénitiens envoyés en même temps que leurs bateaux. Ils avaient attiré peu à peu un certain nombre de leurs concitoyens, qui formaient, avec les Provençaux sujets

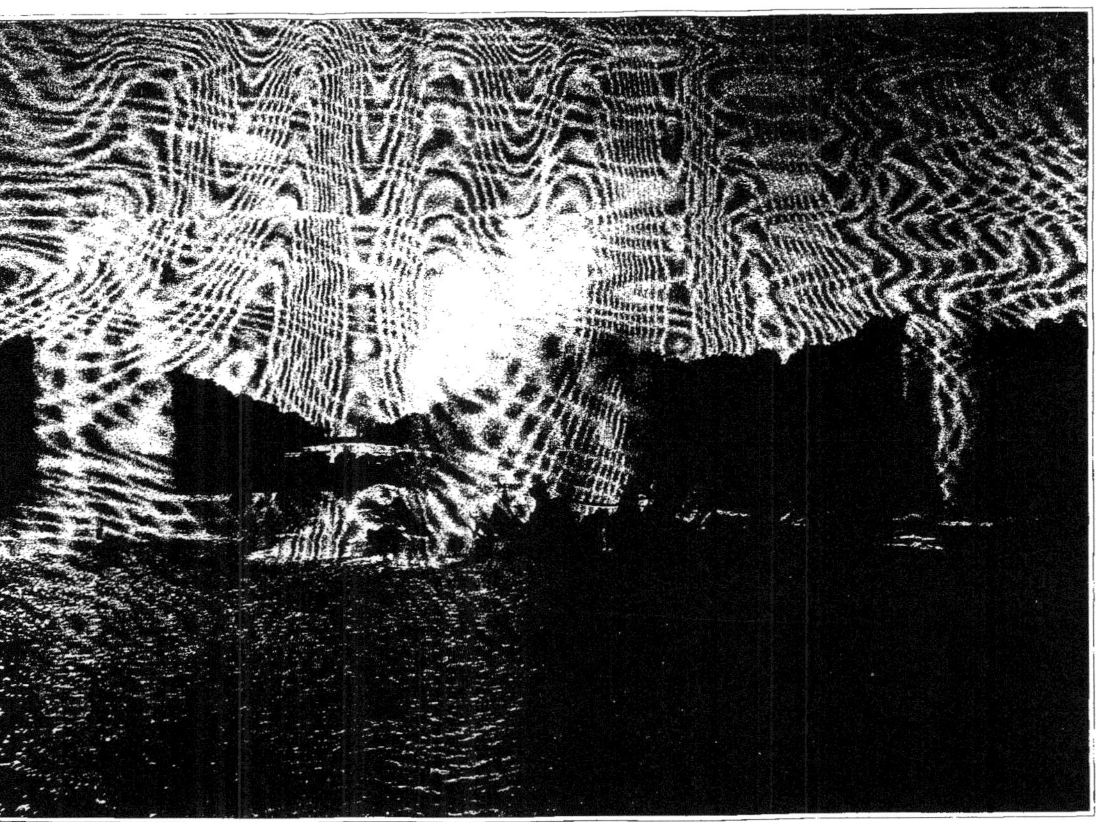

Photo L. Lévy.

LE BASSIN D'APOLLON

Les Grandes Eaux et la perspective du Grand Canal

du Roi, les équipages réguliers du Canal, commandés par le sieur Consolin, de Marseille.

Bientôt se développa, en ce coin du parc, une sorte de corporation nautique, groupée, avec ses règlements et ses usages, en « une espèce de petite ville » enclose de murs, où les familles aux noms italiens se multiplièrent et vécurent en paix jusqu'à la fin du XVIIIe siècle. Leurs maisons basses sont en partie conservées ; on les appelle encore du nom ancien la *Petite Venise*.

Les jours des grandes fêtes de la Cour, de vastes illuminations étaient préparées le long des berges du Canal, qu'elles ornaient d'une architecture de feu. Le premier essai de ce genre remonte à 1673. La *Gazette* raconte que, le jour de la naissance du Roi, « Monseigneur le Dauphin fit une grande fête à Versailles, par des feux d'artifice sur le Grand Canal, éclairé de toutes parts d'une infinité de lumières, et par d'autres réjouissances qui durèrent une grande partie de la nuit. » C'était l'annonce de la merveilleuse soirée du mois d'août 1674, qui couronna les fêtes données par le Roi en l'honneur de la seconde conquête de la Franche-Comté.

Vigarani avait di-

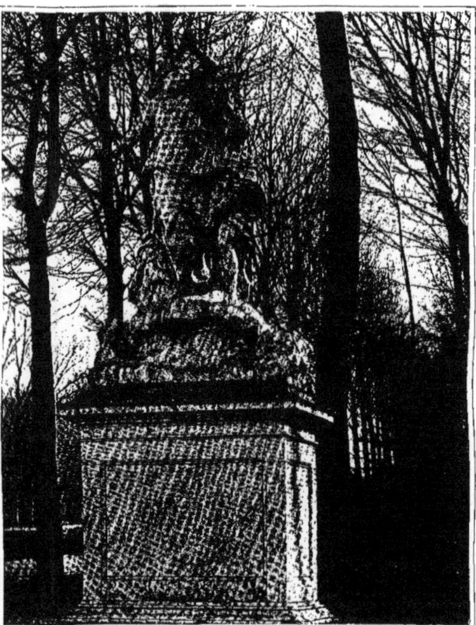

Photo P. d'Anjou.

INO ET MÉLICERTE
Demi-lune du Bassin d'Apollon
Marbre exécuté par Granier d'après un modèle de Girardon

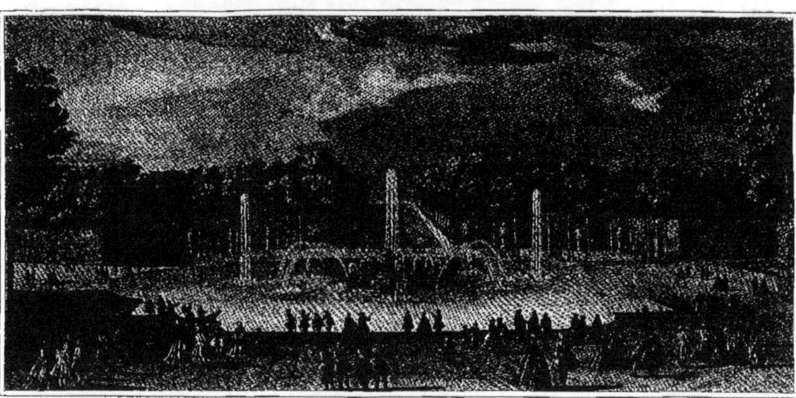

LE BASSIN D'APOLLON
Estampe de J. Rigaud

Photo Neurdein.

LE BASSIN D'APOLLON

Les Grandes Eaux et la perspective de l'Allée Royale ou Tapis-Vert

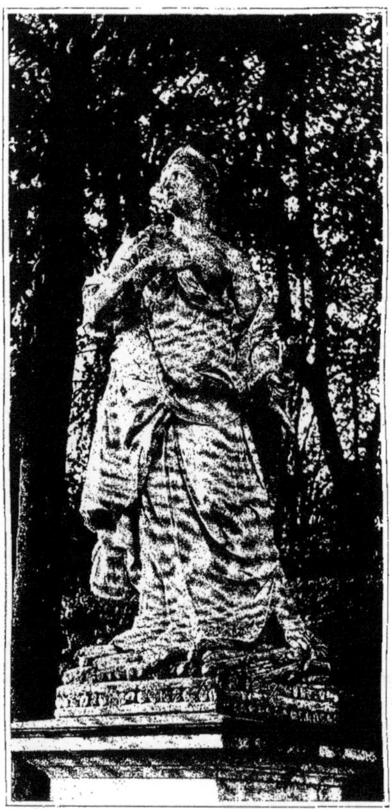

Photo P. d'Aujec.

DIDON SUR LE BUCHER
Tapis-Vert
Marbre sculpté par Poulletier en 1695

rigé l'illumination générale des jardins. La Cour s'y répandit, dès que la nuit fut venue. Les lignes grandioses des parterres et de l'Allée Royale étaient dessinées par des lumières, ainsi que toute la longueur des bords du Grand Canal, que décoraient des figures, des termes, des poissons et, de distance en distance, des monuments. A la tête du Canal étaient des pyramides de lumière et d'eau, et, un peu en avant, deux chevaux de feu domptés par des héros, « dans le mouvement de ceux de Montecavallo à Rome ». Leurs Majestés et la Cour montèrent en gondoles et parcoururent tout le Canal.

A la Croix paraissaient quatre grands pavillons ornés de termes ; au bout qui atteint Trianon, était un char de Neptune entouré de tritons ; du côté de la Ménagerie, celui d'Apollon, avec les Heures volant à la tête de ses chevaux ; et toutes ces figures en transparent n'avaient pas moins de vingt-deux pieds de haut. Dans la pièce d'eau du bas du Canal se trouvait le mor-

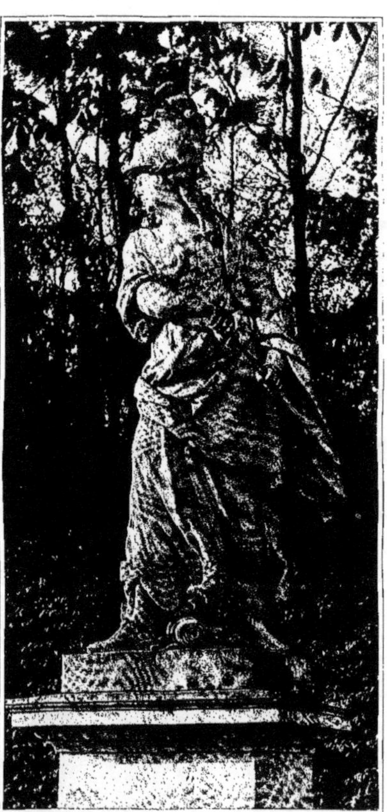

Photo P. d'Aujec.

ACHILLE A SCYROS (VÊTU EN FEMME)
Tapis-Vert
Marbre sculpté par Ph. Vigier en 1695

ceau principal de l'illumination, un gigantesque palais de lumière, dressé sur des rochers, où des effets d'eau étaient ménagés et qu'ornaient une foule de figures.

De tels spectacles étaient d'une grandeur incomparable, et le bon historiographe Félibien devient presque éloquent à les décrire : « Dans le profond silence de la nuit, l'on entendait les violons qui suivaient le vaisseau de Sa Majesté. Le son de ces instruments semblait

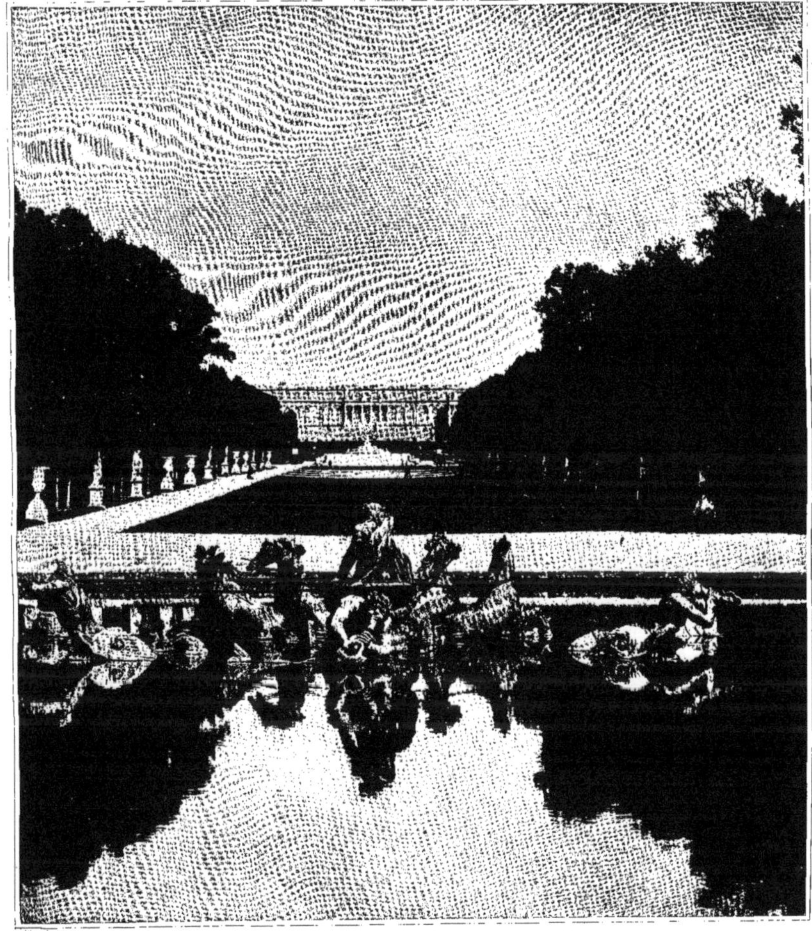

Phot. L. Lévy.

LE BASSIN D'APOLLON ET L'ALLÉE ROYALE OU TAPIS-VERT

Groupe en sculpture de plomb par J.-B. Tubi

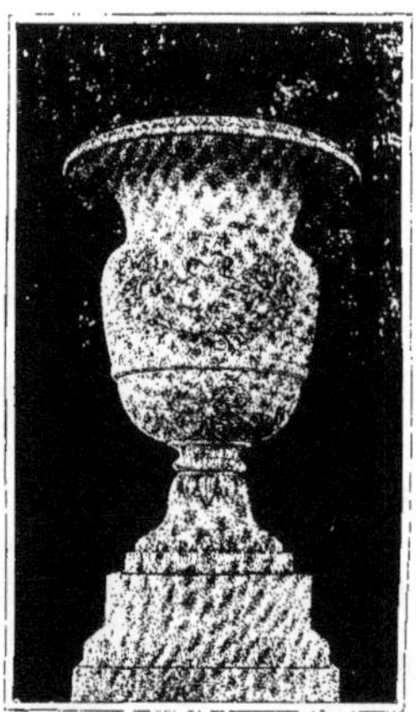

Photo P. d'Aujer.

VASE DE MARBRE, PAR RAYOL
Allée Royale

donner la vie à toutes les figures, dont la lumière modérée donnait aussi à la symphonie un certain agrément qu'elle n'aurait point eue dans une entière obscurité. Pendant que les vaisseaux voguaient avec lenteur, l'on entrevoyait l'eau qui blanchissait tout autour, et les rames, qui la battaient mollement et par coups mesurés, marquaient comme des sillons d'argent sur la surface obscure de ces canaux... Et les grandes pièces d'eau, éclairées seulement par tant de figures lumineuses, ressemblaient à de longues galeries et à de grands salons enrichis et parés d'une architecture et de statues d'un artifice et d'une beauté jusqu'alors inconnus et au-dessus de ce que l'esprit humain peut concevoir. »

Photo P. d'Aujer.

VASE DE MARBRE, PAR MELO
Allée Royale

Bien des fois, depuis lors, des feux d'artifice à l'un ou à l'autre bout du Canal illuminé vinrent terminer les grandes réjouissances nocturnes de la Cour de France. On en donna plus d'une fois sous le règne de Louis XV. Les dernières et peut-être les plus belles illuminations du Grand Canal et du pourtour du Bassin d'Apollon eurent lieu pour le mariage du Dauphin, petit-fils de Louis XV, avec l'archiduchesse Marie-Antoinette d'Autriche. Moreau le jeune en a fixé l'image dans un de ses dessins les plus célèbres.

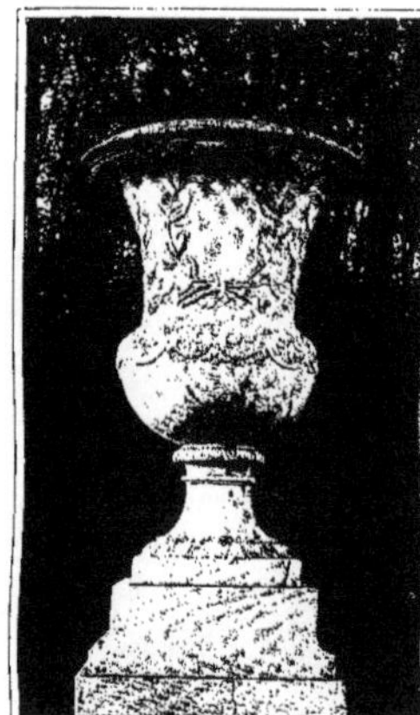

Photo P. d'Aujer.

VASE DE MARBRE, PAR HERPIN
Allée Royale

Aucune partie des jardins n'offrait plus d'animation que la tête du Grand Canal. Le coup d'œil y était extraordinaire, à cause de cette réunion de navires de toutes formes aux riches pavesades et aux dorures éclatantes. Le costume des matelots avait toujours un air de fête : les hommes d'équipage portaient le justaucorps, l'habit à boutons d'or bleu et rouge, des bas et des jarretières de soie cramoisie, des cravates de mousseline et les cheveux noués d'un ruban ; les gondoliers avaient la veste de damas de Gênes cramoisi brodé d'or ou d'argent, le bonnet de velours noir, avec les bas de soie et les escarpins.

A toute heure, on pouvait venir choisir une barque pour aller à Trianon ou à la Ménagerie, ou pour se faire accompagner par des violons. Le Roi, Monseigneur, les princesses goûtaient fort ces divertissements. Un récit

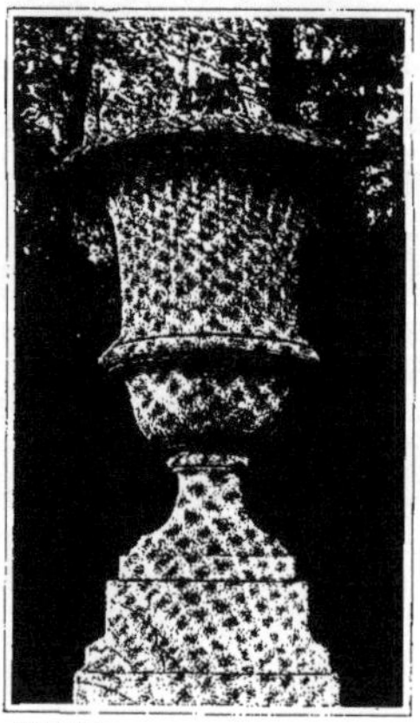

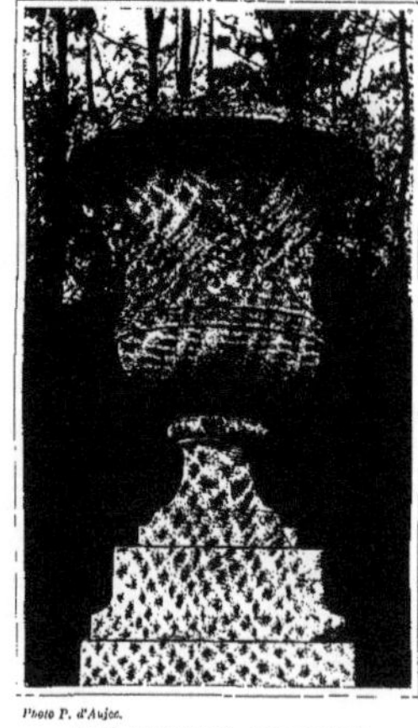

Photo P. d'Aujer.

VASE DE MARBRE, PAR SLODTZ
Allée Royale

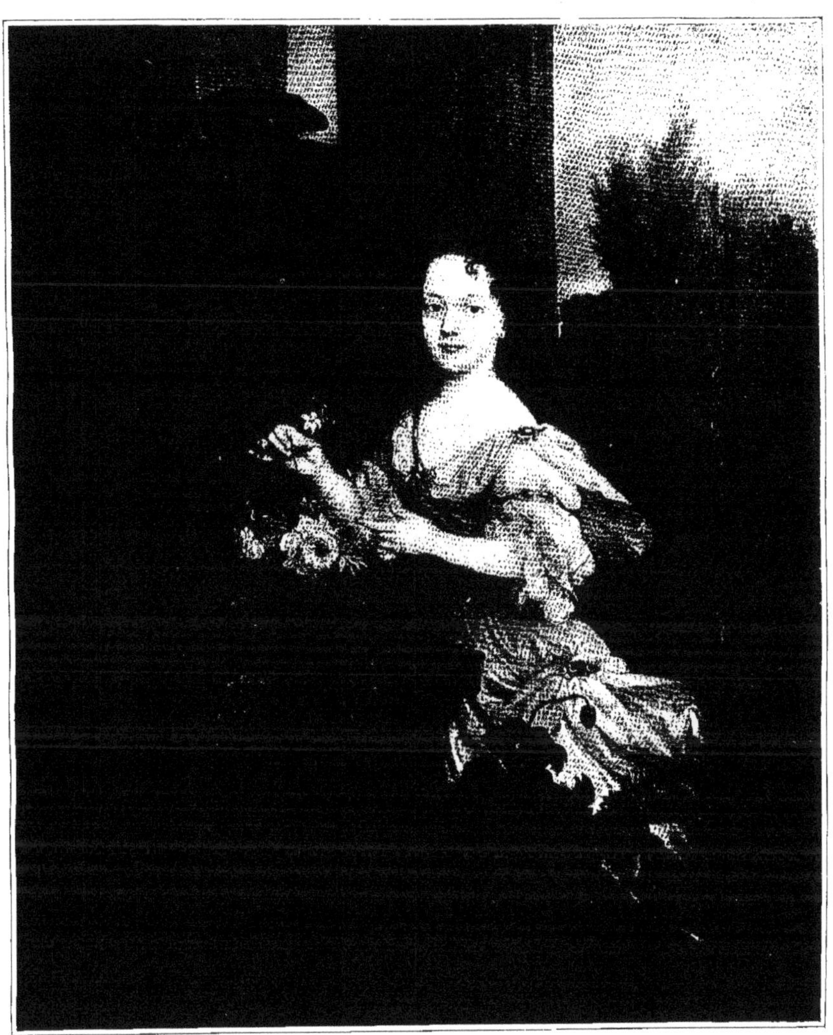

MARIE-LOUISE-ÉLISABETH D'ORLÉANS, DUCHESSE DE BERRY (1695-1719)
Peinture de l'École de Mignard

de Dangeau, choisi entre vingt autres, montrera en même temps le rôle que jouait Trianon au temps de Louis XIV, et l'intérêt de tout cet ensemble de beaux jardins pour la vie ordinaire de la Cour.

Nous sommes au 10 juillet 1699, et la Cour habite Trianon : « Sur les six heures du soir, le Roi entra dans ses jardins, et, après s'y être promené quelque temps, il se tint sur la terrasse qui regarde le Canal et y vit embarquer Monseigneur, Madame la duchesse de Bourgogne et toutes les princesses. Monseigneur était dans une gondole avec Mgr le duc de Bourgogne et Madame la princesse de Conti. Madame la duchesse de Bourgogne était dans une autre, avec des dames qu'elle avait nommées ; Madame la duchesse de Chartres et Madame la Duchesse séparément dans d'autres gondoles. Tous les musiciens du Roi étaient sur un yacht. Le Roi fit apporter des sièges au haut de la balustrade, où il demeura jusqu'à huit heures à entendre la musique qu'on faisait approcher le plus près que l'on pouvait. Quand le Roi fut rentré au Château, on alla jusqu'au bout du Canal, et on ne rentra au Château que pour le souper. Le Roi avait résolu de s'embarquer ; mais comme il a quelque disposition à un rhumatisme, M. Fagon ne lui conseilla pas, quoique le temps fût fort beau.

« Après le souper, Monseigneur et Madame la duchesse de Bourgogne se promenèrent jusqu'à deux heures après minuit dans les jardins et sur la terrasse qui est au haut de la maison ; après quoi Monseigneur s'alla coucher. Madame la duchesse de Bourgogne monta en gondole avec quelques-unes de ses dames, et Madame la Duchesse dans une autre gondole et demeurèrent sur le Canal jusqu'au lever du soleil. Puis Madame la Duchesse s'alla coucher ; mais Madame la duchesse de Bourgogne attendit que Madame de Maintenon partît pour Saint-Cyr ; elle la vit monter en carrosse, à sept heures et demie, et puis elle s'alla mettre au lit sans paraître fatiguée d'avoir tant veillé. Monseigneur le duc de Bourgogne, qui était retourné à Versailles, veilla de son côté, se promena dans les jardins jusqu'au jour et puis alla jouer au mail jusqu'à six heures. »

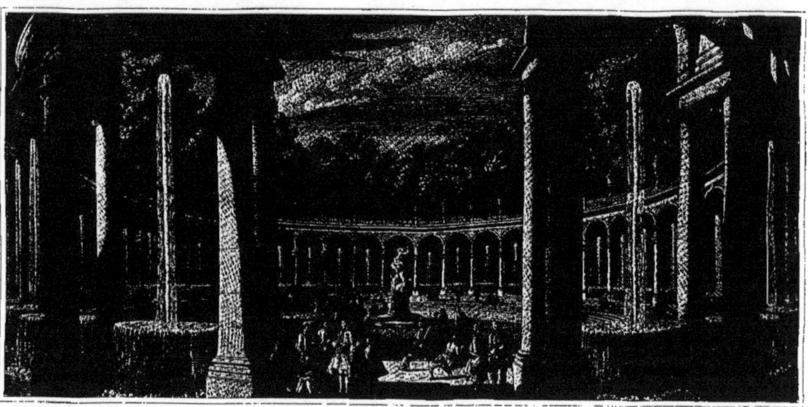

LE BOSQUET DE LA COLONNADE
Estampe de J. Rigaud

Ces promenades nocturnes de la duchesse de Bourgogne sont restées fameuses. Ses dames n'étaient pas moins passionnées qu'elle pour ces amusements. Il n'était point rare qu'on les prolongeât jusqu'à l'aurore ; on emportait une collation qu'on prenait sur l'eau ; les musiciens suivaient dans une barque, à quelque distance, donnant aux soirées de Versailles l'harmonieux enchantement des nuits de Venise.

L'Allée Royale nous fait remonter vers le Château, en examinant, sur son côté méridional, ses vases et ses statues. La première est l'*Achille*, de Philibert Vigier.

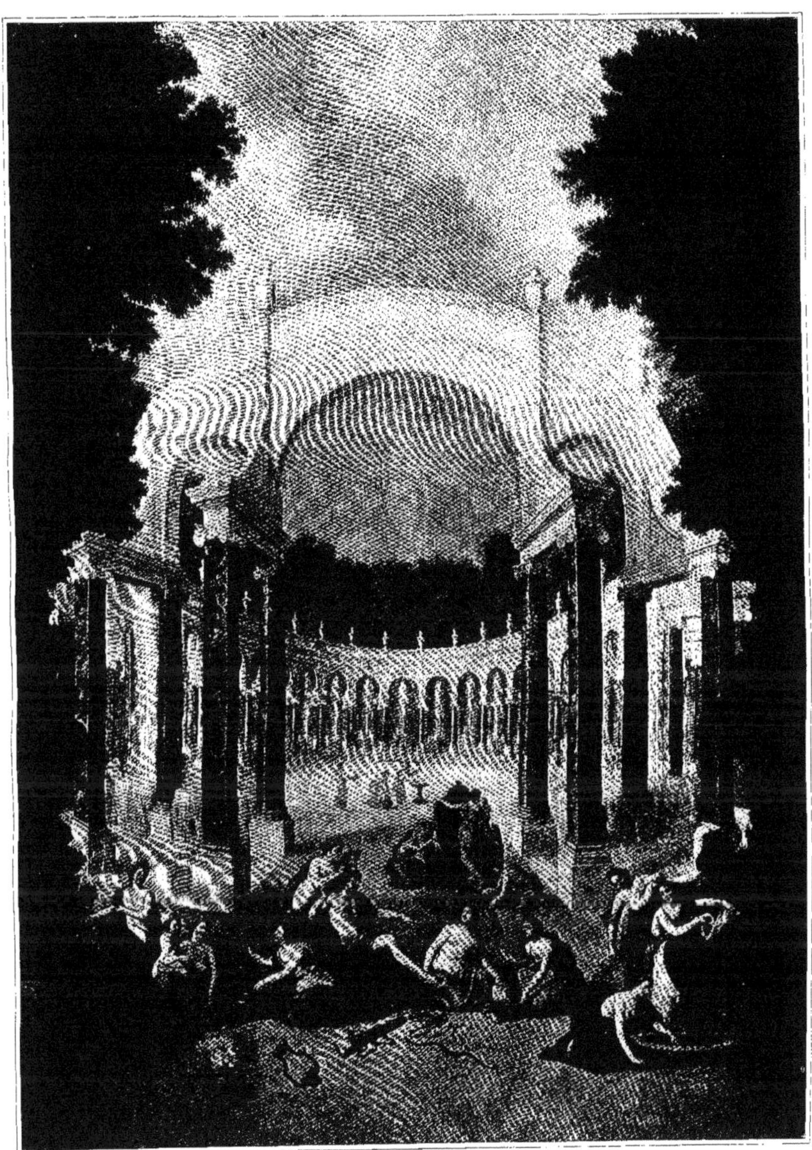

LE BOSQUET DE LA COLONNADE

Peinture de Jean Cotelle

(La scène mythologique représente Apollon servi par les Nymphes)

On connaît la légende interprétée par le sculpteur : le fils de Thétis est dans l'île de Scyros ; sa mère, ayant appris qu'il mourrait au siège de Troie, l'a envoyé tout jeune, pour y vivre en habits de fille, auprès du roi Lycomède, parmi les femmes de la cour. Mais Calchas ayant révélé aux Grecs sa retraite, ils députent le rusé Ulysse afin de le découvrir. Celui-ci se rend à Scyros avec des bijoux et des armes qu'il offre aux femmes ; celles-ci se parent des bijoux ; Achille se précipite sur les armes et Ulysse ainsi le reconnaît aussitôt. Tel est le moment qu'a pris l'artiste pour représenter le jeune héros.

Joli comme une femme sous ses longs cheveux qu'il vient de coiffer d'un casque, Achille a saisi une épée qu'il tire de son fourreau. Le mouvement est naturel ; l'expression martiale du visage annonce le bouillant guerrier. Il est vêtu d'une robe et d'un manteau à bordure brodée, ses pieds sont chaussés de cuir ouvragé. Autour de lui, sont épars les bijoux dédaignés. L'œuvre est signée et datée de 1695 ; c'est une des dernières en date des statues du Tapis-Vert.

Après elle vient une *Amazone*, ingénieuse interprétation de l'antique du Musée du Capitole, par Buirette. On sait que le goût des Anciens n'a jamais consenti à représenter une amazone le sein brûlé ; ici, le sein gauche est découvert et joliment arrondi. Le geste du bras relevé au-dessus de la tête s'explique, dans l'original antique, par une blessure reçue au combat ; la restauration suppose que la jeune femme soutient un arc de ses deux mains. La tunique dorienne laisse voir ses jambes longues et fines ; ses bras sont nus et, dans cette pose recherchée, elle a un air grave, le regard interrogeant au loin, les traits réguliers sous les cheveux frisés.

La statue suivante n'a d'antique que le sujet ; c'est la *Didon* de Poulletier. La reine de Carthage vient d'être abandonnée par Énée et va mourir. Elle est sur le bûcher, une épée à la main. Sa robe brodée tombe de son épaule, révélant la splendeur de sa beauté ; les boucles de ses cheveux sont

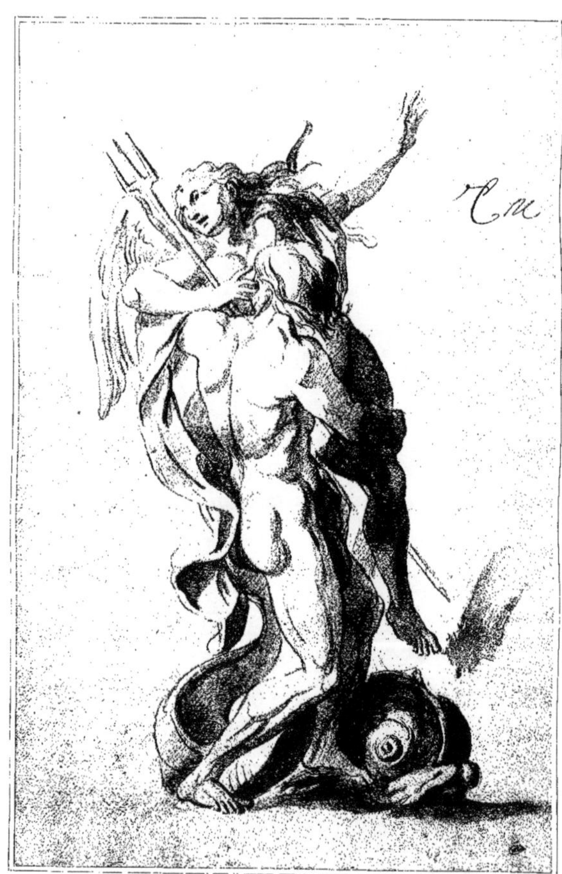

PROJET POUR UN GROUPE : L'ENLÈVEMENT DE CORONIS PAR NEPTUNE

Dessin de Charles Le Brun

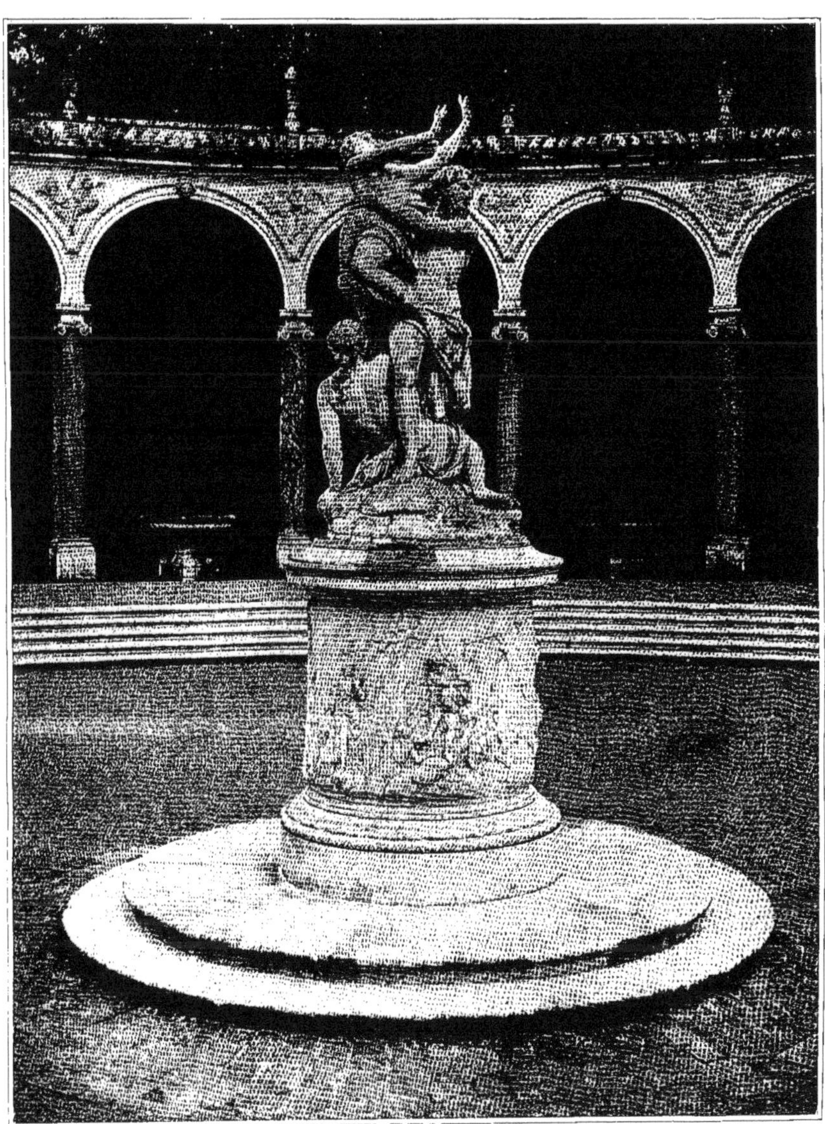

L'ENLÈVEMENT DE PROSERPINE PAR PLUTON

Bosquet de la Colonnade

Groupe de marbre par Girardon, achevé et mis en place en 1699

en désordre; les yeux désolés regardent la mer par où a su fuir celui qu'elle aimait. Le morceau est d'une ardente vérité et d'un tragique presque cornélien.

Poulletier le considérait comme son chef-d'œuvre, et même comme un chef-d'œuvre. Il a composé lui-même, pour le *Mercure de France* de 1718, un essai de critique assez curieux à propos de quelques-unes des sculptures de Versailles. Il y exalte Marsy, Puget et Girardon, et y attaque assez vivement d'autres confrères. Il laisse surtout exprimer abondamment la complaisance des visiteurs pour sa *Cérès* et pour sa *Didon*. Voici les propos qu'il prétend avoir entendus sur celle-ci : « On louait le beau désordre qui règne en toute sa personne, et, si j'ose vous en dire davantage, je vous

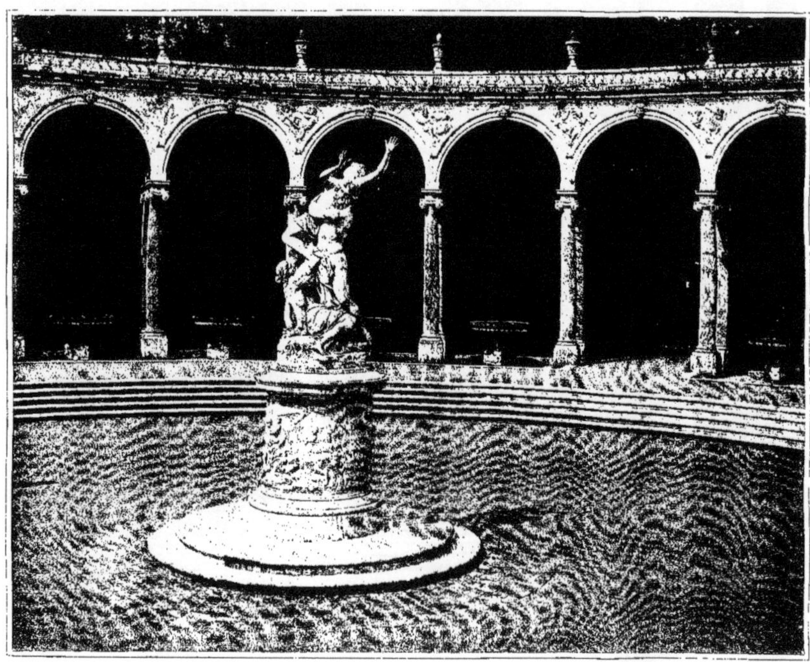

LE BOSQUET DE LA COLONNADE
Édifié par Mansart en 1685

avouerai que je trouve le tout merveilleux... Cette main qui déchire ses vêtements et qui découvre la plus belle gorge du monde, cette attitude du bras dont elle tient l'épée d'Énée, de laquelle elle est prête à se frapper... Cette figure est admirable ! » Bien que l'article du *Mercure* ne fût pas signé, l'auteur ne cherchait pas à se dissimuler, la critique d'art de cette époque étant exercée avec une heureuse simplicité.

Un Faune, copie de l'antique par Flamen, met ici le contraste d'un réalisme souriant; le demi-dieu des bois tient un chevreuil sur l'épaule et un bâton à la main. C'est le *Faune au Chevreau* du Musée de Madrid.

Deux vases le séparent de cette évocation de jeunesse et de fraîcheur qu'est la *Vénus de Richelieu*. Elle fut composée par Le Gros, d'après le torse antique qui appartint au cardinal de Richelieu. La déesse sort du bain : son manteau mouillé ne couvre que ses jambes et les dessine en s'ajustant. Le buste est d'une jolie ligne se courbant à peine, le geste maniéré et gracieux. Le bras arrondi retient comme un voile au-dessus de la tête, une natte défaite de la longue chevelure. La draperie qui tombe est arrêtée par une main molle et douce ; le profil délicat, au fin sourire, révèle une grâce toute française, et l'ensemble peut paraître d'une harmonie comparable à celle d'une œuvre de Racine.

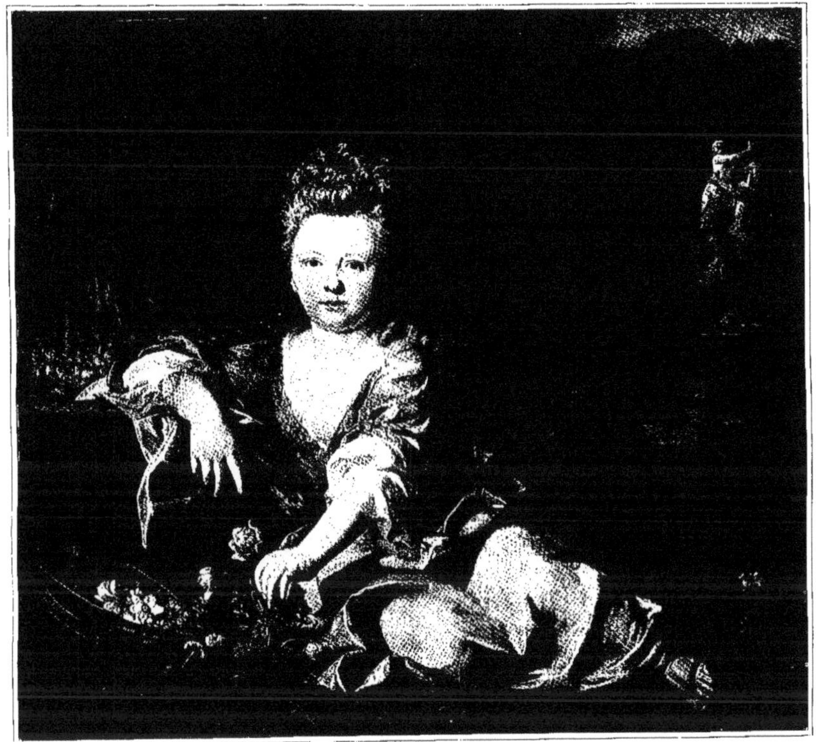

MARIE-ANNE-VICTOIRE, INFANTE D'ESPAGNE (1718-1781)
Fiancée au Roi Louis XV, plus tard Reine de Portugal
Peinture de N.-A.-S. Belle
(Dans le fond, le groupe de l'Enlèvement de Proserpine, par Girardon)

La *Fidélité*, par Le Fèvre, offre un caractère moins complexe. La jeune femme est svelte, les cheveux coiffés en diadème, le visage serein. Sa robe la couvre à peine et laisse voir ses jambes et ses bras. Elle tient un cœur dans ses doigts minces ; une main relève sa traîne ; à ses pieds, un chien couché la regarde. C'est le pendant de la *Fourberie*, qui lui fait face, comme elle du dessin de Mignard. A propos de cette *Fidélité*, fort ordinaire, Poulletier remarquait méchamment, révélant sans doute une rancune de sculpteur contre le Premier Peintre, que celui-ci « avait prétendu faire la huitième merveille du monde ».

La décoration de l'Allée Royale s'achève par un dernier grand vase. Il complète la série des douze morceaux que nous avons regardés en passant et qui se répètent deux à deux, à droite et à gauche du large tapis de gazon. Ils sont d'artistes honorables et capables d'œuvres de statuaire ; ce sont Hardy, Joly, Slodtz, Legeret, Melo, Drouilly, Rayol, Barrois, Poulletier, Herpin, Arcis et Le Gros.

Plusieurs de ces vases de marbre sont chargés d'ornements, mais leur forme colossale suffirait à leur importance. En voici un décoré d'une corne d'abondance ; celui-là s'agrémente de lierre et de pampre ; celui-ci a le chiffre du Roi entouré de laurier et de chêne, et cet autre des fleurs de soleil vigoureusement prises sur le marbre. Il en est deux où les fleurs de lis héraldiques ont été grattées. Ces grandes urnes alternent avec les douze statues du Tapis-Vert et font

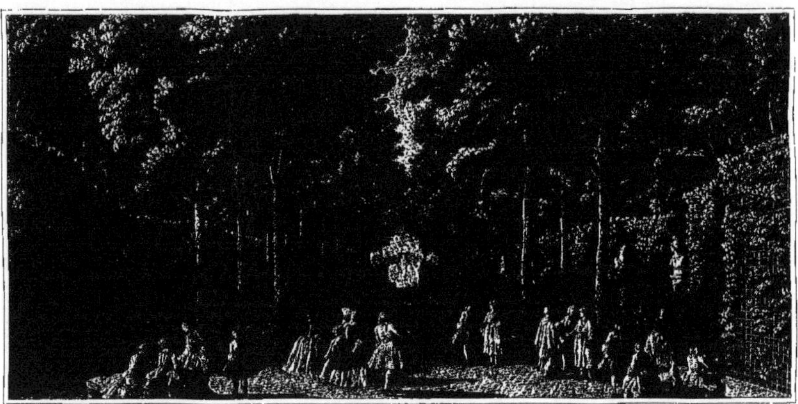

LA SALLE AUX MARRONNIERS
Estampe de J. Rigaud

avec elles un majestueux ensemble, le plus récent et aussi l'un des plus heureux qui aient été créés à Versailles.

Visible de l'Allée Royale, au milieu des arbres touffus qui l'entourent, la Colonnade apparaît comme un débris de monument antique, merveilleusement conservé. Sa construction est circulaire, formée de trente-deux colonnes de marbre coloré, renforcées de pilastres ; elles soutiennent des arcades qui supportent une légère frise, et sur l'attique sont posés trente-deux vases ; la variété des marbres est du plus heureux effet. On y a entremêlé la brèche violette, le bleu turquin et le rouge de Languedoc.

L'admiration des contemporains ne manqua point à la Colonnade de Versailles. Dans le cahier de novembre 1686, un rédacteur du *Mercure galant* la décrivait à peine achevée et ajoutait : « Le bois qui l'enferme, avec le treillage qui garnit les tiges des arbres, fait un fond avantageux pour faire détacher l'architecture, et cette pièce, qui est de pure magnificence, se fait autant admirer par la propreté de son travail que par la richesse de sa matière. Cet ouvrage marque que le Roi est le plus magnifique Prince de la terre, et fait voir que le marbre est présentement plus commun en France qu'en Italie... » Au siècle suivant, Blondel louait encore sans réserve ce bosquet : « La richesse des matières, la beauté de son exécution, l'architecture, la sculpture, l'hydraulique y sont mariées avec tant d'art et d'intelligence, que son aspect seul serait capable de donner

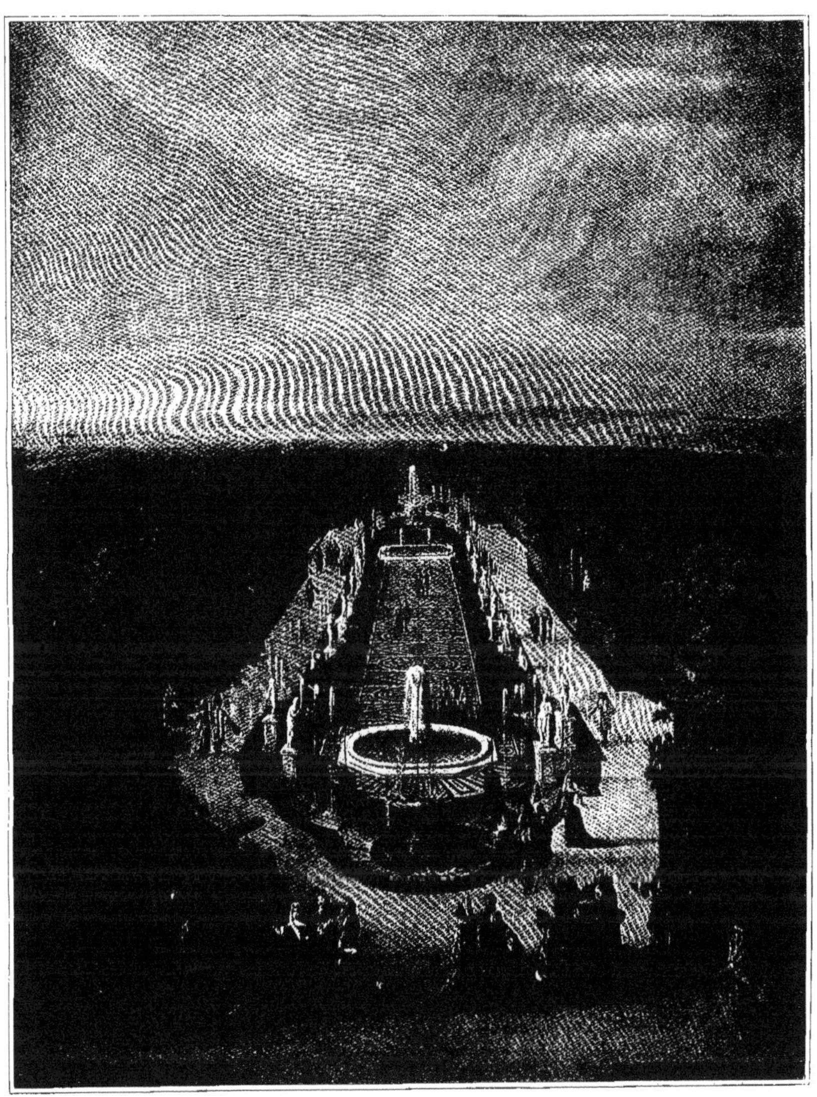

UN BOSQUET DÉTRUIT : LA GALERIE D'EAU OU SALLE DES ANTIQUES

Peinture de J.-B. Martin (1688)

(Ce bosquet a été remplacé en 1704 par la Salle des Marronniers)

une idée de la splendeur et de la prospérité des arts sous le règne de Louis le Grand. »

La Colonnade a été bâtie par le marbrier Deschamps, sur les dessins et sous la direction de Mansart, qu'on vit, en cette circonstance comme en tant d'autres, travailler d'accord avec Le Nôtre. Le parfait concert des deux architectes, dans les ouvrages de Versailles, était reconnu par les contemporains compétents, et c'est bien gratuitement qu'on a voulu le mettre en doute. On répète souvent l'anecdote de Saint-Simon,

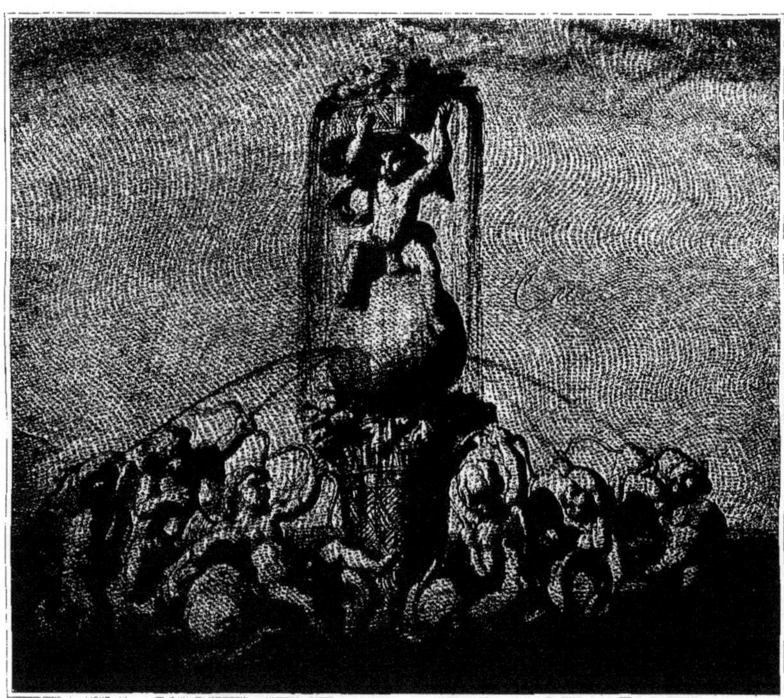

PROJET D'UNE FONTAINE D'AMOURS

Dessin de Charles Le Brun

inexacte selon son habitude, à propos du voyage de Le Nôtre en Italie : « Le Roi le mena dans ses jardins de Versailles, où il lui montra ce qu'il avait fait depuis son absence. A la Colonnade, il ne disait mot ; le Roi le pressa d'en dire son avis : « Eh bien ! Sire, que voulez-vous que je vous dise ? d'un maçon vous avez fait un jardinier (c'était Mansart), il vous a donné un plat de son métier. » Si le mot a été prononcé, ce n'est point à coup sûr comme le raconte Saint-Simon, car Le Nôtre a fait son voyage d'Italie en 1679, et la Colonnade n'a été construite qu'en 1685.

La sculpture est ici fort abondante. Sous chaque arcade est une vasque de marbre blanc, d'où monte un jet droit et dont l'eau déborde et retombe au pied des vasques, dans une grande nappe d'où semble sortir toute cette architecture ; et comme voûte, l'harmonieux petit temple a toute la profondeur du ciel. Au claveau de chaque cintre sourit une tête de nymphe, de naïade ou de sylvain; ces têtes sont de Coyzevox, Regnaudin, Van Clève et quelques autres.

Coyzevox encore, Tubi, Le Conte et Le Hongre sont les principaux auteurs du bas-relief délicieux qui court entre les arcades et représente des jeux d'enfants. Ceux-ci rassemblent des fleurs en guirlandes et

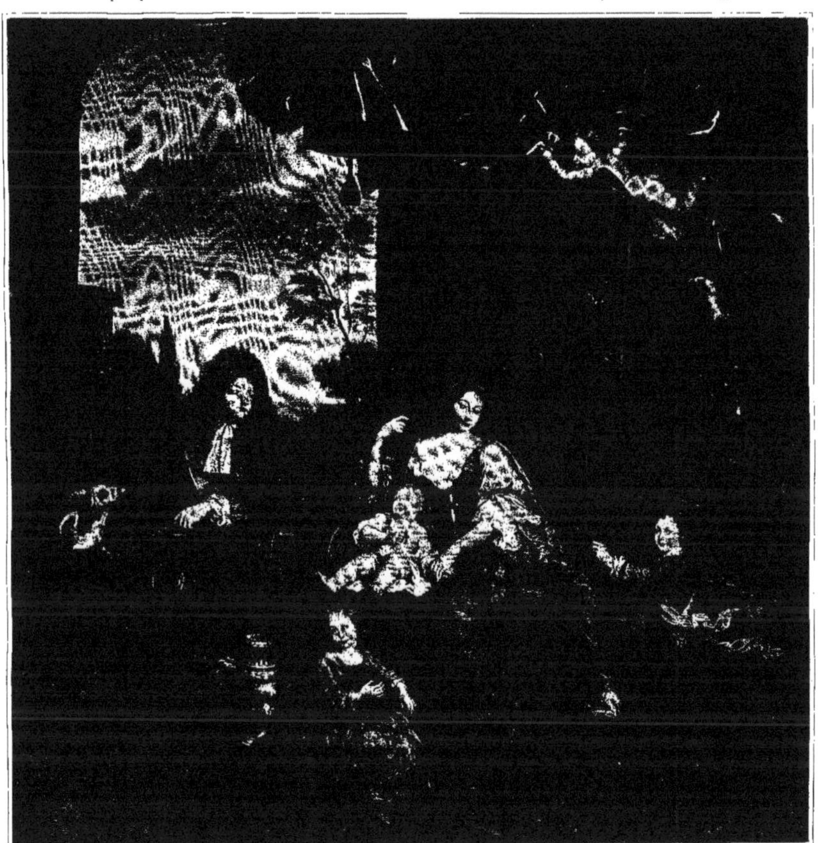

LOUIS DE FRANCE, DAUPHIN (1661-1711), ET SA FAMILLE
D'après P. Mignard

en couronnes; ceux-là, les plus nombreux, font de la musique avec les instruments les plus variés : luth, lyre, flûte, violon, cymbales, tympanon, tambour de basque. Ces petits musiciens rappellent la destination du bosquet, où tant de brillants concerts de jour et de nuit furent donnés à la Cour.

Le groupe central qui en achève l'harmonie a été placé très tardivement. C'est le morceau célèbre de Girardon, son chef-d'œuvre, l'*Enlèvement de Proserpine par Pluton*, daté, sur le marbre, de 1699. Il ne l'a certainement point achevé seul, à l'âge avancé qu'il avait alors, et je crois que Robert Le Lorrain, son admirable élève, y a travaillé.

On connaît le mythe de Perséphonè, dont les Romains ont fait Proserpine. Le dieu des Enfers aime la fille de Cérès, et pour la faire reine du sombre royaume, il enlève la jeune vierge, alors qu'elle cueillait des fleurs dans les champs de Sicile. Il plaît de voir ce que le génie d'un grand maître français, en dehors de toute imitation d'œuvre antique et à peine guidé par un croquis de Le Brun, a su tirer de l'inspiration que lui fournissaient les poètes.

Le groupe, en une ligne hardie et savante, se compose de trois personnages enlacés, sortis du même bloc de marbre. C'est le fils de Saturne, vigoureux et ardent, soulevant de ses bras passionnés l'enfant effrayée qui se débat. L'effort de celle-ci accentue seulement l'idéale beauté de ses formes. Le corps ondule, renversé sur l'épaule puissante du ravisseur. Les bras, levés en détresse, découvrent la gorge naissante et le buste juvénile que meurtrit une main obstinée. La petite tête, rejetée en arrière, dit l'épouvante ; la jambe longue et fine s'arc-boute pour échapper à l'étreinte. Mais Pluton, sûr de sa force, superbe d'audace et d'amour, emporte cette proie vivante dans le séjour des morts. Sa tête royale, à la longue barbe, aux longs cheveux, est couronnée du diadème d'ébène; dans son élan, il passe par-dessus une femme couchée à ses pieds, qui essaie en vain d'arrêter sa course. La compagne de Proserpine a toute l'élégante souplesse de la déesse et, sur les traits, le même désespoir. L'œuvre expressive, faite de délicatesse et de force, est une des meilleures

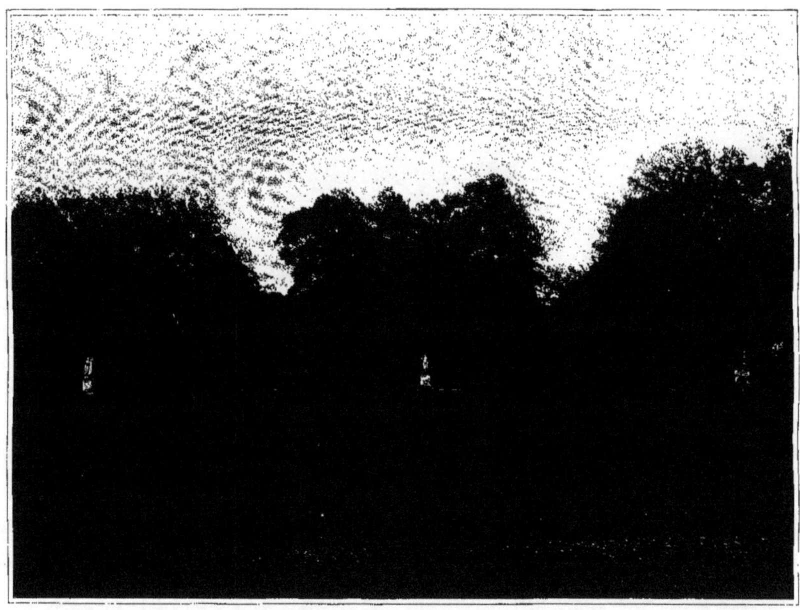

LA PIÈCE D'EAU DU MIROIR, APPELÉE AUSSI « LE VERTUGADIN »

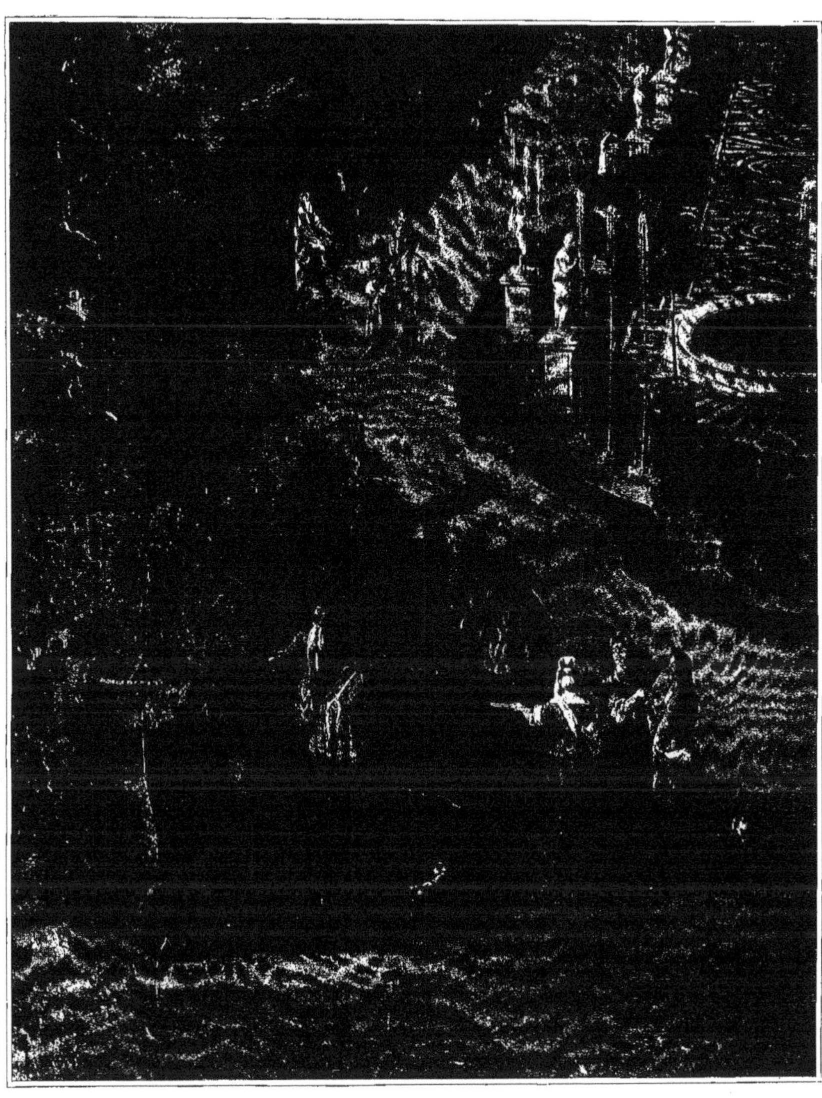

LES « ROULETTES » DES DAMES DE LA COUR

Détail d'une peinture de J.-B. Martin représentant une promenade dans la Galerie d'Eau

de notre art national. Elle est posée sur un haut piédestal de marbre, autour duquel Girardon lui-même a sculpté un minutieux bas-relief. Il rappelle le groupement si vivant du Bain des Nymphes de Diane; il a aussi toute la clarté d'un paysage, ses perspectives graduées et le sentiment d'une scène tragique où l'amour brutal serait vainqueur.

L'idée du groupe reçoit ici son plein développement poétique. Proserpine et quatre de ses compagnes cueillaient des narcisses au bord de l'eau; des roseaux s'inclinaient sur la berge, une corbeille était à demi remplie des fleurs du rivage, lorsque apparut Pluton. Il est là maintenant, soulevant son amoureux fardeau, si léger à sa forte stature. L'adolescente s'abandonne, éperdue; une des femmes retient son écharpe; les autres, interrompues en leurs jeux, immobilisées de surprise, ont l'effroi sur le visage et regardent le dieu puissant et beau emporter la fragile enfant. L'une est debout, l'autre couchée, et la troisième semble figée d'étonnement en la grâce de sa ligne.

Proserpine laisse aller son corps flexible, comme une liane arrachée, au mouvement précipité du ravisseur. Chaste dans ses voiles, elle serait belle seulement de souffrance; et lui, dans l'orgueil satisfait de son désir,

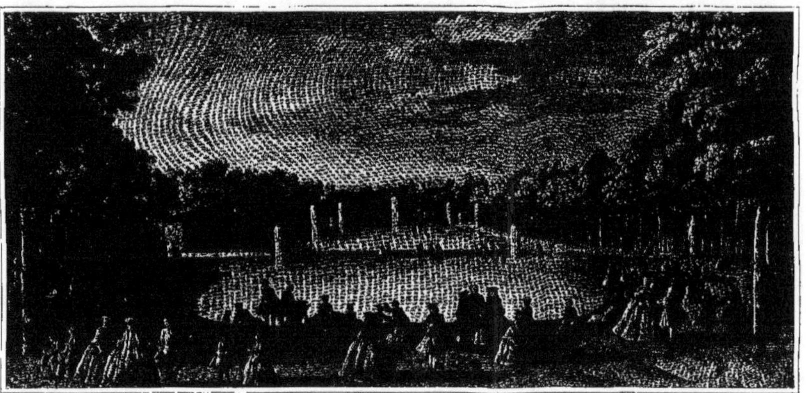

L'ILE ROYALE

Estampe de J. Rigaud

se hâte vers le char que traînent les chevaux des ténèbres. En avant, volant dans les airs, deux Amours portent sa fourche; l'attelage est conduit par l'Enfant divin, souriant et malin comme d'autres Amours, ses frères, qui lancent vers la jeune fille leur flèche sournoise.

Le motif de l'Amour, planant au-dessus des chevaux de Pluton, a été fourni sans doute à Girardon par un bas-relief de l'ancien fonds du Louvre, représentant la même scène, et dans lequel figure aussi la mère de la déesse. Cet emprunt unique de l'artiste ne fait que mieux établir l'originalité de sa composition.

L'autre partie du bas-relief est d'un art aussi habile, mais d'une conception plus exclusivement mythologique. Ce sont des divinités infernales, échevelées comme sont les Furies; trois d'entre elles portent des torches allumées; une quatrième est assise dans un char attelé de dragons. Il faut les mérites de l'exécution pour donner de l'intérêt à ce second morceau, d'où l'émotion humaine est absente.

Dans le massif voisin de la Colonnade est un long bosquet, aujourd'hui bien modeste et dont la décoration se réduit à quelques marbres de peu de valeur. Il a connu des jours plus brillants, alors que, sous le nom de *Galerie d'Eau* ou *Salle des Antiques,* il présentait aux contemporains de Louis XIV une collection de vingt-quatre belles figures de marbre, originaux ou copies de l'art ancien, alignées parmi les caisses d'orangers, les jets d'eau et les « goulettes » de marbre rem-

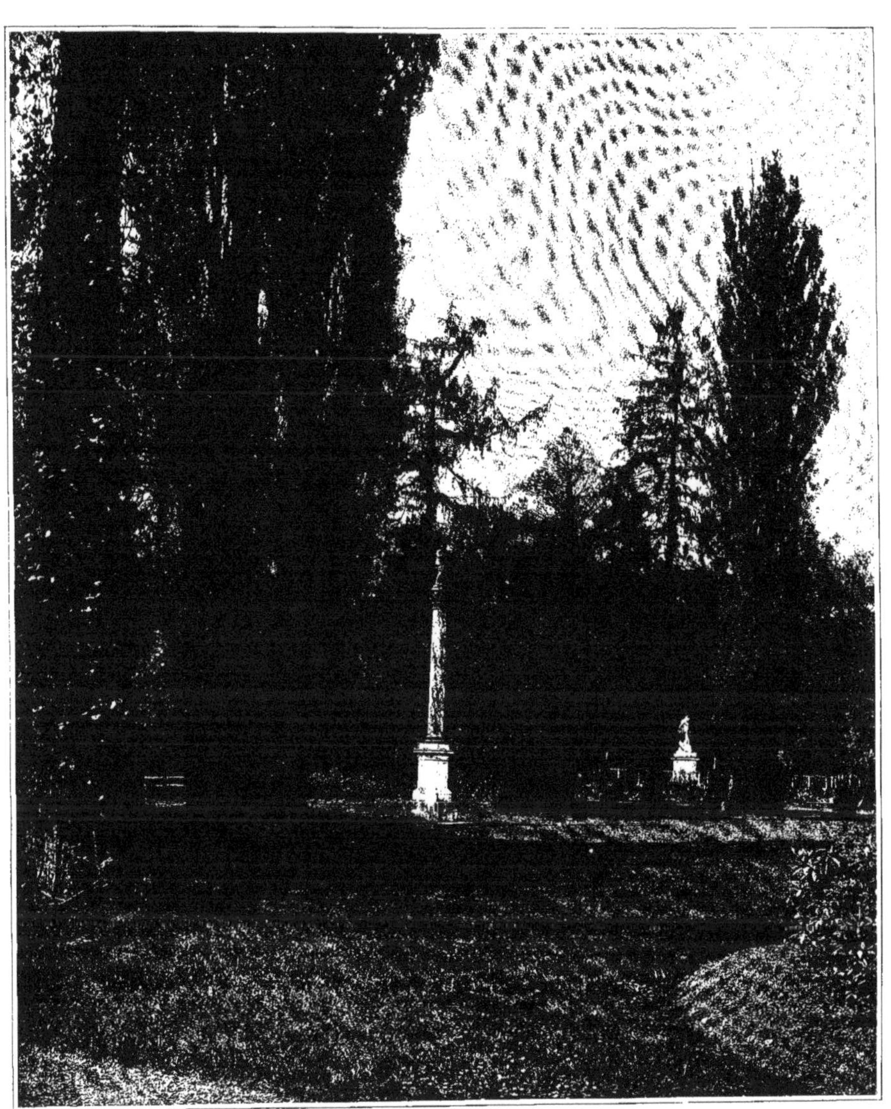

LE JARDIN DU ROI

Créé en 1817 sur l'emplacement de la pièce d'eau de l'Ile Royale

plies d'eau courante. On s'y promenait dans une véritable galerie de sculpture antique, composée à la façon italienne du XVIIe siècle ; mais aucun prince romain du temps du Grand Roi n'avait en sa villa de salle plus agréable à visiter, et nulle part les marbres n'étaient mieux mis en valeur au milieu des eaux qui en reflétaient l'image.

La Galerie d'Eau, supprimée en 1704, est devenue

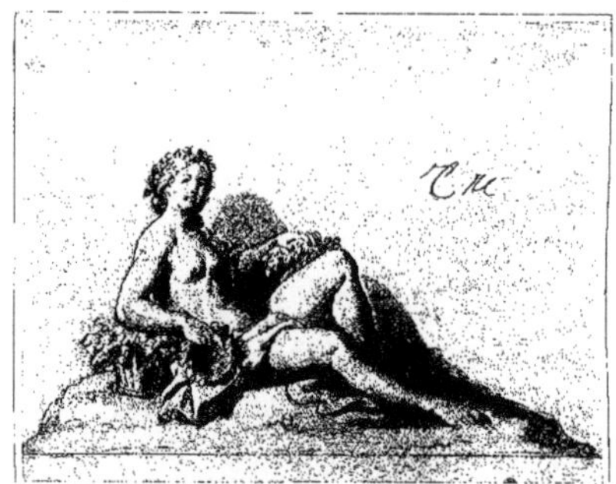

PREMIÈRE PENSÉE POUR LA FIGURE DE FLORE DESTINÉE AU BASSIN DU PRINTEMPS

Dessin de Charles Le Brun

au XVIIIe siècle la *Salle des Marronniers*. Elle est encore telle que la représente l'estampe de Rigaud, avec ses huit bustes de marbre blanc posés sur des gaines de Rance, et ses deux antiques, Méléagre et Antinoüs. Au milieu des bassins qui sont à chaque bout, étaient autrefois deux autres antiques, une Muse et une Dame romaine.

On retrouve, en cette région des jardins, divers marbres, qui proviennent peut-être de la Galerie d'Eau ; tous offrent ces hardies restaurations par lesquelles on n'hésitait point autrefois à compléter les fragments antiques. Telles sont, autour du Bassin du Miroir, les figures d'Apollon, de Vénus et de deux Vestales. Un archéologue s'arrête parfois pour les contempler ; nous ne leur demandons que de se mirer, du milieu des hautes verdures, dans le demi-cercle d'eau paisible où elles jettent d'heureuses taches de lumière.

Le *Miroir* s'appelait aussi le « Vertugadin », à cause de la forme de son dessin ; ce terme désignait, dans le jardinage de l'époque, « un glacis de gazon en amphithéâtre, dont les lignes circulaires qui le terminent ne sont pas parallèles ». La pièce d'eau avait été creusée en 1683, en même temps qu'une pièce plus grande, aujourd'hui entièrement comblée, l'Ile Royale ou Ile d'Amour. Les deux bassins, de niveau inégal, étaient séparés par la chaussée qui existe encore ; l'eau de la première pouvait s'écouler dans la seconde par une rangée de vasques de pierre, où elle tombait en cascades mêlées de jets d'eau, disposition ingénieuse que rappellent seulement les images anciennes.

L'Ile Royale est devenue un bosquet charmant, clos de treillage, où une large pelouse, des massifs toujours très soignés, et une colonne isolée surmontée d'une statue de Diane, font penser, dès l'entrée, à un jardin anglais du commencement du XIXe siècle. Il date précisément de 1817. Louis XVIII le fit tracer pour assainir cet emplacement ; la pièce d'eau, n'étant pas entretenue, avait produit un marais fangeux, où l'on venait jeter les décombres de la ville.

Aux angles de ce bosquet, qui porte le nom de *Jardin du Roi*, deux jolies salles de verdure sont ménagées ; un vase imité de l'antique s'y trouve le centre d'un parterre de rosiers. Hors du treillage, deux statues colossales apparaissent entre les grands arbres, la *Flore Farnèse* et l'*Hercule Farnèse,* copiés par Raon et par

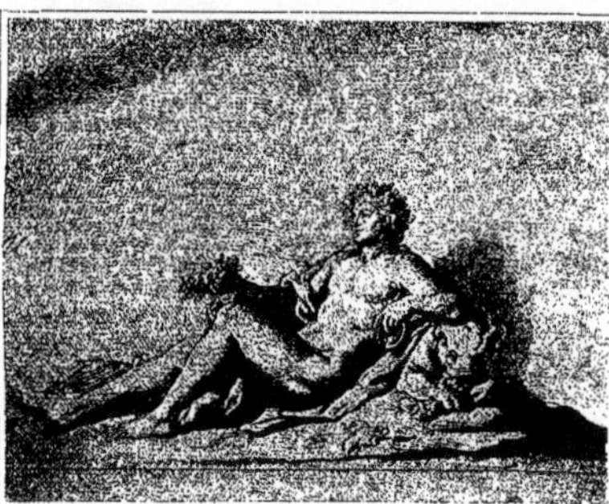

PREMIÈRE PENSÉE POUR LA FIGURE DE BACCHUS DESTINÉE AU BASSIN DE L'AUTOMNE

Dessin de Charles Le Brun

Cornu ; ces marbres décoraient, à l'époque de Louis XIV, les bords de l'Ile Royale.

La grande allée qui ramène vers le Château est exactement symétrique, dans le dessin des jardins, à celle où nous avons rencontré les bassins de Cérès et de Flore. Les deux autres Saisons sont ici non moins

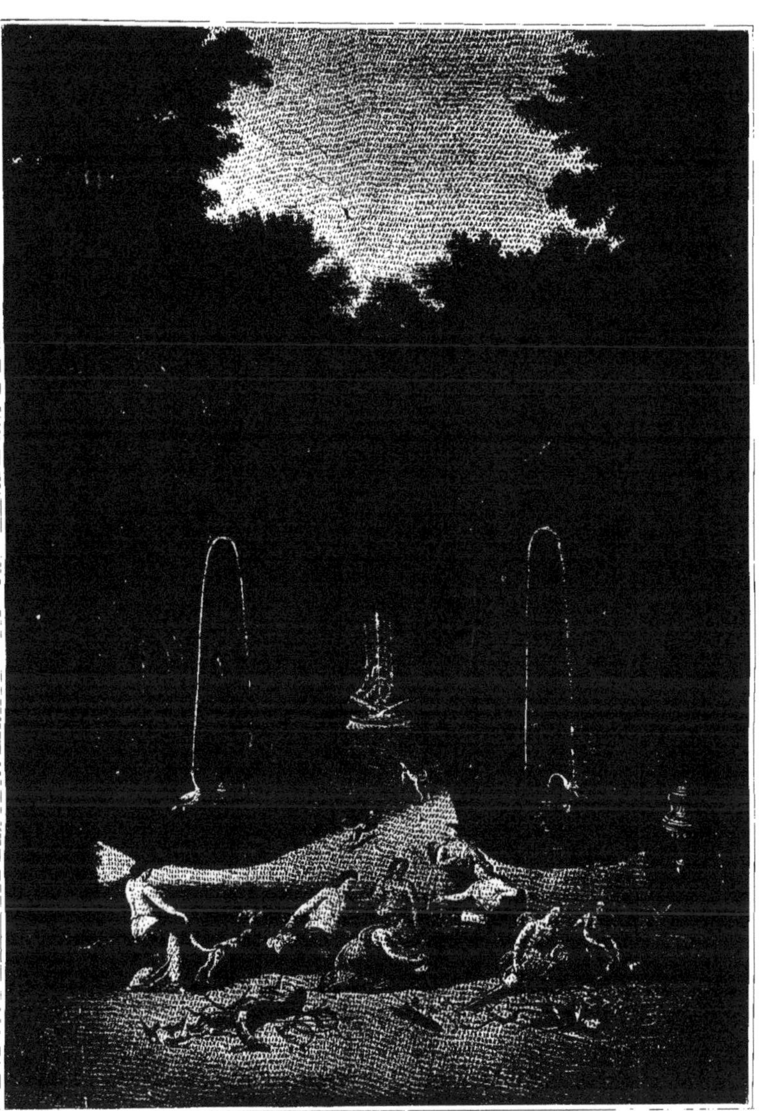

UN BOSQUET DÉTRUIT : LE LABYRINTHE

(Les trois fontaines de plomb représentent des fables d'Ésope)

Peinture de Jean Cotelle

(La scène mythologique représente Diane après la chasse)

noblement personnifiées par les groupes de Saturne et de Bacchus.

Sur un écueil couvert de glaçons, le grand vieillard Saturne est couché, douloureux et lassé, parmi des fleurs sans nombre et des coquillages, venus de toute la mer. Il a, du Temps, les grandes ailes déployées, et sur son front chenu les rides profondes des années; sur ses lèvres, l'amère expression des dieux qui toujours doivent vivre et qui voudraient mourir. De l'urne où il s'appuie s'échappe le grand jet, et ses yeux fatigués le suivent vers le ciel, vers l'Olympe où, un jour, on put le détrôner. Le long corps amaigri, sous l'écharpe

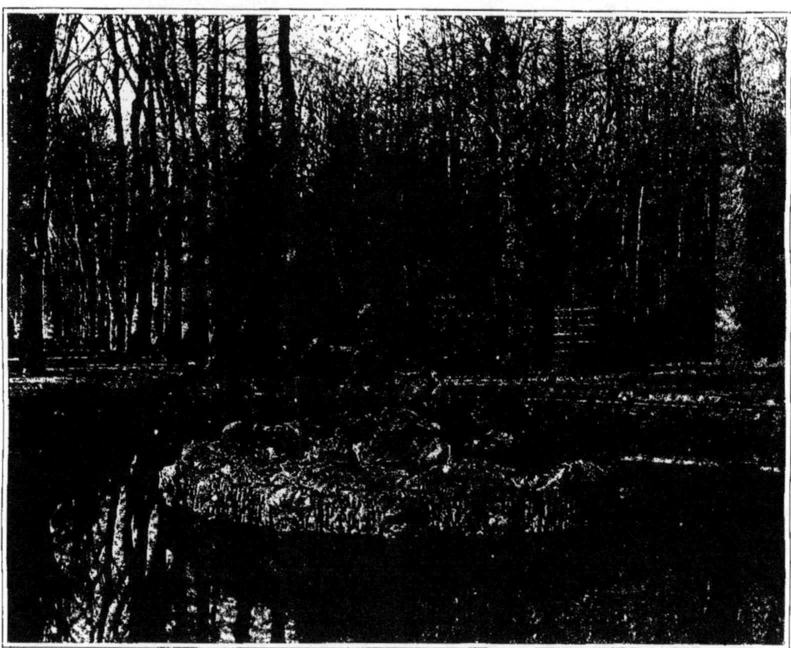

Photo P. d'Anjre.

LA FONTAINE DE L'HIVER OU DE SATURNE

Sculpture de plomb par Girardon, mise en place en 1677

qui à peine le couvre, reste vigoureux et possède cette vie, ce réalisme adouci dont Tubi anima ses œuvres. La barbe bouclée qui tombe sur la poitrine ajoute encore de la majesté à l'époux de Cybèle, au roi lointain chassé par Jupiter.

Autour de la taciturne figure, inquiétante de tout ce qui fut, des Amours ailés et rebondis mettent un appel joyeux du printemps sur cette froide neige de l'Hiver. L'un active d'un soufflet un feu imaginaire; un autre tient un masque comique, et deux encore jouent, sous l'ondée, avec la blanche écume.

Plus loin, c'est l'île de l'Automne avec toute la richesse des lourdes grappes égrenées. Le dieu du vin est couché parmi l'or des vendanges. Quel secret lui a donc révélé l'ivresse pour que son sourire soit ainsi mystérieux? Il trouble comme le Bacchus androgyne de Vinci. L'insistance moqueuse de son regard gêne un peu, alors qu'on admire la tête fine et bouclée, couronnée de pampres, que lui donna Marsy. Ses formes ont la robustesse du corps des jeunes fauves et la grâce de la beauté féminine. Il jette dans l'urne les raisins de ses mains pleines, tandis qu'autour de lui des enfants aux pieds de chèvre boivent aux coupes ou pressent sous leurs lèvres le fruit vermeil. Ici un petit satyre repu s'est endormi ; là, un autre s'efforce de faire avaler à un bouc le contenu d'une aiguière. Derrière le groupe, un large vase délicatement ouvragé garde le liquide parfumé.

Dissimulé dans un massif voisin, le Bosquet des *Rocailles* présente ses gradins de verdure et ses cascades étagées, où viennent se mêler des jets d'eau.

Photo P. d'Aujer.

LA FONTAINE DE L'AUTOMNE OU DE BACCHUS

Sculpture de plomb par Marsy, mise en place en 1675

On l'appelait autrefois la *Salle de Bal,* nom que les contemporains justifient en disant qu'il y a, au milieu, « une espèce d'arène sur laquelle on danse, quand il plaît à Sa Majesté d'y donner quelque fête ». Cette arène hexagone, que limitait un fossé décoré de coquillages, a disparu depuis fort longtemps. Il reste les rocailles d'où tombent encore les nappes d'eau, qui faisaient tant d'effet aux lumières et au-dessus desquelles se tenait l'orchestre. Il reste aussi les cinq gradins où s'asseyaient les spectateurs, et toute une vaste décoration de plomb qui fut installée en 1683.

Les quatre vases, posés dans le haut des cascades, sont de Le Conte ; les quatre torchères du bas, de Le Gros et Massou. Elles sont en forme de trépied et portent des têtes de folie, des trophées d'instruments de musique, des coquilles ; elles avaient aussi des fleurs de lis, maintenant presque toutes effacées. Les quatre torchères voisines des entrées sont de Mazeline et Jouvenet; elles sont chargées de trophées de musique et de beaux bas-reliefs représentant des danses de nymphes et de bacchantes.

Le Hongre a aussi travaillé à la décoration du bosquet; les quatre vases au-dessus de l'amphithéâtre de gazon sont de lui; les bas-reliefs, d'une grande finesse, représentent une danse de nymphes, une bacchanale d'enfants, Neptune et Amphitrite, et des enfants montés sur des dauphins.

La conservation du métal est presque partout excellente, et il garde même des traces de l'ancienne dorure. On ne peut, sans avoir étudié les sculptures si variées de la Salle de Bal, se faire une idée complète des ressources de l'art du plomb au siècle de Versailles.

De l'autre côté de l'Allée de Bacchus était le *Labyrinthe,* célèbre jadis par les méandres de ses étroites allées et les trente-neuf fontaines, en des niches de treillage, où se trouvaient représentés en plomb les animaux des fables d'Ésope. D'admirables fragments de ces plombs coloriés ont échappé à la destruction, ainsi que les figures d'*Ésope* et de l'*Amour,* transportées au Bosquet de l'Arc de Triomphe.

Rien ne rappelle plus aujourd'hui la disposition primitive; le Labyrinthe, détruit en 1775, lors de la replantation du parc, est devenu le *Bosquet de la Reine*. On y a introduit alors quelques arbres exotiques, aussi rares à Versailles qu'ils sont nombreux à Trianon. Tels sont les beaux tulipiers de Virginie encadrant la salle du centre, des noyers et des chênes d'Amérique, et deux cèdres du Liban, contemporains de celui que Jussieu rapporta d'Angleterre.

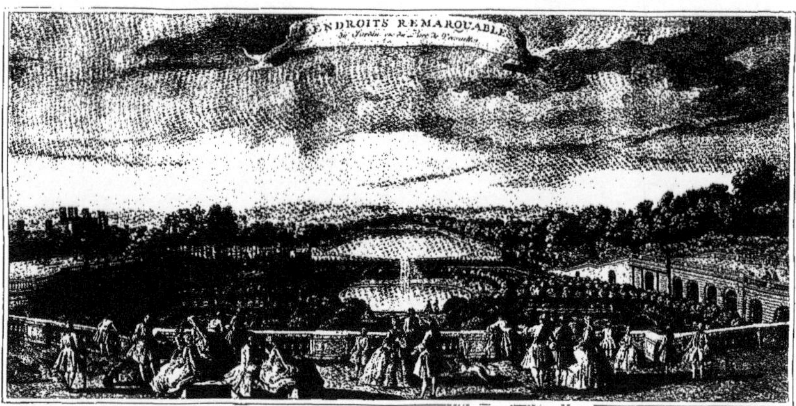

LA TERRASSE DE L'ORANGERIE
Estampe de J. Rigaud

On ne peut s'empêcher de penser, en parcourant ce lieu écarté et charmant, à cette nuit d'été de 1784, où l'une des aventurières inculpées plus tard dans l'affaire du Collier, Mademoiselle d'Oliva, parut mystérieusement devant le cardinal de Rohan. Le prélat, qui reçut d'elle une rose, prit, dans les ténèbres, cette femme pour Marie-Antoinette; et ce rendez-vous le confirma dans l'illusion qui devait compromettre si cruellement la réputation de la malheureuse Reine.

La grande allée qui longe le Bosquet de la Reine, et qui était jadis l'Allée du Mail, familière aux divertissements de l'ancienne Cour, débouche devant la grille du « Parterre des Orangers ». Ce vaste parterre, formé de six pièces de gazon, avec un bassin rond, s'étend devant la majestueuse Orangerie bâtie par Mansart.

Au-dessus des galeries latérales, s'étage en trois paliers l'énorme construction des « Cent Marches ». Ces degrés gigantesques, qui n'ont pas moins de trente mètres de large, semblent appuyer les soubas-

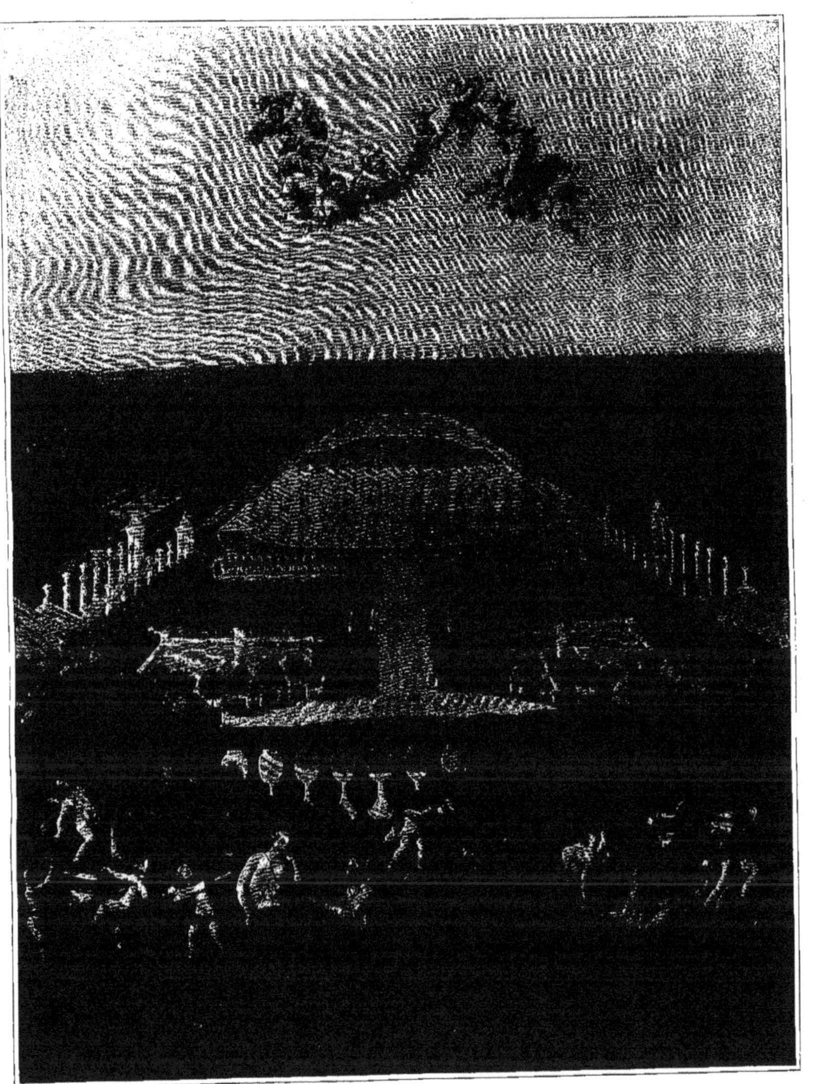

L'ORANGERIE ET LA PIÈCE D'EAU DES SUISSES

Peinture de Jean Cotelle

sements du Château et lui donnent, de ce côté, un aspect plus grandiose encore.

Les orangers étaient les arbres favoris de Louis XIV, qui aimait les voir orner ses jardins et en faisait remplir les appartements du Château. Le Nôtre en avait réuni une collection alors incomparable, qui comptait environ six cents pièces. Dans l'été de 1687, on apporta ceux de Fontainebleau, « au nombre desquels était l'oranger nommé *le Bourbon,* qu'on dit avoir environ cinq cents ans », et qui a vécu jusqu'à nos jours. Un certain nombre de plants de cette époque se retrouve dans les séries actuelles, riches de quatorze cents orangers. Sauf une centaine, qui se dispersent dans les jardins à la belle saison, on les réserve tous à la décoration du Parterre de l'Orangerie.

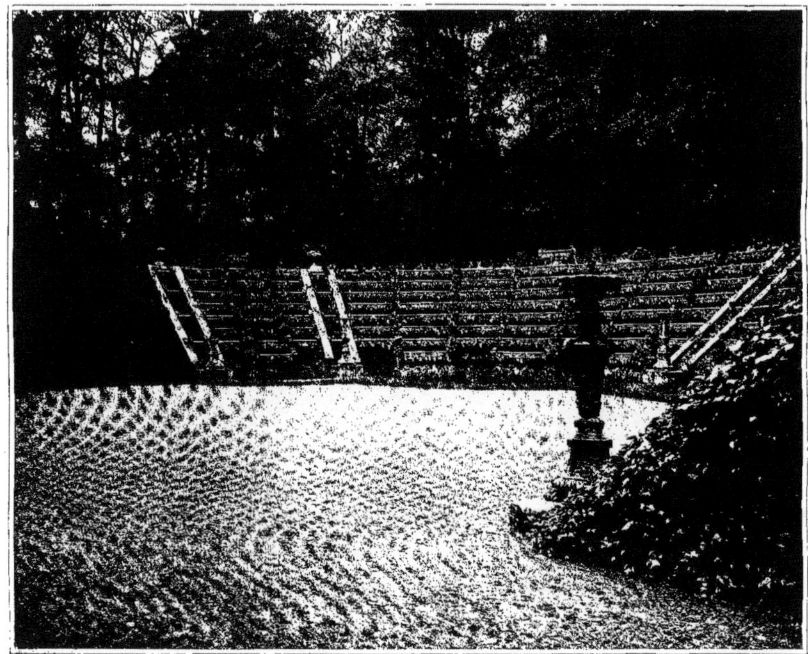

LE BOSQUET DES ROCAILLES OU LA SALLE DE BAL

Au premier plan, une des torchères de plomb sculptées par Mazeline et Jouvenet

Le vaste édifice qui les loge pendant l'hiver comprend une galerie centrale et deux galeries latérales ; la première a cent cinquante-six mètres de long sur douze mètres cinquante de large. Cette imposante masse de maçonnerie fut élevée de 1684 à 1686, et coûta environ 475,000 livres. Mansart, pour la construction, et Le Nôtre, pour le parterre, avaient fourni des projets longuement mûris ; ils venaient, d'ailleurs, de préluder à leur œuvre commune par l'orangerie de Chantilly, pour laquelle le Roi les avait prêtés au Grand Condé.

Au mois de novembre 1685, le bâtiment des orangers était assez avancé pour que Louis XIV, en arrivant de Fontainebleau, vînt en admirer la beauté. Dangeau raconte ce qu'il advint de cette visite. Il rap-

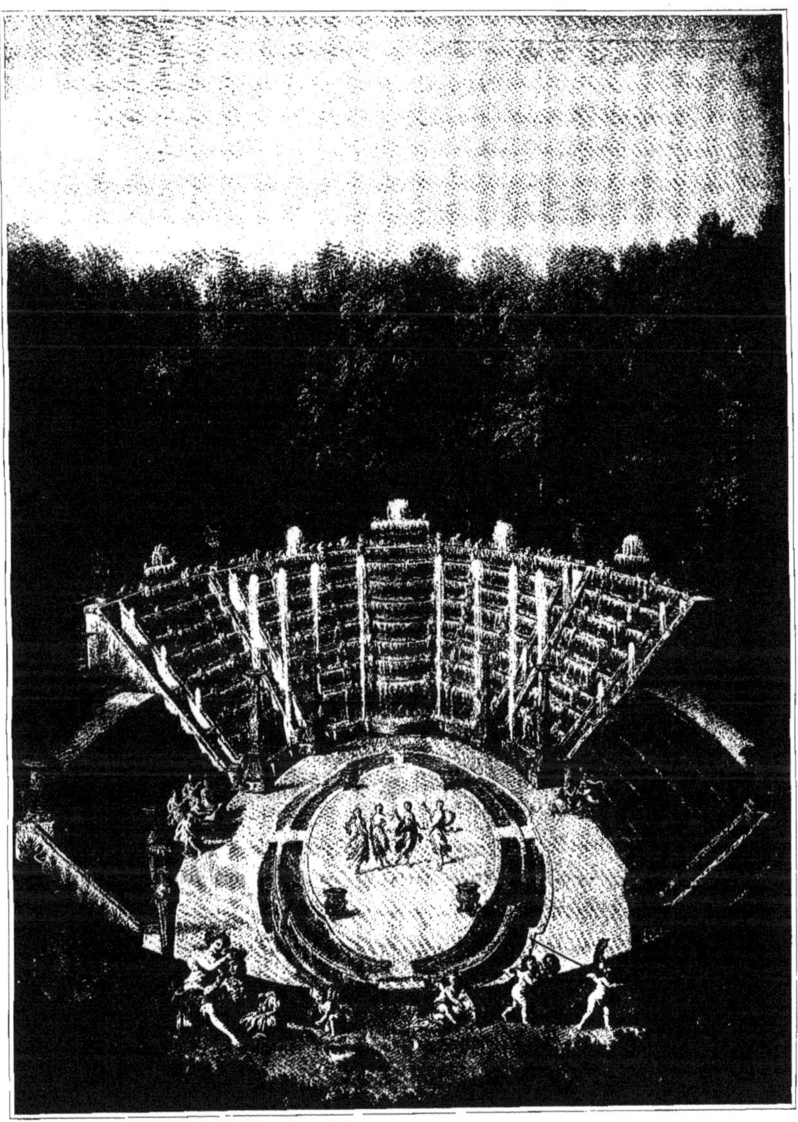

LE BOSQUET DES ROCAILLES OU LA SALLE DE BAL

Peinture de Jean Cotelle

Au premier plan : Renaud et Armide

porte qu'on avait installé, sur un piédestal construit dans le parterre des orangers, la statue équestre de Sa Majesté faite à Rome par le cavalier Bernin et que le Roi était impatient de voir. « En descendant de carrosse, il monta à cheval pour aller voir l'eau qui entre dans le réservoir de la butte de Montbauron par le nouvel aqueduc. Ensuite, il se promena dans l'Orangerie, qu'il trouva d'une magnificence admirable. Il vit la statue équestre du cavalier Bernin qu'on y a placée, et trouva que l'homme et le cheval étaient si mal faits qu'il résolut non seulement de l'ôter de là, mais même de la faire briser. »

On sait comment fut sauvé le groupe fameux, devenu le *Marcus Curtius* que bien peu de curieux vont chercher à l'extrémité de la pièce d'eau des Suisses, où il a été relégué. Une légère transformation du marbre en fit le héros romain se jetant, au Forum, dans le gouffre de feu. Il est dans le même axe des jardins que le groupe de Domenico Guidi, *la Renommée du Roi,* aujourd'hui voisin du Bassin de Neptune. Ce groupe remplaça précisément celui de Bernin à l'Orangerie, avant de trouver son emplacement définitif.

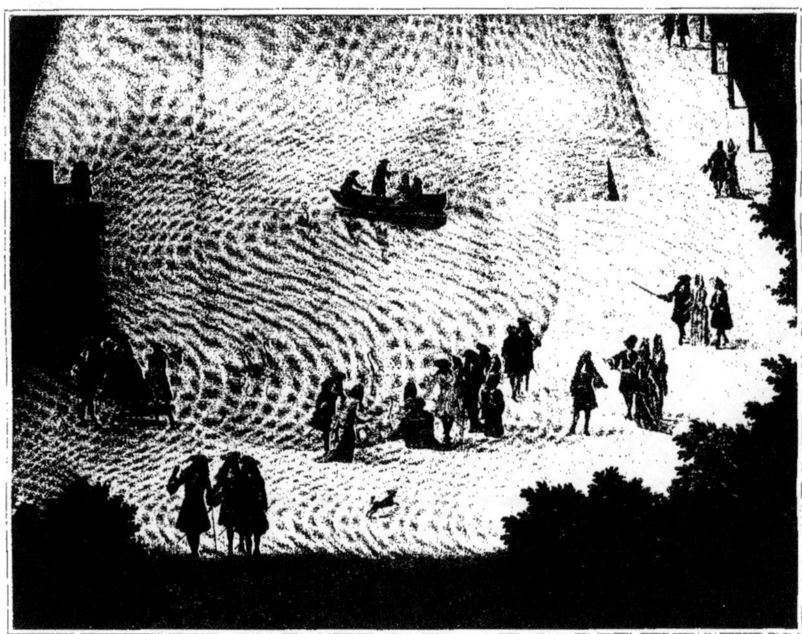

LES CYGNES DES PIÈCES D'EAU DE VERSAILLES

Détail d'un tableau peint par Étienne Allegrain, représentant l'Ile Royale

La statue colossale de Louis XIV en empereur romain, par Desjardins, fut aussi posée à titre provisoire, dans le parterre de l'Orangerie, comme si cet emplacement privilégié ne pouvait se passer de recevoir une image royale. On ne tarda pas à la placer dans l'intérieur de la construction, où elle se trouve encore aujourd'hui.

Le *Mercure galant,* au moment de la visite des ambassadeurs de Siam, à la fin de l'année 1686, donna la première description de la grande construction à

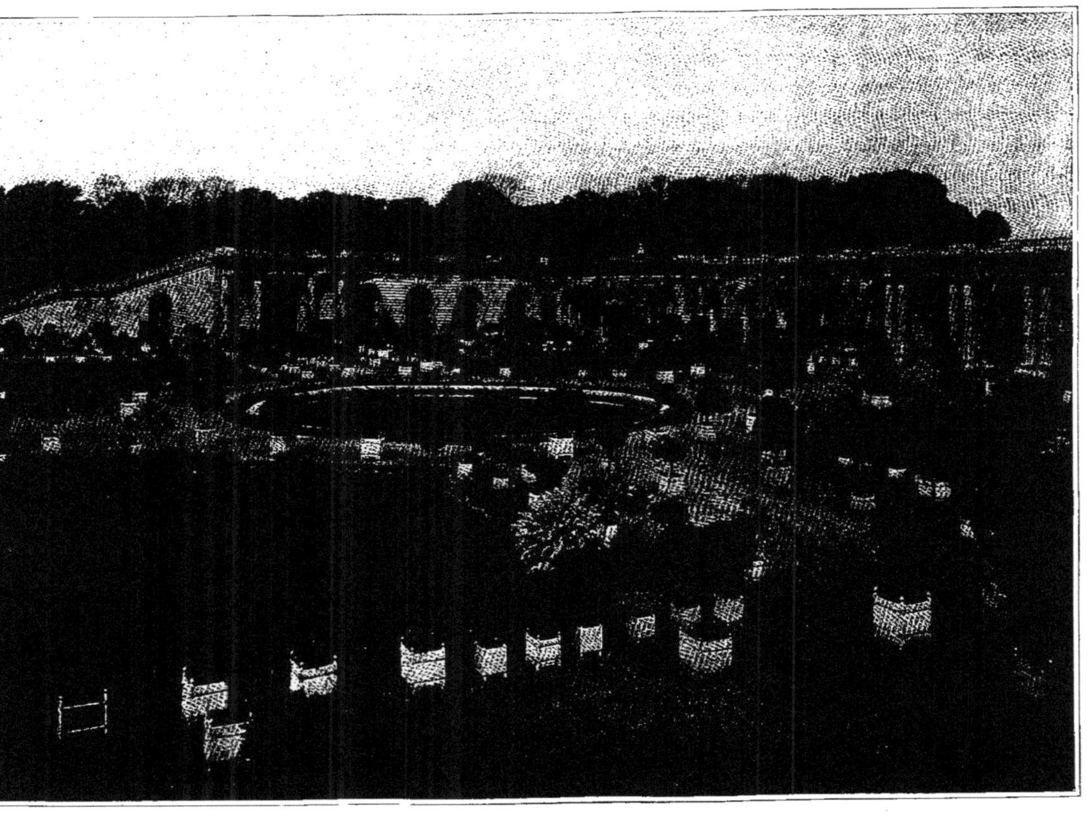

L'ORANGERIE

Construite sur les plans de Mansart de 1684 à 1686

peine terminée ; c'est l'écho du jugement public sur les grands embellissements de Versailles :

« Cette Orangerie, qui vient d'être achevée et qui est du dessin de M. Mansart, est un morceau si grand et si hardi, et a déjà tant fait de bruit dans le monde, que vous auriez sujet de vous plaindre de moi, si je ne vous en envoyais pas une description fort exacte... La galerie du fond est éclairée par treize fenêtres cintrées et prises par enfoncement dans les arcades. Le dedans n'est orné d'aucune sculpture ni architecture, ainsi que ce genre de bâtiments le demande, et l'artifice des voûtes en fait la plus grande beauté... On y peut

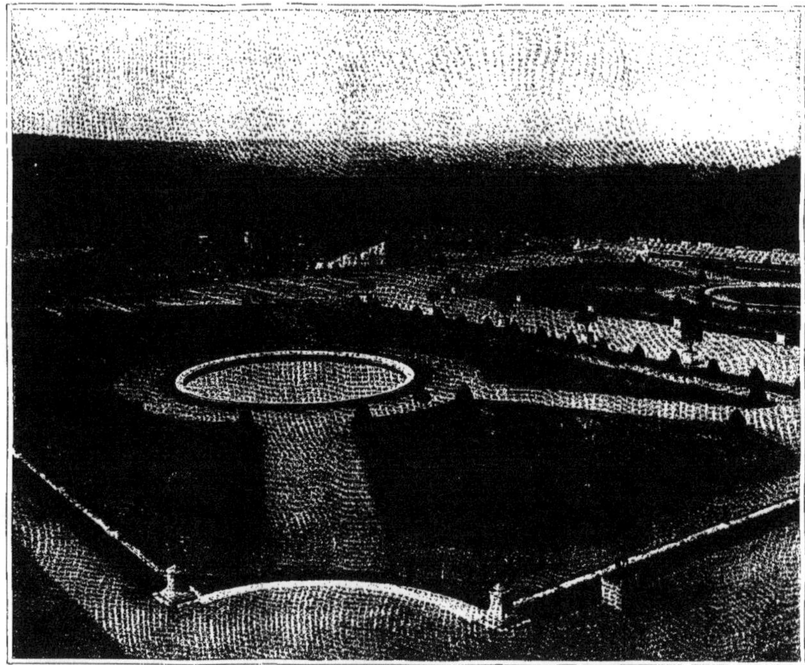

LE PARTERRE DU MIDI

Dessiné par Le Nôtre, et réalisé en 1684

jouir d'une agréable fraîcheur et y prendre toutes les sortes de divertissement que peut fournir le théâtre, sans être incommodé de la chaleur. On pourrait même y jouer des opéras et à plus d'un endroit en même temps, sans que ceux qui les représenteraient s'incommodassent les uns les autres. C'est ce qui fit dire au premier ambassadeur [de Siam] que la magnificence du Roi était grande d'avoir fait un si superbe bâtiment pour servir de maison à des orangers. Il ajouta qu'il y avait bien des rois qui n'en avaient pas de si belles. »

Les sculptures décoratives ne tardent pas à embellir les abords et le Parterre de l'Orangerie. Lespingola pose les quatorze grandes corbeilles de fruits et de fleurs sur les piliers qui soutiennent la grille. Le Gros et Le Conte sont chargés des groupes colossaux de pierre, que supportent les quatre forts piliers

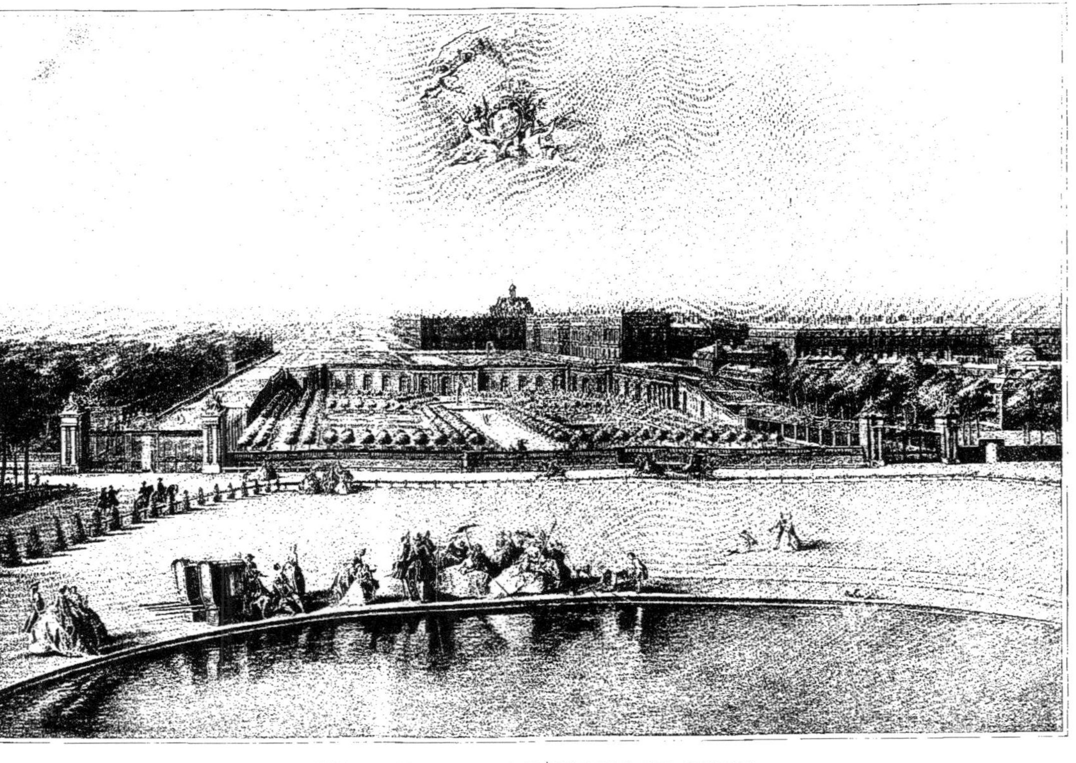

L'ORANGERIE VUE DE LA PIÈCE D'EAU DES SUISSES

Aquarelle peinte par Portail en 1750

de la double entrée des jardins. Le premier exécute *l'Aurore et Céphale, Vertumne et Pomone,* groupes les plus voisins de la ville ; le second, *Zéphire et Flore, Vénus et Adonis.* Dans l'intérieur même du parterre, prend place toute une décoration sculpturale de marbre et de bronze. Il en reste quatre vases de marbre, deux entourés de pampres, par Le Gros et par Buirette, et deux ornés d'un feston de fleurs « du dessin de M. Mansart », par Le Gros et par Robert. Deux groupes provenant des commandes faites jadis pour le premier Parterre d'Eau, *Saturne enlevant Cybèle,* par Regnaudin, et *Borée enlevant Orithye,* par Gaspard Marsy, sont aujourd'hui à l'entrée du jardin réservé des Tuileries.

Des œuvres d'art qui ornaient l'Orangerie, on ne trouve plus, à l'intérieur de la construction, que la statue colossale de Louis XIV, « revêtu d'une cotte d'armes à la romaine et d'un manteau royal, et tenant

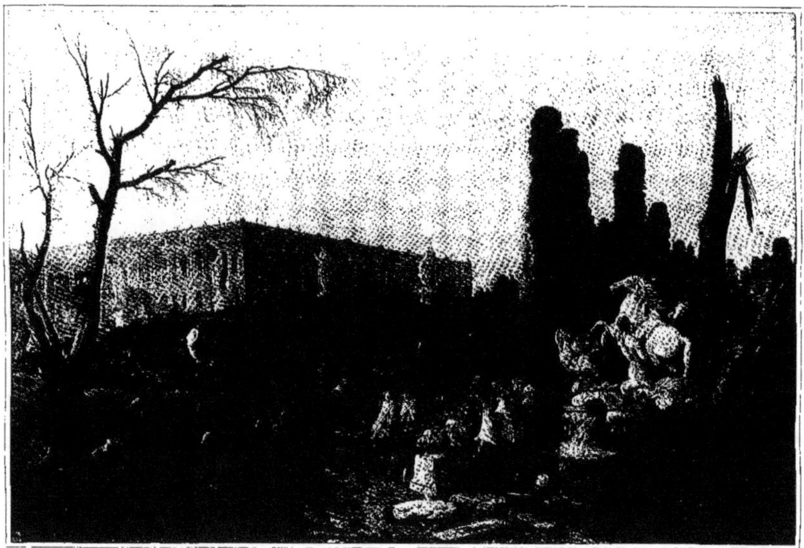

LA REPLANTATION DES JARDINS DE VERSAILLES SOUS LOUIS XVI. — VUE DU BOSQUET D'APOLLON EN 1775

Peinture de Hubert Robert (Salon de 1777)

le bâton de général d'armée ». Pendant la Révolution, on avait transformé le Roi en dieu Mars, et sa tête fut refaite en 1816 par le ciseau de Lorta. Malgré sa mutilation, l'œuvre de Desjardins ajoute de l'intérêt à ce lieu, où l'on vient surtout chercher les lignes puissantes de l'architecture et la beauté majestueuse des voûtes.

L'Orangerie, sa terrasse et ses parterres, dernier grand travail exécuté dans le parc, donnèrent sa forme définitive à l'œuvre commune de Mansart et de Le Nôtre. On peut y voir le complément somptueux de la création de Versailles ; on peut aussi étudier cet ensemble isolément, comme un résumé de ce que l'architecture des jardins a créé de plus parfait en France.

Tout harmonisé qu'il soit au goût de la société polie de l'époque, le jardin français, qui discipline la nature et l'ordonne suivant les lois méthodiques de l'esprit, n'est pas, comme on le croit généralement, une innovation du XVIIe siècle. Ce cadre coloré, qui achève les bâtiments d'apparat en continuant leurs lignes, se retrouve déjà dans nos miniatures du Moyen Age et de la Renaissance. Les principes de cet art ont donc été posés par nos ancêtres, et, s'ils n'atteignent leur plein développement qu'avec Le Nôtre, né et élevé parmi les jardiniers royaux, cela tient moins au génie de ce maître, qu'à la carrière exceptionnelle qu'il lui fut donné de parcourir. Ainsi s'explique comment un artiste a pu concevoir une telle œuvre de clarté, de logique et de magnificence.

Pour sentir cette perfection dans sa plénitude, il faut se tenir sur la terrasse qui domine l'Orangerie. On y saisit l'heureuse pensée qui fit aménager les abords du Château. Au nord, les grands arbres plantés le long du parterre arrêtent le passage des vents froids; le midi demandait une disposition différente, non seulement parce que l'ombre prolongée des arbres eût été triste sur les fleurs, mais encore pour varier l'effet d'ensemble. La symétrie, qui partout règne à Versailles et qui semble essentielle au parc à la française, a été rompue ici de façon hardie et admirable. Il n'est pas de plus grandiose idée que celle de cette terrasse tombant à pic comme une falaise devant le plus noble horizon.

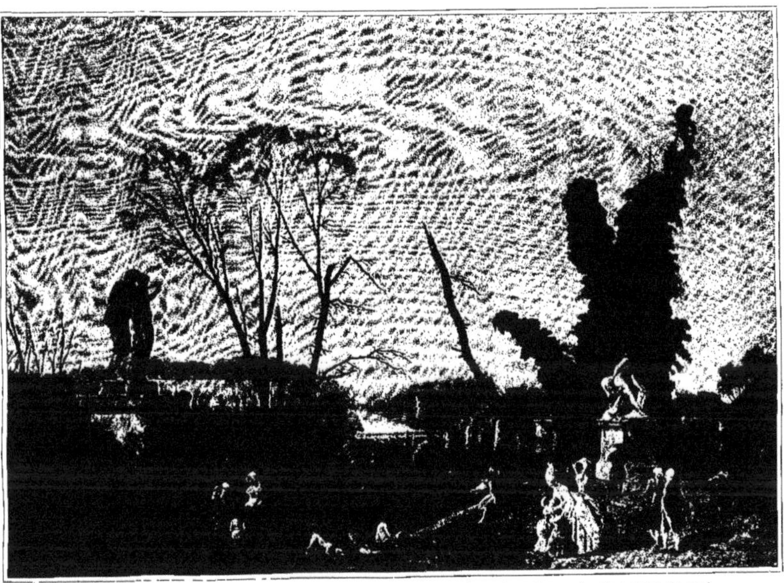

Photo P. d'Aujec.

LA REPLANTATION DES JARDINS DE VERSAILLES SOUS LOUIS XVI. — VUE DE L'ENTRÉE DE L'ALLÉE ROYALE EN 1775

Peinture de Hubert Robert (Salon de 1777)

Au delà de l'Orangerie et des grilles qui ferment les Jardins, s'étend la vaste nappe de la pièce d'eau des Suisses, dont la longueur fut à dessein exagérée pour les besoins de la perspective. Tout au fond s'élèvent les coteaux touffus de Satory, rappelant l'époque ancienne où le pays de Versailles n'était que forêts. Les bois montent dans le lointain, égayés souvent par la blanche fumée des trains de Bretagne. Sauf ce détail de vie moderne, rien ne vient contrarier

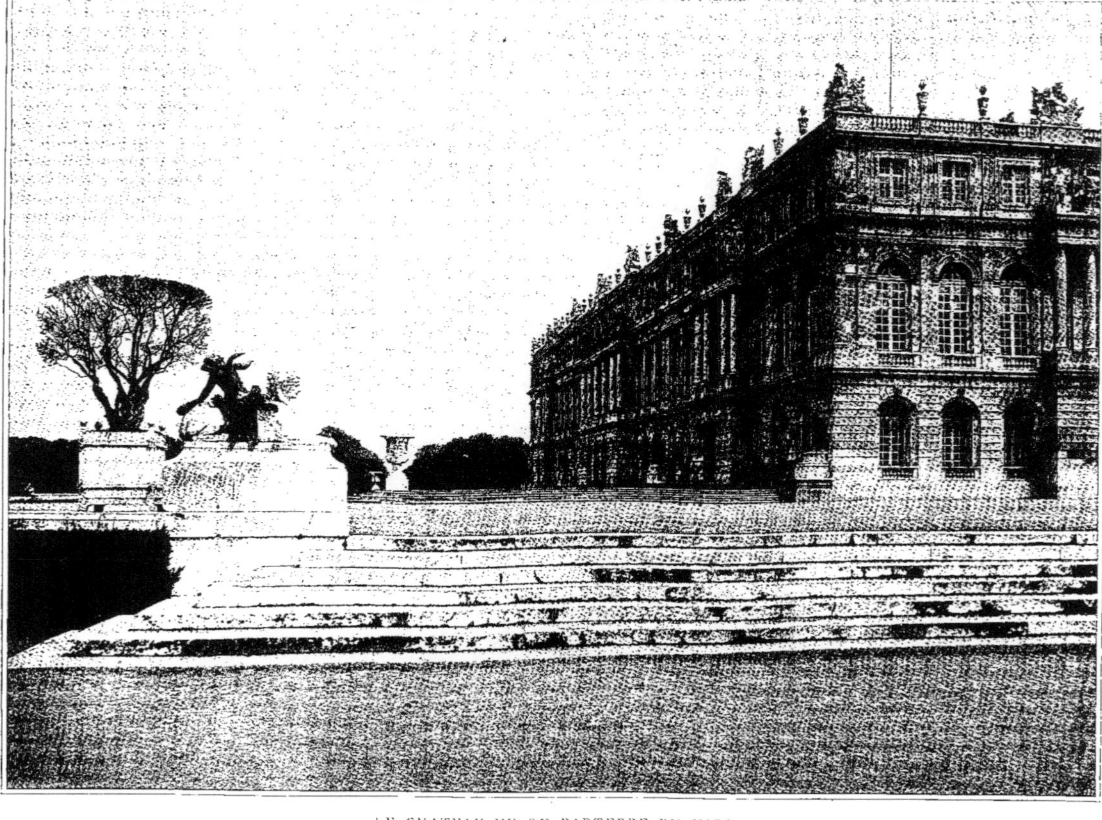

LE CHATEAU VU DU PARTERRE DU MIDI

Au premier plan, un des sphinx de Sarrazin et Lerambert ; plus loin le Vase de la Paix

le souvenir du passé, et le spectacle qui se présente à nous est tout semblable à celui qu'admiraient les promeneurs de l'ancienne Cour.

De tout temps, on y venait chercher la fraîcheur du soir et l'air pur arrivant des hauteurs. Lorsque Louis XVI prolongeait à Versailles son séjour d'été, c'est là que la musique des Gardes Françaises et des Gardes Suisses se faisait entendre, une partie de la nuit ; le parc était ouvert à tous ; Marie-Antoinette, avec les princesses, en simple robe de percale, se mêlait à la foule, ce qui donna matière à la médisance et bientôt à la calomnie.

De nos jours encore, sur ces terrasses évocatrices, il n'est pas d'heure plus douce et plus émouvante que celle où le soleil, disparu vers la percée du Grand Canal, laisse ses clartés dernières sur l'horizon de feuillage. Dans les pièces d'eau étagées viennent mourir les couleurs du ciel ; le silence grandit avec l'ombre ; les vitres de la Galerie des Glaces ne flamboient plus que de lueurs errantes, tandis que le Château lentement s'illumine d'une froide auréole. Derrière la haute façade, la lune prépare sa féerie ; bientôt elle s'élève au-dessus de la noire architecture ; les bassins du Parterre d'Eau la reflètent en leur profondeur, avec la silhouette du palais penché sur les miroirs tremblants. Les bronzes palpitent sous la caresse lumineuse ; les blanches statues se meuvent sur le fond des futaies ; au bord des fontaines et dans les bosquets, s'animent d'une vie étrange toutes les figures de l'Art.

Qui n'a point goûté les Jardins de Versailles aux heures de la nuit, n'a pas épuisé l'émotion qu'ils peuvent contenir.

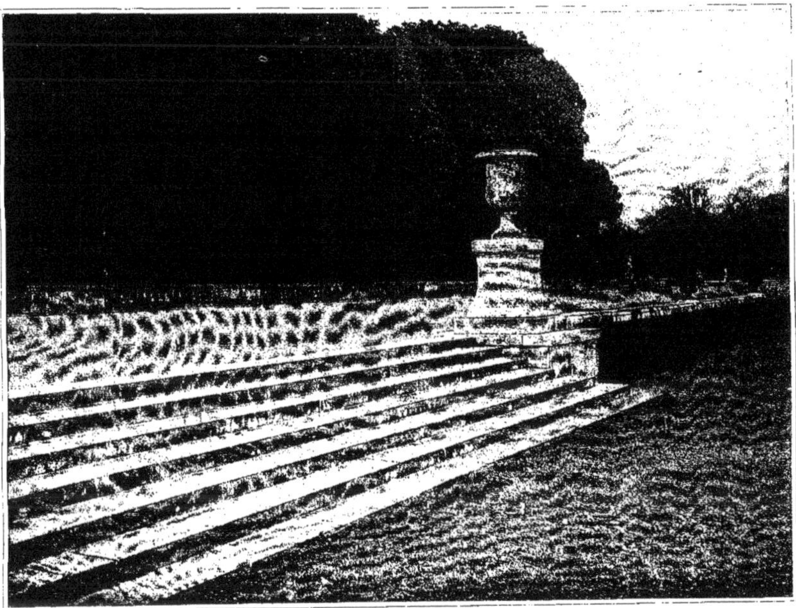

LES MARCHES DE MARBRE ROSE
Parterre du Midi

... Vous souvient-il, mon ami,
De ces marches de marbre rose... ?
(A. DE MUSSET.)

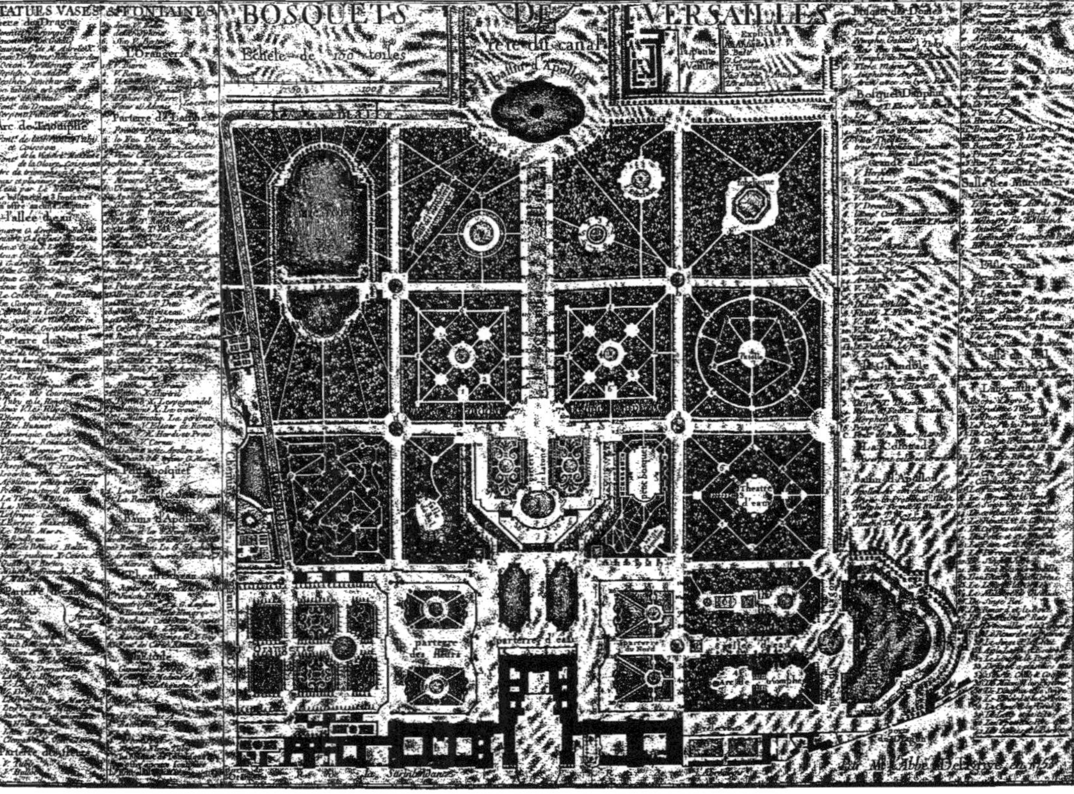

PLAN DES JARDINS DE VERSAILLES VERS LE MILIEU DU XVIIIe SIÈCLE

Dressé par l'Abbé Delagrive

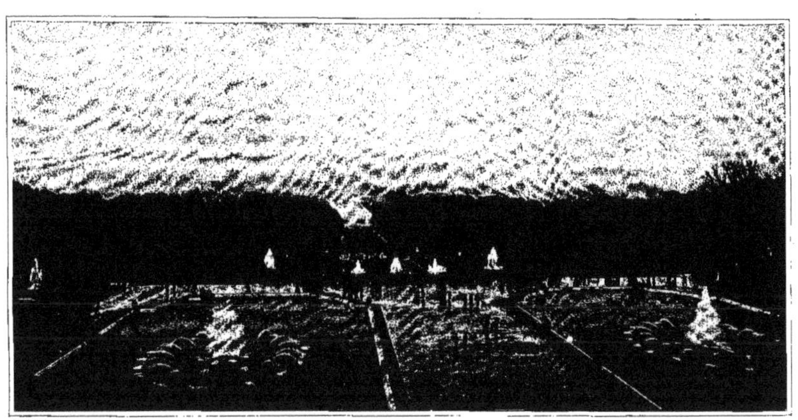

Photo Raffaële.

LES GRANDES EAUX PAR TEMPS DE PLUIE

Vue du Parterre d'Eau

TABLE DES ILLUSTRATIONS

Les indications inédites, attributions et dates des œuvres d'art, sont tirées des Comptes des Bâtiments du Roi et de l'Inventaire des sculptures appartenant au Roi (Archives Nationales).

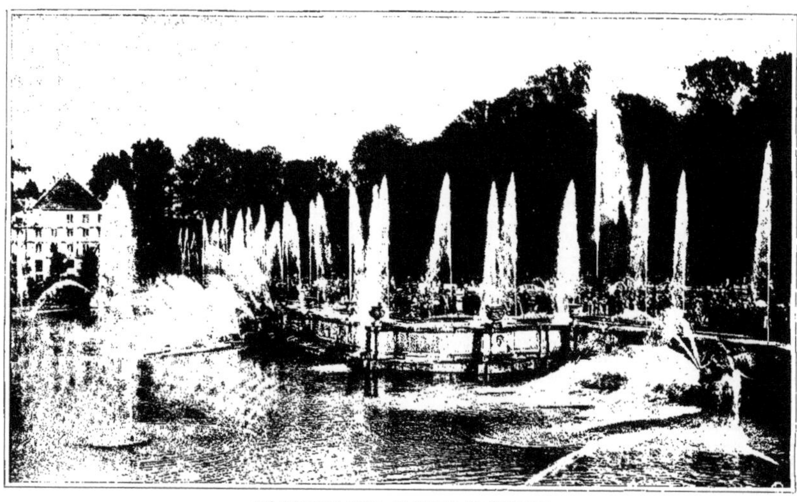

LES GRANDES EAUX AU BASSIN DE NEPTUNE

INDEX DES PERSONNAGES REPRÉSENTÉS

HISTORIQUES, FABULEUX, ALLÉGORIQUES

INDEX DES NOMS D'ARTISTES

DONT LES ŒUVRES SONT REPRODUITES

ABRÉVIATIONS : sc. *sculpteur.* — p. *peintre.* — dess. *dessinateur.* — arch. *architecte.* — f. *fondeur.* — gr. *graveur*

Photo P. d'Aujet.

VASE DE MARBRE AUX ATTRIBUTS CHAMPÊTRES
Allée de l'Hiver
Sculpté par Robert d'après un dessin de Mansart

ACHEVÉ D'IMPRIMER

PAR

MANZI, JOYANT & CIE

Éditeurs-Imprimeurs

SUCCESSEURS

DE

GOUPIL & CIE

Éditeurs-Imprimeurs

A

ASNIÈRES-SUR-SEINE

EN NOVEMBRE 1905

www.ingramcontent.com/pod-product-compliance
Ingram Content Group UK Ltd.
Pitfield, Milton Keynes, MK11 3LW, UK
UKHW012031240726
13965UKWH00002B/721

9 782013 059640